本书的出版得到了新疆财经大学中国语言文化学院支持

新疆维吾尔语方言柯坪话研究

XINJIANG WEIWUERYU
FANGYAN KEPINGHUA YANJIU

吐尔逊·卡得 ◎ 著

中央民族大学出版社
China Minzu University Press

图书在版编目（CIP）数据

新疆维吾尔语方言柯坪话研究 / 吐尔逊·卡得著. —北京：中央民族大学出版社，2024.10

ISBN 978-7-5660-2247-9

Ⅰ.①新… Ⅱ.①吐… Ⅲ.①维吾尔语（中国少数民族语言）—方言研究—柯坪县 Ⅳ.① H215.7

中国国家版本馆 CIP 数据核字（2023）第 185641 号

新疆维吾尔语方言柯坪话研究

著　　者	吐尔逊·卡得
责任编辑	买买提江·艾山
封面设计	舒刚卫
出版发行	中央民族大学出版社
	北京市海淀区中关村南大街 27 号　邮编：100081
	电话：（010）68472815（发行部）　传真：（010）68933757（发行部）
	（010）68932218（总编室）　　　　（010）68932447（办公室）
经 销 者	全国各地新华书店
印 刷 厂	北京鑫宇图源印刷科技有限公司
开　　本	787×1092　1/16　印张：21.25
字　　数	340 千字
版　　次	2024 年 10 月第 1 版　2024 年 10 月第 1 次印刷
书　　号	ISBN 978-7-5660-2247-9
定　　价	89.00 元

版权所有　翻印必究

"方言岛"研究的新进展：
序《新疆维吾尔语方言柯坪话研究》

王远新

柯坪是新疆阿克苏地区最西端的一个山区小县，辖一镇四乡，共5万多人，其中维吾尔族占人口的绝大多数，其次是汉族和柯尔克孜族。一些学者认为，柯坪维吾尔语是和田方言的特殊分支。一些学者则认为，它是相对独立的土语或方言岛，因为：第一，有独特的语音现象，词重音多落在词的倒数第二音节；第二，保留了较多的古语特征；第三，虽处在维吾尔语中心方言的包围之中，但更接近和田方言，还有吐鲁番——哈密土语的一些典型语音特点。柯坪维吾尔语的方言归属或性质一直未得到确认，与缺乏深入系统的调查和科学的比较有关，吐尔逊·卡得博士的《新疆维吾尔语方言柯坪话研究》正是这方面的一项重要研究成果。

2008年，吐尔逊·卡得考入中央民族大学少数民族语言文学系（现中国少数民族语言文学学院），攻读语言学及应用语言学专业社会语言学方向的博士研究生学位。他是"民考民"（基础教育到高等教育都主要接受维吾尔语文教育）出身，硕士专业又是文学。起初，我多少为他的教育和学科背景担忧，但经过一年的专业训练，我的担忧逐渐消解。他聪明好学，做事踏实认真，又善于独立思考，专业基本功特别是语音学基本功和汉语文表达能力都有了快速的提升。2009年选择博士学位论文方向时，他表现出调查研究维吾尔语方言的热情，并初步选择了柯坪土语作为研究对象。选题方向确定后，他的主要顾虑点是论文的创新性。我考虑到他的母语背景、扎实的语音学功底，又随我做过几次语言田野调查，便鼓励他打消顾虑，从田野调查中获取第一手语料做起。我的指导思想是，先把土语特点描写清楚了，找到创新点并不难；加之柯坪土语比较特殊，研究比较薄弱，填补这项研究的不足，本身就是很大的贡献。于是，他坚定了调查研究柯坪土语的决心。2009—2011年期间，在极端艰难的调查环境和条件下，他先后四次赴柯坪县各个乡镇进行了全面深入的调查，获取了大量的第一手语料。在此基础上，他不仅完成了博士学位论文，获得了答辩专家的一致好评，顺利通过了博士学位论文答辩，而且毕业后成功申请了"维吾尔语方言语音声学参数库""维吾尔语韵律模式研究"等科研项目。

呈现在读者面前的《新疆维吾尔语方言柯坪话研究》，是吐尔逊·卡得在博士学位论文和相关科研项目研究的基础上修改完善而成的。这部专著的主要特点可以用三句话概括：首先是对柯坪土语做了全面系统的调查和深入的描写分析，充分挖掘了柯坪土语的特点，并得出了柯坪土语是维吾尔语中心方言的方言岛这一可信结论；其次是综合采用了描写语言学、比较语言学、社会语言学和实验语音学方法，体现了共时与历时、静态与动态、定性与定量研究相结合的特点；再次是获取了大量真实自然的日常交际话语材料，既为本研究提供了可靠的依据，也为后人的进一步探讨提供了参考。

在语言描写方面，作者在比较柯坪土语与维吾尔标准语及其他方言土语、古代语言（11世纪《突厥语词典》记录的语料）的基础上，归纳出柯坪土语的特色词汇及其特有的语音特征。比如，在音系描写和解释的基础上，总结出以下结论：柯坪土语的特殊语音现象不是带擦元音，也不是紧喉元音，而是一种前送气现象，它是由长元音历时演变和元辅音间相互影响产生的。这一结论科学论证了柯坪土语存在争议的特殊语音现象的性质，以及产生机制问题。作者还对维吾尔语中的低元音弱化现象提出了独到见解,从韵律——语法界面揭示了维吾尔语词重音分布的特点与低元音弱化或高化的关系,以及元音弱化的规律。又如,在语言和方言比较的基础上,总结出柯坪土语词汇的特点:(1)亲属称谓词的语音形式及种类与维吾尔标准语和其他方言存在明显差异;(2)一些常用颜色词的义项与维吾尔标准语不同,一些常用词的意义范围比维吾尔标准语的对应词更广;(3)有一批体现地方文化(如反映打柴生活)的特有词汇;(4)有不少维吾尔标准语中所没有的汉语借词,以及蒙古、柯尔克孜等语言中的少量借词。

在研究方法方面,作者在兼顾语言系统整体性和方言土语独特性的基础上,运用现代语言学理论和方法,全面系统描写了柯坪土语的音系以及词汇和语法的主要特点。为了证明一些语音特征,作者采用了实验语音学手段加以验证,使得描写分析更加科学精准。作者还采用生成音系学分析法,归纳出音系的潜层语音变化规则。

柯坪土语的特殊性既表现在语言结构方面,也表现在内部地域和使用人群方面,这正是社会语言学调查研究能够发挥作用的地方。柯坪土语语言结构的突出特点是有前送气现象以及词重音落在词的倒数第二音节上。作者认为,前送气是长元音历时演变和元辅音间相互影响产生的特殊语音现象。关于元音的弱化,作者认为,柯坪土语与维吾尔标准语元音弱化的机制不同,多数情况下柯坪土语元音 /a/、/ɛ/ 的高化或央化与标准语相反。柯坪土语音节的韵律特征,可以在一定程度上解释维吾尔标准语中普遍存在的 /a/、/ɛ/ 弱化现象的发生机制,即元音 /a/、/ɛ/ 的弱化在很大程度上与包含这两个音位的音节韵律特征有关。柯坪土语音系的其他特征涉及一些词缀位于词末音节时一般不重读、央元音 ə 的出现频率较高、元音的长读部分可以和半元音 j 自由交替,以及辅音的擦化、浊化、腭化和强化等方面。上述结论的得出,有赖于描写语言学、生成音系学、实验语音学和社会语言学调查研究方法的综合运用。

柯坪土语分布范围小,但其内部存在地域和使用群体的差异。作者依

据深度访谈和问卷调查获得的语料和数据,得出以下结论:

地域差异方面。柯坪县玉尔其片的某些语言特点与和田方言相似,盖孜力克片的某些语言特点与喀什方言相似,盖孜力克-阿恰勒片的语言特征与上述两个片区有差异,甚至其中的盖孜力克村和帕松村的某些语言特点也不相同。以前送气现象为例,玉尔其乡语言中的前送气现象出现频率和正确使用率均最高,盖孜力克镇语言中的出现率最低,阿恰勒和启浪两乡语言中的混用率最高。可以推测,前送气应是玉尔其乡的语言特征,后来扩散到盖孜力克片区。这是因为盖孜力克镇的人从喀什一带迁来定居的时间不长,其语言受玉尔其人的影响不是很大;而阿恰勒和启浪两乡的居民是玉尔其和盖孜力克两地的迁移户,且地处国道边,容易受周边方言的影响,因此,其前送气现象的出现率处于中等水平,且混用情况严重。

柯坪土语前送气现象的群体差异主要受职业和年龄因素影响:(1)职业因素。农民群体的前送气现象出现率和使用率均最高,其次是经商群体;公职人员和学生前送气现象的出现率和使用率较低,且两个群体的差别不大。公职人员和经商者与外界的接触比较多,容易受维吾尔标准语和其他方言的影响。此外,柯坪话前送气音的差异很大程度上受移民地方言或周边方言的影响。(2)年龄因素。前送气现象在中老年人口语中保留得较好,在35岁以下青年组调查对象的口语中则较少出现。不过,前送气音的使用相当混乱,老年群体也是如此(不低于16%)。这说明,前送气音的使用并不都与社会因素有关,也有语言内部变化的影响。前送气成为前邻元音的伴随特征后,前送气清塞音送气特征的重要性开始减弱。因为带气化(或擦化)成分并不是当地语言固有的特征,未能形成规律性的语音机制。元音什么时候带气化成分,什么时候不带,为什么带或不带,均无规律可循。这就使得前送气音的使用变得更加混乱。一些调查对象在潜意识保留了发生前送气音的位置,但在清塞音之前的元音后,会盲目地加上气化成分。这或许是老年人语言中存在相当比例前送气混用情况的原因。前送气音发展趋势的调查表明，柯坪土语前送气区别意义的功能趋于消失，使用率也呈逐渐降低的趋势。

语言材料方面，以往关于突厥语族语言方言调查的语料获取主要依据词汇调查表和语法调查大纲，而吐尔逊·卡得的描写分析均依据实地深度访谈录制的100多篇涉及不同地域、内容和语体的长篇话语材料（见本书附录）。这些语料都是作者在深入当地人日常生活过程中随机采集的，能够真实反映具体语境中的实际用法。柯坪县地处偏僻山区，与周边地区的交往不多，受维吾尔语中心方言的影响较小，是一种具有"方言岛"性质的特殊方言。在语言同质化速度加快的今天，柯坪话特殊的语言成分和特征也不可避免地趋于减少甚至消失。在此情况下，深入调查记录、描写分析这种土语及其特有的语言成分或特征具有重要的现实价值和深远的历史意义，还可以为文化人类学、社会学等相关学科的研究提供素材和理论依据。

总体而言，《新疆维吾尔语方言柯坪话研究》既是维吾尔语方言土语描写也是"方言岛"研究的一部重要著作。是为序。

2024年4月10日于北京
中央民族大学

摘 要

柯坪话是维吾尔语中的特殊土语，亦被称为"方言岛"，但截至目前还未对其进行深入调查和系统描写。目前在周边地区方言的影响下，柯坪话独有的很多特点快速减少甚至消失。在此关键时刻，对其进行记录和描写是我国语言工作的当务之急，这项工作不管在国家语言政策还是在语言演变研究上都具有极其重要的意义。

本书从结构主义方言学的角度，对柯坪话的音系、形态及词汇系统进行穷尽式描写，同时尽量突出柯坪话与维吾尔语标准话及其他方言土语的不同之处。

本书结构分为两部分：正文和附录。正文除导论外，还包括音系、形态以及词汇三章。导论提出了本研究的目的、意义、方法等问题，并简要论述柯坪话的前期研究成果。后面三章对柯坪话的音系、形态以及词汇特征进行描写和分析。

第一章描写柯坪话的音系特征。音系上，柯坪话不同于维吾尔语标准话的方面较多，最突出的是前送气现象和词重音问题。前送气是由于长元音的历时演变和元辅音间相互影响而产生的特殊语音现象。至于词重音，柯坪话中有些词缀是词末音节时一般不重读，这种特征使柯坪话具有区别于标准语的元音弱化机制，即多数情况下 /a/、/ɛ/ 的高化或央化呈现与标准语相反的特征。柯坪话的这种音节韵律特征，在一定程度上解释了现代维吾尔标准语中普遍存在的 /a/、/ɛ/ 弱化现象的发生机制，那就是：/a/、/ɛ/ 的弱化在很大程度上，与包括这两个音位的音节的韵律特征有关。柯坪话的其他主要音系特征有：央元音ə的出现频率较高、元音的长读部分可以和半元音j自由交替（如qila:vɛ→qilajvɛ"你继续做"，øjdɛ→ø:dɛ"在家"）等元音变化现象；擦化、浊化、腭化和强化等辅音变化现象。文中以生成音系学的分析法，对各种语音现象，归纳出相应的潜层音系变化规则。

柯坪话内部呈现地域差异，即玉尔其片在某些方面类似和田方言（如bujan"脖子"、kymɛ"煤炭"），而盖孜力克片则表现出类似喀什话的特征（如bojan"脖子"、kømɛ"煤炭"）。另外，动词宽时（现在–将来时）第三人称词缀{–Du}，在玉尔其片起首辅音往往呈现送气特征，而在盖孜力克–阿恰勒片中，其发音很不稳定，有时送气有时不送气，甚至在盖孜力克、帕松两村人的语言中，往往体现为浊塞音[d]。但是，柯坪话中也有一些不同于和田方言和喀什话的方面（如上述的前送气和词重音问题）。此外，v强化为g这一特征也不同于和田方言以及阿克苏、喀什等话，但与吐鲁番–哈密话很相似。这意味着，柯坪话的形成应该受到和田方言、喀什话、吐鲁番–哈密话和存在前送气现象的一些国内语言的共同影响。

柯坪话形态上的独特性实际上是在音系特征基础上产生的。主要包括以下几点：（1）名、动词第二人称复数以{–（X）ŋlɛ}形式为主；（2）动词强化体词缀的形式是–vat而不是–vɛt；（3）动词祈使式第一人称复数词缀为{–（ɛ）li}，有–eli、–ili、–li三个变体；（4）动词直接陈述式一般过去时第一人称复数形式为{–DXG}，有–duq、–tuq、–dyk、–tyk、–dɛk、–daq六种变体；（5）动词直接陈述现在持续式（或进行时态）的主要形式是{–（x）vət}或{–（x）vet}，较少出现{–（x）vat}形式；（6）形动词将来时形式为–tqan；（7）助动词idi中元音/i/普遍省略，并与前邻词连在一起等。此外，柯坪话在形容词比较级、集合数词、名词属格、宾格、相似格以及一些特殊量词等方面也呈现一些不同于标准维吾尔语的特点。

柯坪话体词的构成与标准维吾尔语相比呈现以下特征：(1)无论是派生法还是合成法都表现出较强的构词能力；(2)仍然存在一些古代构词词缀；(3)一定程度地存在动、名词变位形式的词汇化（名词化）。

在无词形变化词类方面，最突出的一点是，柯坪话中存在语义功能有别于标准维吾尔语的两种关联成分：词缀式关联成分{-GandA}和否定意义的条件关联词 ɛmisɛ。{-GandA}多数情况下表达"由于、因为"之意，发挥因果关系的句法功能。条件关联词 ɛmisɛ 往往表达 ɛgɛr undaq bolmiʁanda "如果不是那样的话"、jaki bolmisa "要不然"等意义。与形态有关的以上内容构成本文的第二章。

第三章考察柯坪话的词汇特征。柯坪话词汇上的独特方面有：(1)亲属称谓词的语音形式及种类与标准维吾尔语和其他方言形成明显差异；(2)一些常用颜色词的义项与标准维吾尔语有所不同；(3)存在很多与地方文化（如打柴生活）有关的特有词汇；(4)存在很多从国家通用语言中引进的借词，也有一些从蒙古语、柯尔克孜语等语言借词，而这些借词在标准维吾尔语中几乎都不存在。另外，与标准维吾尔语相比，柯坪话多数特有词的意义范围比标准语中的对应词要广。

本文第二部分是附录，包括大量的长篇语料以及与前送气有关的问卷表。语料的范围覆盖柯坪县玉尔其、盖孜力克两乡的12个村，内容包括社会生产和社会生活的各个领域。

关键词：柯坪话，音系，形态，词汇

目 录

导 论 ··· 1
  第一节　研究意义和目标 ·· 1
    一、柯坪话的特殊性 ·· 1
    二、研究意义 ··· 2
    三、研究目标 ··· 3
  第二节　柯坪话的前期研究 ·· 5
  第二节　研究框架和方法 ·· 7
    一、研究框架 ··· 7
    二、研究方式和方法 ·· 8
  第三节　调查信息 ··· 8
  第四节　本书中使用的转写及缩写符号 ······························ 11

第一部分

第一章　音系 ·· 14
  第一节　概况 ·· 14
    一、元音及其出现情况 ·· 14
    二、辅音 ·· 20
    三、辅音音位的出现情况 ··· 24

第二节　音节结构及辅音丛 ·29
　　一、音节结构 ·29
　　二、辅音丛 ·32
　　三、本节结语 ·38
第三节　元音的和谐及同化 ·39
　　一、词根内和谐 ·39
　　二、词根和词缀间和谐 ·42
　　三、不和谐 ·43
　　四、和谐基础上的元音同化 ·45
　　五、本节结语 ·47
第四节　词中韵律及元音变化 ·47
　　一、柯坪话的词中韵律特征 ·47
　　二、词中韵律基础上的元音变化 ·54
　　三、本节结语 ·61
第五节　辅音变化 ·62
　　一、擦化 ·62
　　二、浊化 ·72
　　三、软腭化 ·73
　　四、腭化 ·74
　　五、边音 l 的不省略、不同化现象 ·74
　　六、v 的强化 ·75
　　七、本节结语 ·76
第六节　增音、减音及换位现象 ·77
　　一、增音 ·77
　　二、减音 ·80
　　三、换位 ·83
　　四、本节结语 ·83
第七节　元音和辅音的交互作用——前送气 ·84
　　一、前送气的出现情形及与国内相关语言的比较 ·84
　　二、前送气的性质和来源 ·87
　　三、对 Arienne M.Dwyer 解释的补充 ·91

四、对前送气的总结 ································· 100
　　五、柯坪话中的元音辅音化现象 ····················· 101
第八节　连读音变 ·· 102
　　一、元音合并 ·· 102
　　二、元音省略 ·· 102
　　三、语流当中元音的央化和高化 ····················· 104
第九节　柯坪话的内部地域差异 ························· 104
　　一、柯坪话两个语言片的主要区别 ··················· 105
　　二、本节结语 ·· 110

第二章　形态 ·· 111
第一节　体词的形态 ································· 111
　　一、名词 ··· 111
　　二、代词 ··· 117
　　三、数词、量词及形容词 ····························· 120
　　四、本节结语 ·· 124
第二节　动词形态 ····································· 124
　　一、动词的体和态 ··································· 125
　　二、动词的无人称形式 ······························· 126
　　三、动词的人称 ····································· 128
　　四、陈述式的人称、时体 ····························· 131
　　五、助动词 idi ······································ 137
　　六、本节结语 ·· 138
第三节　无词形变化词类 ····························· 139
　　一、特有语气词 ····································· 139
　　二、关联成分 ·· 140
　　三、本节结语 ·· 143
第四节　构词形态 ····································· 143
　　一、派生构词法 ····································· 144
　　二、合成构词法 ····································· 152
　　三、柯坪话动词、名词变位形式的词汇化（名词化）······ 156

四、本节结语 ·· 158

第三章　词汇 ·· 159

第一节　柯坪话词汇的文化内涵 ·························· 160
　　一、颜色词 ·· 160
　　二、亲属称谓词 ·· 160
　　三、地方文化词汇 ······································· 162

第二节　柯坪话特色词汇的来源分析 ·················· 169
　　一、柯坪话中保留的古代词语（OW） ············· 169
　　二、柯坪话中的借词 ··································· 172

第三节　柯坪话词汇与标准维吾尔语的比较 ········· 176
　　一、特有词汇 ··· 176
　　二、异形同义词和短语 ································ 179
　　三、柯坪话与标准维吾尔语词汇意义范围的区别 ··· 181

第四节　柯坪话地方词汇表 ····························· 184

第二部分

柯坪土语长篇话语材料 ······································ 200
参考文献 ·· 311
附录1　柯坪话中前送气和非前送气对立词声波图
　　　　（以 oʰt 和 ot 为例） ································ 315
附录2　柯坪话前送气出现情况调查问卷 ············· 318
附录3　柯坪话常用5对词中前送气使用情况调查问卷 ·· 320

后　记 ··· 321

导 论

第一节 研究意义和目标

一、柯坪话的特殊性

根据苏联学者捷尼舍夫20世纪60年代提出的三分法和米尔苏里唐先生1989年提出的综合性划分标准，现代维吾尔语被分为中心方言、和田方言、罗布方言三种方言。中心方言包括伊犁话、乌鲁木齐话、吐鲁番话、哈密话、塔里木话、喀什话、木头勾话、库车话等8个土语。和田方言指和田地区维吾尔族人使用的地方话，罗布方言指库尔勒地区罗布、若羌两县维吾尔族人使用的地方话。这是至今仍被维吾尔语方言研究者普遍接受的观点。除了上述方言外，现代维吾尔语还有一种特殊土语，那就是柯坪话。目前柯坪话的地位尚未确定，一些研究者认为它是和田方言的特殊分支（相立波，1998），而另一些专家认为它是一个相对独立的土话或方言（米尔苏里唐，1989）。这个土语之所以被称为特殊的地方话，主要原因如下：

首先，柯坪话里存在一种独特的语音现象（有人叫它带擦元音，也有人视之为紧喉元音），而维吾尔语其他方言都不存在此现象。另外，柯坪话音节的韵律特征也较特殊，在不少情况下，词重音落在倒数第二个音节上。

其次，柯坪话较好、较多地保留着维吾尔语的原始特征。如较多体现/a/、/ɛ/音不高化、不央化特征。另外，据现有的维吾尔语方言研究资料可知，几乎所有方言中，凡以边音l结尾的动词祈使式第二人称单数否定形式，l音或者省略或者被其后续双唇辅音m同化。但在柯坪话中，多数情况下既不省略也不同化。除此之外，该话还保留了很多古代词汇。

最后，该土语虽然在中心方言包围之中，但其特征较中心方言更加接近和田方言。正因如此，有些研究者（如相立波）将它归于和田方言，但是柯坪与和田在地理上不连接，又尚未发现有和田与柯坪之间人口迁移的历史记载，况且和田方言不存在柯坪话上述的一些典型特征。

基于此，大部分学者没有将它归于以上三个方言的任何一个，而一直称它为现代维吾尔语的一个特殊话或"方言岛"。

二、研究意义

到目前为止，针对柯坪话的深入调查和全面系统的描写工作尚未开展。在标准维吾尔语的影响下，罗布方言的特征几乎消失殆尽。以前未被调查的一些偏僻地区方言话先后被调查。其结果表明，至今被广泛接受的维吾尔语方言三分法很可能会面临挑战。在这种情况下，对地位尚未确定、特殊性较多的柯坪话进行全面的实地调查，并将它目前的实际面貌尽量完整地描写出来，无论在理论上还是实践上，都是很有意义的。

（一）理论意义

（1）本研究在理论上探讨了方言描写研究的分析框架，探索了音系、形态及词汇系统的描写模式，但其重点还是音系描写，采用现代音系学前沿理论，对柯坪土语进行了较为全面和系统的描写分析。方法上主要采用实地田野调查的定性研究方式，同时也利用文献研究、实验研究以及社会语言学的定量研究方法，逻辑较为严密，分析较为科学，不管是从理论还是从方法的角度看，都算是语言科学前沿理论与方法的探索性运用和发展。

（2）本研究处于柯坪土语特色正在消失的关键时刻，着手进行全面系统的实地调查，将它目前的实际面貌尽量完整地描写出来，收集转写的语料较为丰富，从而为我国语言文化研究提供了非常珍贵的第一手资料。

（二）应用意义

（1）本研究描写分析了柯坪话的语言特点，尤其是系统分析了语音面貌，整理归纳其中规律性的语音特点，采用对比的形式对喀什话、和田话和其他方言也进行了较为全面的描写分析。这些研究资料对我国和我区语音识别研究和工程来说，是非常重要的参考资料，而语音工程这方面的研究成果可以直接为地区社会安全、网络和通信安全事业服务，因此具有较为重要的社会效益。

（2）柯坪话是个"方言岛"，由于柯坪县地处偏僻山区，与周边地区交往不多，较少受到周围中心方言的影响，从而将古代语言成分完好地保留下来。不过，目前柯坪话中的那些特殊语言特征及古代成分已趋于减少甚至消失，在此关键时刻，本研究对其进行全面系统的实地调查，将它目前的实际面貌尽量完整地描写出来，这对我国语言政策具有重要意义。

（3）本研究所收集的都是维吾尔语中正在使用的口语资料，分析的都是口语的特点和规律，而且涉及各个方言土语的实际情况和彼此异同，这些资料和所归纳的各种语言规律给维吾尔语研究提供了非常好的素材和案例。

三、研究目标

本研究的主要目标是，将柯坪话音系、形态及词汇系统尽量全面地描写出来，客观地展现其目前的实际面貌；与标准维吾尔语及其他方言进行必要的共时对比，突出其音系、形态、词汇上的独特性；为我国方言研究的新进展提供可靠的第一手资料。因柯坪话的特殊性主要表现在音系方面，因此，本研究将侧重描写分析语音现象。

第一，柯坪话是一种特殊话或"方言岛"，具有很多独特的地方特征，尽量全面描写柯坪话与标准维吾尔语和其他方言不同的音系、形态、词汇特征，是本研究最主要的目标。当然，也会描写一些与其他方言土语共有的特征。

第二，据目前研究资料，现代维吾尔语中只有柯坪话存在"前送气"这一特殊语音现象，但一直缺乏与其相关的研究。因此，本研究重点全面考察与"前送气"相关的现象。

第三，柯坪县地方虽小，但其语言内部却有差异，即乡和乡之间存在地域差异。考察土语内部的地域差异，是本研究的另一个重要目标。

第四，挖掘柯坪话中保留的古代语言成分，尤其是词汇上的古代成分，也是我们的研究目标之一。

第二节 柯坪话的前期研究

目前，关于维吾尔语方言土语的研究不少，但是针对柯坪话的研究相对较少，只有几篇期刊论文和一些专著上的部分章节涉及了相关内容。如捷尼舍夫（1983）、阿布莱海提·马木提（1985）、米尔苏里唐·吾斯满（1989）、相立波（1998）等人初步描写了该土话语音、语法及词汇方面的某些特征。柯坪县志编纂委员会编写的《柯坪县志》（1992）第二十一卷"方言"上也总结了柯坪话的语音特征，并收录了200多个地方词汇。此外，阿不都热西提·亚库甫（2004）、木哈拜提·哈斯木（2006，2009）和米娜瓦尔·艾比不拉（2004）等人的相关研究著作中也补充了部分材料。相比而言，在上述研究中，米尔苏里唐·吾斯满（1989）、相立波（1998）两人的研究和《柯坪县志》（1992）提供的信息较多一些。将以上所有研究概括起来，其主要内容如下：

与标准维吾尔语相比，柯坪话的语音特点是：在一些以低、半低展唇元音 /a/、/ɛ/ 开头的表示人名或物名的词语中，/a/、/ɛ/ 音前增加一个喉部浊音 ɦ；双音节词第一音节中的 ø 以 y 或 o 交替，o 则以 u 交替，其第二音节中的 o、y 以 /a/、/ɛ/ 交替；词末的小舌清音 k、q 以 g、ʁ 交替，元音前出现的 w 以 g 交替，词中的 q 以 χ 交替，非词头的 p 以 w 交替，音节末的 a 以 i 交替；有些音节后增加 j，在以边音 l 结尾动词的祈使式第二人称单数否定形式中，边音 l 不像其他方言话一样脱落或被其后续辅音 m 同化等。此外，米尔苏里唐·吾斯满（1989）、阿不都热西提·亚库甫（2004）、相立波（1998）、Arienne M.Dwyer（2007）四人还谈到，柯坪话中存在一种特殊的语音现象。不过，他们的说法并不一致：米尔苏里唐·吾斯满称之为紧喉元音，并列出一些相关例子；相立波视之为个别元音（如 a, ø, o）的带擦变体，故没做具体论述；阿不都热西提·亚库甫认为这是一种喉部音素，在西部裕固语、撒拉语和图瓦语中存在，他列出几个例子但未做进一步的分析。就此问题，Arienne M.Dwyer（2007）进行了较详细的研究。她把国内几种语言中存在的这种现象称为前送气，并认为其来源与一些长元音的历史演变有关，即一些长元音演变成短元音，促使原来的短（或正常）元音为了与它形成语音区别，与后续辅音相互影响并造成前送气现象。语法上的特点是：动词的现在－将来时（或宽时）第一人称形式、未完成形动词形式以及动词将来时第三人称形式与和田方言相同；形容词比较级只有 -raq 形式，也跟和田方言一致。在词汇上，柯坪话中保留的古代指示代词较多。

  以上研究虽在一定程度上揭示了柯坪话的一些语言特性，但由于缺乏深入调查，归纳出来的特点非常有限。最重要的是，前人对柯坪话领属问题做出的结论不一致。米尔苏里唐认为它是中心方言中的特殊话，相立波等一些研究者认为，它是和田方言的一个土话。出现这种不一致的原因，一方面，前人对柯坪话的调查和描写不完整，没有系统和深入地考察它的全部特征。另一方面，目前被学术界普遍接受的综合性分类标准，虽然简单明确地将维吾尔语分成三种方言，但一直未能解释中心方言内部在语音上同质性较低的问题。也许就因为这个标准过于单一，因此无法解决方言分类的一切问题。这也是造成柯坪话领属问题不确定性的一个因素。维吾尔语各方言土话间的区别主要体现在语音上，在语法上存在较高的同质性。但是，传统分类标准恰恰不以语音特征为主。也许我们应该在系统描写资料基础上，重新考虑一下维吾尔语方言的分类问题。为此，首先要做的工作是将各个地方的语言尤其是类似于柯坪话的偏僻地区语言尽量全面地描写出来，然后对各方言话进行广泛的比较研究。

第二节 研究框架和方法

一、研究框架

本研究的总体理论框架是结构主义方言学。结构主义方言学认为，方言既是相对独立的语言系统，又是构成一种语言系统的组构系统（Trudgill and Chambers，1998）。本研究在对音系、形态和词汇的描写过程中，通过系统的描写尽量体现柯坪话系统性的同时，和标准维吾尔语进行比较，强调其与整个维吾尔语间的系统关系。当然，通过与标准维吾尔语和相关方言土话的比较（主要是音系比较），尽量突出柯坪话的独特方面，是描写始终不变的主线。柯坪话中存在和田方言、喀什话的一些特征，因此，这些比较主要围绕这两种地方话进行。

本研究的重点是柯坪话的音系描写。在音系的描写上，笔者采用Trubetzkoy（1939）、Chomsky（1968）等现代音系学家的音位学理论模式，试图对柯坪话进行较全面的音位学分析。这种方法已在国际方言描写领域中普遍运用。Marik Kirchner（1992）、Bernt brendemoen（2002）、阿不都热西提·亚库甫（2005）等人的研究模式，为笔者的研究起到了示范作用。

本研究试图在《项目与配列理论》（Mathews，1974）和《项目与变化理论》框架内描写柯坪话的独特形态特征。语言学家Lars Johanson（1998）、阿不都热西提·亚库甫（2005）等人的相关研究，给笔者提供了必要的分析框架，对顺利完成这项工作起到了重要作用。

在词汇研究上，笔者采用传统的词汇系统考察法，具体采用了穆哈拜提·哈斯木（2006）的方言词汇研究模式。

与音系描写相比，本研究中形态和词汇的描写较少体现系统性，着重体现地方性。另外，本研究很少涉及历时方面的分析，只试图从共时角度尽可能全面描写柯坪话的面貌。

二、研究方式和方法

本研究主要采用实地田野调查的定性研究方式。同时也利用文献研究、实验研究以及社会语言学的定量研究方式。具体方法有：对相关前期研究进行文献整理和分析；进入田野调查阶段后，通过入户访谈法录取大量的自然语言材料；在结构方言学的理论框架内，对录取的语料进行穷尽式描写；在描写过程中，必要时对柯坪话与标准维吾尔语及相关方言土话进行比较分析；对柯坪话独有的前送气现象，采取问卷调查、统计分析及实验语音学方法进行较全面的描写分析。

第三节 调查信息

2009—2011年期间，笔者四次赴柯坪县进行实地调查。

2009年1月至2009年3月，第一次赴柯坪县，在玉尔其乡的玉尔其、尤库日斯等村，寻找一些文化程度较低、出门经历较少的中老年人，进行自然交谈并当场录音，事后按照录制的话语材料，初步整理该话的语音系统。

2009年7月至2009年9月，笔者第二次赴柯坪，在玉尔其和盖孜力克乡的各个村里进行广泛的入户调查，录取大量的语言材料，包括一些民间歌曲。同时对前送气现象的社会分布进行初步的问卷调查。

2010年6月至2009年9月，笔者进行了一次较大规模的调查，主要做了三项工作：一是录取一些补充语料，完善柯坪话音系、形态和词汇特征。二是对该话的内部地域差异进行调查。三是对前送气现象进行正式的问卷调查和统计分析。

2011年1月至2011年2月，赴柯坪补充、核对语料，完善已建立的词汇表。

四次调查均在玉尔其和盖孜力克乡各村进行。调查地点有：玉尔其乡的阿热阿依玛克、玉斯屯克库木艾日克、托万克库木艾日克、玉尔其、托木艾日克、尤库日斯6村；盖孜力克乡的库木鲁克、帕松、巴格勒克、盖孜力克、喀拉玛5村。调查地点的分布情况见图0-1。

图 0-1 柯坪话的调查地点（前面带 "·" 符号的均为被调查的地点）

在四次调查中，笔者一共访谈25个人。访谈对象的具体信息见表0-1：

表 0-1 访谈对象的信息

序号	姓名	性别	年龄	职别	地点	语料文本序号
1	abdirʃit ivrajim	男	55	农民	玉尔其	1.1.1 — 1.1.13
2	zilɛjχan	女	58	农民	玉尔其	1.1.14 — 1.1.18
3	avla vaqiʃ	男	89	农民	玉尔其	1.1.19 — 1.1.22
4	qɛdirjɛ	女	10	学生	玉尔其	1.1.23.1 — 1.1.23.7
5	abdiveli tɛmbur	男	45	民间歌手	玉尔其	1.1.24 — 1.1.25
6	bahajidin	男	25	农民	玉尔其	1.1.26
7	musa jaqup	男	66	农民	玉斯屯克库木艾日克	1.2.1 — 1.2.4
8	jasin hɛsɛn	男	70	农民	尤库日斯	1.3.1 — 1.3.4
9	qurban rɛmɛt	男	48	农民	托万克库木艾日克	1.4.1 — 1.4.4
10	ɛmɛt helim	男	71	商人	托万克库木艾日克	1.4.5 — 1.4.9
11	gulnisaχan	女	60	农民	托木艾日克	1.5.1 — 1.5.6
12	patɛm ivrajim	女	68	农民	阿热阿依玛克	1.6.1 — 1.6.5
13	qajim dapʧi	男	62	农民	巴格勒克	1.7.1 — 1.7.9
14	ajnisaχan	女	49	农民	巴格勒克	1.7.10
15	baʁliqtikilɛr	—	—	农民	巴格勒克	1.7.11
16	ɛmɛt hɛsɛn	男	55	农民	喀拉玛	1.8.1 — 1.8.4
17	gulsarɛm	女	25	农民	喀拉玛	1.8.5 — 1.8.6
18	rozaχun	男	27	牧民	喀拉玛	1.8.7 — 1.8.9
19	almaχan	女	60	农民	库木鲁克	1.9.1 — 1.9.5
20	gusunχan	女	43	手艺人	库木鲁克	1.9.6 — 1.9.10
21	sɛtivaldi	男	80	手艺人	库木鲁克	1.9.11 — 1.9.12
22	altunχan	女	51	农民	库木鲁克	1.9.13
23	abdiraχman	男	74	手艺人	盖孜力克	1.10.1 — 1.10.3
24	salɛraχun	男	102	农民	盖孜力克	1.10.4
25	tilɛk jaqup	男	70	农民	帕松	1.11.1
26	qadi quzʁun	男	94	牧民	喀拉库提	1.12.1 — 1.12.7

第四节　本书中使用的转写及缩写符号

1. 转写字母和符号

本书在转写语料和描写中均使用IPA国际音标系统，与一些少数民族语言研究中常用的APA符号系统和现代维吾尔文字字母系统对应情况如下：

表0-2

IPA符号	APA符号	维吾尔文字母	IPA符号	APA符号	维吾尔文字母
a	a	ئا	q	q	ق
ɛ	ä	ئە	k	k	ك
b	b	ب	g	g	گ
p	p	پ	l	l	ل
t	t	ت	m	m	م
dʒ	ǰ	ج	n	n	ن
tʃ	č	چ	h	h	ھ
χ	χ	خ	o	o	نو
d	d	د	u	u	نۇ
r	r	ر	ø	ö	نۆ
z	z	ز	y	ü	نۈ
ʒ	ž	ژ	v	v	ۋ
s	s	س	e	e	ئې
ʃ	š	ش	i	i	ئى
ʁ	ġ	غ	j	y	ي
f	f	ف	ŋ	ŋ	ڭ

2. 缩写字母和符号

本文使用以下缩写字母和符号：

表 0-3

缩略符号	表达的意思	缩略符号	表达的意思
A	a/ɛ	AP	阿拉伯-波斯语借词
U	u/y	OW	古代维吾尔语
X	a/ɛ/e/i/o/ø/u/y	M	蒙古语借词
G	g/ʁ	Ki	柯尔克孜语借词
K	k/q	KA	喀什话
D	d/t	SU	标准维吾尔语
C	辅音	HO	和田方言
V	元音	H	普通话借词
I	音位 /i/ 的各种变体	GAP	盖孜力克-阿恰勒片
ʃ	辅音化	YP	玉尔其片
h	前送气	[+]	具有某种区别性特征
ː	长发音	[-]	不具有某种区别性特征
ˈ	重音	/ /	音位
˚	清化	#	词的边界
〉	转换为	.	音节边界
〈	来自	→	产生
[ ]	音素	~	同等形式
{ }	语素	ø	零形式

第一部分

第一章 音系

第一节 概况

一、元音及其出现情况

柯坪话中有8个元音音位：a、ɛ、e、i、o、ø、u、y。这些音位在词内出现情况见表1-1：

表1-1 柯坪话元音音位在词内出现情形

音位	词首音节		非词首音节	
	开音节	闭音节	开音节	闭音节
/a/	kariz"水坑"、aχi"后街"、	qaq"杏干，特别干的木柴"、janpatʃ"胯"	kava"南瓜"、atʃaka"大姐"、palaŋ"玉米叶子"、ɛrislan"阿尔斯兰（人名）"	
/ɛ/	qɛ"哪儿"、kɛːpiʃ"鞋子"、kɛpkyr"笨篱"、dɛk"大木柴"		nɛtʃtʃɛ"多少"、rɛːlɛ"生气的"、ɛgrɛk"拐弯"、kɛpɛz"棉花"	
/e/	tʃepit"大薄馕"、ehtis ~ etis"田地"、tejliʃ"滑动"、tʃeχliʃ"触动"		tere"皮子"、bede"苜蓿"、ʁiltejliʃ"滑动"	
/i/	bi"一"、qij"田埂"、ʃiʃ"粗布"、jiktʃir		itʃtʃi"工人"、dari"药"、kitʃig"小"、ziriq"木屑"	
/o/	tola"多"、mo"这"、oχ"子弹"、ojʁur"维吾尔"		toko"瘸子"、boso"炒面"、nogoj"水瓢"、osol"坏的"	
/ø/	tʃørøl"转"、tørikiʃ、ømsɛ"奇怪的"、tøht"四"		døgølɛ"滚动"、biøzɛ"不正常的"、unkøj"哎呀"、køsøj"火棍"	

续表

音位	词首音节		非词首音节	
	开音节	闭音节	开音节	闭音节
/u/	kuʃuk "织粗布的工具"、χuvejni "杏子的优良品种"、tuʁ "水坝"、kuʃluʁ "有力气的"		buʰltu "去年"、gundu "大的树墩子"、quruʁ "干的"、hagul "院子"	
/y/	tykyʧ "馕戳"、yzym "葡萄"、tygmɛ "扣子"、byl– "知道"		tymy "铁"、ɛʃky "山羊"、tyryk "大粗人"、ypʧyl "全部"	

上表说明，/a/、/ɛ/、/i/、/u/四个元音在词首或非词首的开、闭音节中都会出现，/o/、/ø/、/y/在词首开、闭音节中出现，这与标准维吾尔语和多数方言土话相同，/y/出现在非词首闭音节和/e/出现在词首开音节也与多数地方话及标准维吾尔语相同。不同的是，在柯坪话中，/e/还会出现在非词首开音节和词首、非词首闭音节中，只是闭音节的次数很少。/o/、/ø/还会出现在非词首开、闭音节中，/y/则出现在非词首开音节中，这在标准维吾尔语和多数方言土话中都不存在。

表1-2 柯坪话元音音位的区别性特征

	a	ɛ	e	i	o	ø	u	y
高	−	−	−	+	−	−	+	+
后	+	−	−	−	+	−	+	−
圆	−	−	−	−	+	+	+	+
低	+	+	−	−	−	−	−	−

但这些元音在实际谈话中表现为17种语音音素。

表 1-3 柯坪话表面层次元音

	展唇			圆唇		
	前	央	后	前	央	后
高	i	ɨ	ɯ	y		u
	ɪ					ʊ
半高	e		ɤ	ø		o
中		ə				
半低	ɛ			œ		
	æ					
低		a	ɑ			

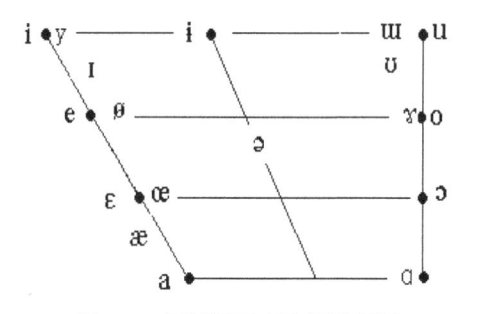

图 1-1 柯坪话元音位置示意图

/a/ 后展唇低元音。虽然 /a/ 在基本元音图（cardinal vowel）中表示前展唇低元音，可在柯坪话中它是靠近但也不完全相同后展唇低元音 /ɑ/ 的音位。其变体 [ɑ] 出现在①：(ⅰ) 软腭音前后，如 [kɑla]"牛"②、[ɑgɑl]"以前"；(ⅱ) 小舌音前后，如 [tɑqla] "跳跃"、[qɑʃqɑ] "喀什"、[ʁɑʰtɛk] "独轮车"；(ⅲ) 喉音 /ɦ/ 前后，如 [ɦalliʃiʃ] "互相倾诉"。

---

① /a/ 的变体未表现在语料中，使用同一个符号 a 来表示它所有变体。
② 语料中有一次出现软腭音 /k/ 前的 /a/ 是前展唇闭元音 [a]，如 [kaminnʌ] "公社"。

/a/处于齿龈后咝音[ʃ]后表现为央开元音[ɐ]，如[ʃɐpilɑq]"巴掌"。

另外，/a/出现在直亲亲属称谓词开头时表现为长元音[aː]，如[aːta]"爸爸"、[aːpa]"妈妈"。

/ɛ/　前展唇开元音。柯坪话/ɛ/的音质一般和CV①中的/æ/相似。如[æʃky]"山羊"、[æhtæ]"明天"、[æhkæk]"男人"。但其变体[ɛ]的出现率也不低，由于逆同化作用产生的/ɛ/都表现为[ɛ]，如[tɛzɛk]"粪"、[lɛgɛn]"茶托"、[kɛsɛl]"病"[ɛtitu]"他会做"。出现在要省略的流音/r/、喉音/h/之前表现为长音，如[kæːpj̥ʃ]"土块"、[ræːmæt]"谢谢"。②

/e/　半高展唇前元音。柯坪话/e/的位置比CV中的e稍后些。

在柯坪话中，无论是词根还是词的变位形式，/e/的出现频率均较低。主要出现在[ehtʂs]、[eriʁ]、[eʰjt]等一些古往今来一直沿用的代词中。在标准维吾尔语中/e/音出现的多数位置上，柯坪话中/ɛ/或/i/音都出现，如[pkɛpɛz]"棉花"（标准维吾尔语[kevɛz]）、[bɛrɛj]"我给"（标准维吾尔语[berej]）、[tigi]"底处"（标准维吾尔语[tegi]）、[dʒini]"他的命"（标准维吾尔语 dʒeni）等。但在有些词中，标准维吾尔语出现/i/、/ɛ/的位置上，柯坪话则出现/e/，如[bede]"苜蓿"（标准维吾尔语[biːdɛ]）、[tere]"皮革"（标准维吾尔语[tiːrɛ]）。

从表1–1可知，/e/可出现在词首和非词首开音节中。在有些动词变位形式中，/e/可出现在词首闭音节内，个别词中还可在非词首音节内出现。后两种情况是由动词变位引起的元音省略而产生的。如tejil+iʃ→tej.liʃ"滑动"（标准维吾尔语[te.ji.liʃ]）③。但在标准维吾尔语中，/e/只能出现在词首开音节位置。

/i/　前高展唇元音。柯坪话/i/的实际发音与CV中的/ɪ/相同，其有以下表现形式：

---

① CV指国际元音图。
② /ɛ/的变体也未表现在语料中。
③ 中下黑点指音节界限。

（1）与标准维吾尔语和其他多数方言话一样，处于软腭音与腭部通音或后齿龈塞擦音间时表现为前高元音 [i]，如 [kijim] "衣服"、[kitʃiɣ] "小的" 等。但不同的是，双唇浊音 [b] 和小舌音后也会出现此种变体，但在标准维吾尔语和大多数方言话中，这种情况下出现中高变体 [ɨ] 和后高变体 [ɯ]，如 [bi] "一"（标准口语 [bir]）、[qiɣʃ] "油菜"（标准维吾尔语 [qiɣa]）、[qil] "鬃毛"（标准口语 [quɯl]）①。

/i/ 的表现形式 [i] 在送气清辅音前发生清化，如 [kjp] "来"、[ʃjp] "线"。清化变体 [i̥] 有时进一步发生辅音化（详细内容见第一章第七节第四点），这时听起来好像这个音段与其后续清辅音间增加了一个短促的龈腭后音 [ʃ]，如 [jʃt] "狗"（标准维吾尔语 [it]）、[pʰjʃt] "虱子"（标准维吾尔语 [pit]）、[jʃ(k)ki] "二"（标准维吾尔语 [ikki]）等。

（2）处于齿龈音之间、不送气唇音与齿龈音之间以及小舌音与齿龈音之间时，表现为中高元音 [ɨ]，如 [billɛ] "一起"、[tʃimniŋ] "谁的"、[qizil] "红"。

（3）当处于小舌音之间和小舌音与齿龈音之间时，表现为后高元音 [ɯ]，如 [quʁ] "粪"、[qurʁɯz] "柯尔克孜"、[ʁɯltaŋ] "滑的"。但 /i/ 在小舌音与齿龈音之间的表现形式不太稳定，有时实现为 [i]，如 [quɯl] ~ [qil] "做"、[qurʁɯz] ~ [qirʁɯz] "柯尔克孜" 等。值得注意的是，/i/ 出现在齿龈音与唇齿浊擦音之间也表现为 [ɯ]，而在标准维吾尔语口语和多数方言话中均表现为 [i]，如 [tɯvɯt] "羽绒"（标准维吾尔语 [tivit]）、[dɯvanɛ] "乞丐"（标准维吾尔语 [divanɛ]）、[ozɯʁɯl] "两年前"（标准维吾尔语 /ozaqi jil/）等。

（4）/i/ 在个别词中表现为央元音 [ə]，如 [dəχan] "农民"（标准维吾尔语 [diχan]）。有时受元音协同发音的影响，央元音 [ə] 被发成后半高展唇元音 [ɤ]，如 [dɤχantʃiliq] "农业"（标准维吾尔语 [diχantʃiliq]）。但是柯坪话的 [ə] 并不都是 /i/ 的表现形式。在多数情况下它是 /a/、/ɛ/、/o/、/u/ 等元

---

① 调查中个别人语言中出现，齿龈和软腭音之间的 [i]，如 [diŋi] "名气"。

音在语流中的央化形式（详细情况见第一章第四节）。

（5）/i/最常见的表现形式是[ɪ]，这一点与标准维吾尔语和其他方言话相同。但值得一提的是，标准维吾尔语中/i/发生清化的多数情况下，柯坪话中则不发生清化，这时/i/音以[ɪ]的形式体现。如[akɪsɪ] ~ [akɪːsi]"他的哥哥"（标准维吾尔语[akjsi]）、[qalpɪqɪ] ~ [qalpeːqi]"他的帽子"（标准维吾尔语[qalpjqi]）等。这样一来，[ɪ]在柯坪话中的出现频率比标准维吾尔语和其他多数地方话还要高。①

/o/　后半闭圆唇元音。柯坪话/o/的发音与CV图中的/ɔ/接近，但并不完全相同。在有些词中，出现在通音/v/的圆唇化变体[w]和边音/l/的擦化变体[ɬ]之前的/o/表现为[ɔ]。如[ɔʰta]"坐下"、[ɔwdan]"好"，其他情况下均表现为[o]。与标准维吾尔语不同，/o/还可以出现在词的第二音节中，如[somoka]"书包"（标准维吾尔语[somka]）、[nogoj]"瓢子"（标准维吾尔语[nogaj]）、[tokor]"瘸子"（标准维吾尔语[tokur]）。

/ø/　前半高圆唇元音。柯坪话/ø/的发音与CV图中的/ø/基本相同。在有些词中，/ø/出现在软腭清音与软腭鼻音间，表现为位置比/ø/稍低的[œ]，如[kœŋlɛm]"我的心"（标准维吾尔语[køŋlym]）、[kœŋlɛk]"衬衣"（标准维吾尔语[køjnɛk]）等。与标准维吾尔语不同的另一点是，在个别词中，/ø/还可以出现在非词首闭音节中，如[køsøj]"火棍"（标准维吾尔语[køsɛj]）。

/u/　后高圆唇元音。柯坪话/u/的发音多数情况下与CV图中的/ʊ/接近，但并不完全相同。在有些词中，/u/出现在双唇浊塞音与小舌爆破音之间时，表现为[ʊ]，如[bʊqa]"公牛"、[ʊmatʃ]"粥"。另外，/u/在词末出现的直接陈述现在-将来未完成体第三人称标记中，往往表现为[ʊ]，如[barítʊ]"他会去"、[maŋmajtʊ]"他不会走"、[tʃʃŋ søzlɛjtʊ]"他很会说话"。在其他情况下均表现为[u]。

---

① 语料中基本上未表现/i/的变体[ɿ]。

处于送气清辅音或小舌音[χ]前有时发生清化，如[ṳʃ(ʧ)]"飞"、[ɣ̥χla]"睡觉"等。个别词中其清化变体和不清化变体有区别意义的作用，如[ṳʃ(ʧ)]意为"飞"，而[uʧ]则意为"尖端"，标准维吾尔语中二者均读作[ṳʧ(ʃ)]。

/y/　前高圆唇元音。柯坪话/y/的音质与基本元音图中的/y/相似。与标准维吾尔语相同，/y/出现在送气清辅音之间或其前面时发生清化，如[y̥ʃ(ʧ)]"三"、[ʧy̥ʃ]"下来"、[ʃy̥k]"要运的货"等。

二、辅音

柯坪话中有22个辅音音位：b、p、d、t、g、k、ʁ、q、χ、dʒ、ʧ、v、z、s、ʃ、h、l、m、n、ŋ、r、j。ʒ、f两个音虽然常见，但未能当作独立音位。

表1-4　柯坪话辅音音位表

	双唇音	唇齿音	齿龈音	齿龈后音	硬腭音	软腭音	小舌音	喉音
塞音	b p		t d			k g	q	
鼻音	m		n			ŋ		
颤音			r					
擦音		v	s z	ʃ			χ ʁ	h
塞擦音				ʧ dʒ				
通音					j			
边音			l					

这些辅音在词中各个位置出现的情况见表1-5：

表1-5　柯坪话辅音在词中出现情形

音位	词首	元音间	词末
/b/	bodʒɛk "兔崽", bɛka "闲着"	—	—
/p/	pɛjlɛj "手套", pataq "玉米根"	apəʃa "阿姨", kɛpiʃ "鞋"	aʰptap ~ aftap "阳光", molokop "杏子的品种"
/m/	montelɛk "带汤的玉米饺子", manʧi "工钱"	qomuʃ "芦苇", kymɛ "煤"	ʁom "粗略、古怪", soqum "冬肉"
/t/	taʃa "外地", tagit "尊严、价"	aːta "父亲", aːtiʁ "驮子"	qaʰt "岸，边", χirit "布料"
/d/	daga "红柳籽", daŋ "开始腐朽的大红柳"	daːda "爸爸", vɐdiʃ "习惯"	—
/n/	nakas "卑鄙的", nok "木锁"	aːna "妈妈", panɛ "像洋葱的一种草"	χiman "麦场", kɛʰtmɛn "坎土曼"
/s/	sijan "边", soqma "柱子"	osol "坏的", esɛ "鬼缠身的人"	gas "声", is "烟"
/z/	zaqa "痛苦", ziriq "树名"	azo "未经驯服的", asan "容易"	kariz "坑", kɛz "次"
/r/	ragana "旧事重提", rɛːle "着急"	ʁora "杏子", daːri "药"	qamir/qamar "鼻腔", ʁalvir "筛子"
/l/	laχsa "用草或碎布做的网子", logul "大叶葵"	palaŋ "玉米叶子", koːla "水磨下的水渠"	byl "会", ɛl "人民"
/ʃ/	ʃol "那", ʃɛ "那"	taʃa "外地", jaʃalaŋ "年轻"	køːsytki "结婚时男方给女方家的牲畜", taʃ "高山、石头"
/ʧ/	ʧɛlgɛ "草棚", ʧikit "一种小鸟"	aːʧa "姐姐", qiʧi "叫、菜籽"	supuruʧ "不带汤的玉米饺子", tɛmɛʧ "碎片木柴"
/dʒ/	dʒavʁaj "杏树下垂的枝条", dʒanda "感冒"	maχtaq "大木桶", ʧojdʒq "小鸡"	jaʁadʒ "木头", hidʒ "什么也不"
/j/	jɛr "地", jajdi "亚易地（地名）"	goja "辫子上缀的银头饰", saːjɛ "影子"	laj "泥巴", toj "婚礼"

续表

音位	词首	元音间	词末
/k/	katɛk "羊圈", kanʧila- "冬灌"	ʧekedʒi "切割机", takaraʃ "陈旧的"	moχijt "毛病", køpʧyk "褥子"
/g/	goʃ "肉", gul "花"	tagit "尊严、价值", jagaʃ "老实"	jirig "粗糙", ølɛg "死的"
/ŋ/	—	iŋiʃ "下坡", iŋɛk "下巴"	jaʃlaŋ "年轻", gastaŋ "向日葵的花盘"
/q/	quʁun "甜瓜", qaːʧi ~ qaːdʒi "剪刀"	hɛqil "智慧", buqa "最后的赢者"	besilʁaq "一种草", ʧoq "山顶"
/χ/	χutun "老婆", χɛsɛm "承诺"	aχa "后街", suχu- "藏"	poχ "屎", ʧaːχ "轮子"
/ʁ/	ʁalis "了不起的", ʁorigil "拮据"	quʁun "甜瓜", qaʁat "白骆驼刺籽"	qattiʁ "非常，硬", tuʁ "给田地浇水的缺口"
/h/	hɛgɛzliʃʃ "成交", harivi "驴车、推车"	—	—
/v/	vɛdiʃ "习惯", vasa "拐杖"	tyvɛk "嫁接头的一种", χuvɛjni "杏子的品种"	—

从上表可见，/b/、/d/和/v/在词末不会出现，/ŋ/不出现在词首，其他音位在三个位置均能出现，这与标准维吾尔语和多数方言话相同。不同的是，由于柯坪话中元音间的/b/弱化为/v/，/b/不能出现在元音间[①]。另外，柯坪话中处于元音间或词末的/h/普遍省略，因此在此位置也不出现/h/，当然，这在喀什话等一些土语中也一定程度地存在（相关内容见第一章第六节）。

表1-6 柯坪话辅音的区别性特征

特征/音位	b	p	m	v	t	d	n	r	s	z	l
前部（ant）	+	+	+	+	+	+	+	+	+	+	+
舌冠（cor）	−	−	−	−	+	+	+	+	+	+	+

---

① 元音间的/b/只有一次出现在汉语借词/diba/（低保）中。

续表

特征/音位	b	p	m	v	t	d	n	r	s	z	l
鼻腔（nas）	－	－	＋	－	－	－	＋	－	－	－	－
响（son）	－	－	＋	－	－	－	＋	＋	－	－	＋
浊（voi）	＋	－	＋	＋	－	＋	＋	＋	－	＋	＋
边（lat）	－	－	－	－	－	－	－	－	－	－	＋
持续（cont）	－	－	－	＋	－	－	－	－	＋	＋	＋
延缓除阻（dl.rl）	－	－	－	－	－	－	－	－	－	－	－
高（hi）	－	－	－	－	－	－	－	＋	－	－	－
低（lo）	－	－	－	－	－	－	－	－	－	－	－
后（bk）	－	－	－	－	－	－	－	＋	－	－	－

特征/音位	ʃ	tʃ	dʒ	j	k	g	ŋ	q	χ	ʁ	h
前部（ant）	－	－	－	－	－	－	－	－	－	－	－
舌冠（cor）	＋	－	－	－	－	－	－	－	－	－	－
鼻腔（nas）	－	－	－	－	－	－	＋	－	－	－	－
响（son）	－	－	－	＋	－	－	＋	－	－	－	－
浊（voi）	－	－	＋	＋	－	＋	＋	－	－	＋	＋/－
边（lat）	－	－	－	－	－	－	－	－	－	－	－
持续（con）	＋	－	－	＋	－	－	－	－	＋	＋	＋
延缓除阻（dl.rl）	－	＋	＋	－	－	－	－	－	－	－	－
高（hi）	－	＋	＋	＋	＋	＋	＋	－	＋	＋	－
低（lo）	－	－	－	－	－	－	－	－	－	－	－
后（bk）	－	－	－	－	－	－	＋	＋	＋	＋	－

柯坪话中的22个辅音音段，表现为以下33种具体语音（表1-7）：

表1-7 柯坪话辅音表面出现形式

位置/方法	双唇音	唇齿音	齿龈音	齿龈后音	硬腭音	软腭音	小舌音	喉音
塞音	b p		[tʰ] [t] d			k g	[qʰ] [ɢ]	
鼻音	m		n			ŋ		
颤音			r					
擦音			s z [ɹ]	ʃ [ʒ]	tʃ dʒ	[ɣ][x]	χ ʁ	[ɦ]h
通音	[w]	v [f]			j			
边音			l		[ɫ]			
边擦音			[ɬ]					

三、辅音音位的出现情况

（一）塞音

1. 双唇塞音 /b/ 和 /p/

浊塞音/b/，出现在词首和元音间，不会出现在词末。处于响音间时表现为唇齿擦音[v]。如[εvi]"水"、[tø–vεʃ]"四五个"、[bala vaʰ（q）qan]"养过孩子"等。/b/在词中处于齿龈音d前表现为通音[w]，如[awdan]"好"。在个别词中与清塞音/p/交替，如[kompajin]"收割机"等。

清塞音/p/，可出现在词的任何位置，处于词首和首音节表现为送气音[pʰ]，词末或音节末表现为不送气音[p]。/p/出现在清化元音前呈现出较强的送气特征，如[pʰiʃkε]"一点"、[pʰi̥t]"虱子"等。发生前送气的/p/进一步擦化，表现为唇齿擦音[f]。如[tʃaʰpsan]→[tʃafsan]"赶紧"、[aʰptap]→[aftap]"日光"等。

在柯坪话中，双唇清塞音/p/擦化为唇齿擦音[v]的现象非常普遍，擦化发生在圆唇元音前后时，/p/一般表现为通音[w]。如[uχuw]"读"、[puʃuw]"成熟"。

2. 齿龈塞音 /d/ 和 /t/

浊塞音 /d/，不送气，可出现在词首和元音之间，不会在词末出现。

清塞音 /t/，可出现在词的任何一个位置，具有送气和不送气的变体。/t/ 出现在词首或词中重读音节的首位置时一般表现为 [tʰ]，其余的情况基本上表现为 [t]。(/t/ 的两个变体还有地域差异，具体情况见第一章第九节的内容)

另外，柯坪话中非词首的 /t/ 往往是前送气现象的标志。柯坪话中出现的前送气现象 90% 与这个音有关（相关情况见第一章第七节的内容）。

/t/ 在一些词中与其对立音段 /d/ 交替，如 [paldi] "斧子"、[jildiz] "根"等。在个别词中 /d/ 与 /t/ 的清浊对立得到中和，即带有 /d/ 的开音节后面出现以清音开头的音节中，/d/ 表现为清塞音。如 [aptiqadi] "阿布杜卡迪尔"（标准维吾尔语 [abdiqadi]）、[aptitahir]（标准维吾尔语 [abdutahir]）"阿卜杜塔伊尔"等。

3. 软腭塞音 /g/ 和 /k/

浊塞音 /g/，不送气，可出现在词的任何位置。古代回鹘文词末出现的浊音 /g/，在现代标准维吾尔语和其他方言话中已变成清音 /k/，但在柯坪话形容词中，与和田方言一样仍然保留不清化的特征，并且基本上都擦化为 [ɣ]。如 [kiʃig]→[kiʃiɣ] "小的"、[tirig]→[tiriɣ] "活的"等。/g/ 出现在词中音节末尾一般也表现为擦音 [ɣ]，如 [tyɣmɛn] "磨坊"、[øɣzɛ] "屋顶"等。

在柯坪话中，/g/ 经常与吐鲁番-哈密话一样，作为齿唇擦音 [v] 或通音 [w] 的强化变体出现在元音间，如 [zɛdival]→[zɛdigal] "墙布"、[uwal]→[ugal] "冤枉"等（见第一章第五节第六点）。

清塞音 /k/，可出现在词的任何位置，处于词首时具有较明显的送气特征，其余情况下均表现为不送气塞音 [k]。/k/ 出现在词中音节末和个别词末时表现为擦音 [x]，如 [ɛxbɛr] "艾克拜尔"、[sɛxsɛn] "八十"、[jyrɛx] "心"等。/k/ 在个别词中还表现为小舌擦音 [χ]，如 [mɛχtɛp] "学校"

（标准维吾尔语[mɛktɛp]）。在有些固有词中，/k/和/g/可以自由交替，如[kɛlvin] ~ [gɛlvin]"柯坪"、[kelɛ] ~ [gelɛ]"一种爬行动物"等。

4. 小舌塞音/q/

/q/是小舌清塞音，处于词首具有送气特征。在柯坪话中，多数情况下/q/表现为小舌清擦音[χ]或小舌浊擦音[ʁ]，如[aχa]"后面"（标准维吾尔语[arqa]）、[saχ]"好的"（标准维吾尔语[saq]）、[qattiʁ]"硬"（标准维吾尔语[qattiq]）等（详见第一章第五节第一点）。/q/处于小舌擦音/χ/、/ʁ/之前表现为小舌不送气清塞音[ɢ]，如[uχɢan]"读过"（标准维吾尔语[oquʁan]）、[beʁɢa]"往果园"（标准维吾尔语[beʁшa]）等。

（二）擦音

1. 齿龈擦音/z/和/s/

清擦音/s/，可出现在词的任何位置，如[su̥]"水"、[tapsa]"下首"、[tɛs]"难"等。

浊擦音/z/，可出现在词的任何位置。/z/出现在清化元音后表现为清擦音[s]，如[oʰtti̥s]"三十"（标准维吾尔语[ottuz]）、[sɛhki̥s]"八"（标准维吾尔语[sɛkkiz]）。

2. 小舌擦音/χ/和/ʁ/

清擦音/χ/，主要出现在词首和元音间，作为/q/的条件变体也出现在词末，如[poχ]"大便"、[tʃaχ]"轮子"等。/χ/在个别词中与词首/q/交替，如[χoŋ]"屁股"、[χɛsɛm]"誓词、宝贝"等。

浊擦音/ʁ/，可出现在词的任何位置。回鹘文词末的/ʁ/音，在现代标准维吾尔语和多数方言话中已变成清塞音/q/，但在柯坪话中与和田方言一样保留浊音特征，如[seriʁ]"黄的"、[atʃʃiʁ]"苦的"等。

在有些词中，词首的/χ/与其对立浊音/ʁ/交替，如[χoraz] ~ [ʁoraz]"公鸡"、[χizmɛt] ~ [ʁizmɛt]"工作"等。

3. 唇齿擦音/v/

唇齿浊擦音/v/，可出现在词的任何位置。在柯坪话中，/v/还作为

/p/的条件变体出现在音节末和词中音节首，如[dɛv]"说"（标准维吾尔语[dɛp]）、[kirvi]"刺猬"（标准维吾尔语[kirpɛ]）等。

/v/出现在圆唇后元音/u/、/o/前后时，表现为通音[w]，如[ow]"打猎"、[mawu]"这"等。

在很多情况下，柯坪话中的/v/或其变体[w]强化为软腭浊塞音/g/，如/ajvan/→[(ɦ)ajgan]"前廊"、/uvaq/→[uwaq]→[ugaq]"粉末"、/vasa/→[gasa]"橡子"等。

4. 齿龈后擦音/ʃ/

齿龈后清擦音/ʃ/，出现在词的任何位置。往往作为/ʧ/的条件变体出现在词末（见/ʧ/音部分），如[øʃ]"狠"（标准维吾尔语[øʧ]）、[qaʃ-]"逃跑"（标准维吾尔语[qaʧ]）等。

5. 硬腭塞擦音/ʤ/和/ʧ/

硬腭浊塞擦音/ʤ/，不送气，主要出现在词首。/ʤ/作为/ʧ/的条件变体还出现在词根和词尾（见/ʧ/音部分），如[ɦiʤnemɛ]"没什么"、[jiʁaʤ] ~ [jaʁaʤ]"木头"等。这类/ʤ/有时表现为擦音[ʒ]，如[aʒliq]"饥饿"（标准维吾尔语[aʧliq]）、[uʒluʁ]"尖尖的"（标准维吾尔语[uʧluq]）。

硬腭清塞擦音/ʧ/，有时具有送气特征，主要出现在词首。

在柯坪话中，处于非词首位置的/ʧ/有[ʧ]、[ʃ]、[ʤ]、[ʒ]四种表现形式：出现在以清辅音开头音节的末尾或清化元音的后续位置时表现为擦音[ʃ]；出现在以浊辅音开头音节的末尾或响音间时表现为浊塞擦音[ʤ]，如[køʃ]"搬走"、[yʃ]"三"、[noʁuʤ]"擀面杖"、[munʤa]"浴室"；在/ʧ/表现为[ʤ]的词中，[ʤ]有时还擦化为[ʒ]，如[aʒliq]"饥饿"（标准维吾尔语[aʧliq]）、[uʒluʁ]"尖端"（标准维吾尔语[uʧluq]）等；在一部分词中，/ʧ/表现为[ʧ]和[ʤ]的情形都存在，如[umaʧ] ~ [umaʤ]"玉米糊"、[jiʁaʤ] ~ [jaʁaʤ] ~ [jaʁaʧ]"木头"等。

（三）鼻音

双唇鼻音/m/，与标准维吾尔语一样可出现在词的任何位置。

/n/ 齿龈鼻音，与标准维吾尔语一样可出现在词的任何位置。与和田方言、喀什话及其他一些话相同，在柯坪话带有第一、第二单数人称附加成分的结构中，/n/音均省略，如[bartmɛ]"我去"（标准维吾尔语[barimɛn]）、[jazammɛ]"要我写吗"（标准维吾尔语[jazamdimɛn]）等。

软腭鼻音/ŋ/，与标准维吾尔语一样可出现在非词首的任何位置。

（四）通音①

齿龈颤音/r/，多出现在元音间和词首，在词中音节末很少出现，一般在词末不出现。如[sø:rɛ]"小鹏"、[riptɛ]"馕托"、[tɛrkɛ-]"旧事重提"等。

在柯坪话少数词中，/r/出现在音节内前高元音/i/后面时，表现为硬腭音[j]，如[qij]"田埂"（标准维吾尔语[qir]）、[gijdɛ]"窝窝囊"（标准维吾尔语[girdɛ]）等。但这类腭音有时候省略，如[qij] ~ [qi:]、[bij] ~ [bi:]等。

边音/l/，与标准维吾尔语和其他方言话一样出现在词的任何位置。在前送气音节中，/l/表现为边擦音[ɬ]，其余的情况下均表现为边浊音[l]②，如[aʰltɛ]"六"（标准维吾尔语[altɛ]）、[kaʰltɛk]"棍子"（标准维吾尔语[kaltɛk]）等。

在柯坪话动词变位形式中，出现在/ʁ/、/m/、/s/前面的/l/，多数情况下既不脱落也不被其后续音同化，而其他多数方言话中一律脱落或被同化。如[salʁan]"装进"（标准维吾尔语[sa:ʁan]）、[qalmaj]"不留"（标准维吾尔语[qammaj] ~ [qa:maj]）、[alsa]"如果拿了"（标准维吾尔语[a:sa]）。③

硬腭通音（半元音）/j/，出现在词的任何一个位置。在柯坪话动词

---

① 音系学上将颤音（r和其各变体）、边音（l和其各变体）、半元音（j）、双唇音（w）通称为通音。

② 调查中发现"płaŋ"（一种山草）一词中出现腭化变体[ɬ]。

③ 其实语料中出现不少脱落情形，意味着这一特征目前受到外部方言的强烈影响趋于消失。

无限体形式中，元音的长读部分相当于一个 /j/ 音，如 [siza:vɛ]- ~ [sizajvɛ-]
"不停地画"、[dɛ:vɛ]- ~ [dɛjvɛ-] "不停地说"。

（五）声门擦音

在现代维吾尔语标准语中，声门擦音 /h/ 有两种表现形式：出现在词或音节开头时表现为浊擦音 [ɦ]，如 [ɦazir] "现在"、[alaɦɛzɛl] "大概" 等；出现在词或音节末尾时，表现为清擦音 [h]，如 [ɛhval] "情况" 等。在柯坪话中，词和音节末尾的 [h] 不出现，词中音节开头的 [h] 也不出现，而词首浊擦音 [ɦ] 出现得多，如 [ɛ:val] "情况"（标准维吾尔语 [ɛhval]）、[guna] "罪过"、[ɦavla] ~ [ɦawla] "阿布拉"（标准维吾尔语 [abla]）、[ɦɛjib] "毛病"（标准维吾尔语 [ɛjib]）等。另外，在发生前送气现象的词语中，音节边界上的前送气部分体现出一个完整 [h] 音的特征，并构成前音节的末尾音，如 [tʃah.ta] "剪枝"（标准维吾尔语 [tʃa:ta]）、[øh.tɛŋ] "驿站"（标准维吾尔语 [ø:tɛŋ]）。

第二节　音节结构及辅音丛

一、音节结构

音节由节首（onset —— O）和韵基（rhyme —— R）构成，韵基又由节核（nucleus —— N）和节尾（coda —— Co）构成。节核也叫节峰（peak — P），一般由元音组成，节首由辅音构成或是空的，节尾必须由辅音构成，因此一般以辅音缩写符号 C 来表示。若节尾由两个或两个以上辅音构成，末尾的辅音叫作尾音（cope —— CP）。见图 1-2，1-3。

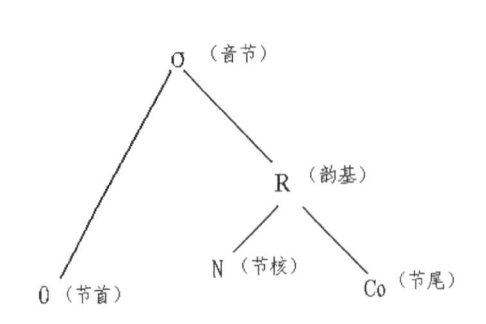

图 1-2 国际通用的音节结构图　　图 1-3 柯坪话音节结构(以 kɛnt 为例)

据莫拉理论（Moraic Theory），音节层次与音位语符列之间有莫拉（mora，以 μ 表示）层次，莫拉是区别音节重量的计量单位。莫拉数越多音节重量就越大。长元音等于两个莫拉，短元音等于一个莫拉（Hyman，1985）。柯坪话音节结构类型为 CVCC，即有 V、V∶CV、CV∶VC、CVC、CV∶C、CVCC 等①。按音节重量分为以下两种主要类型：

轻（弱）音节：V、CV、VC、CVCS& [+voi]O；（CS& [+voi]O 指响音和浊阻塞音）

重（强）音节：V:、CV:、CV:C、CVC[-voi O]、CVCC。（C[-voi] O 指清阻塞音）

具体表现情况见下表 1-8、1-9。

表 1-8 柯坪话中的轻音节

V	CV	VC	CVC S& O[+voi]
ilik "旧时手套"	ki "近吧"	oʁlam "我的儿子"	døgletitqan "要滚动的"
u "他"	ja "吃吧"	ɛntʃɛ "麦秆"	myn "骑"
elip "拿"	dønɛ "地名"	yk1 "货"	kørylmɛktɛ "看起来"

---

① 调查中发现，还有 "płaŋ"（一种山草）一词是 CCVC 结构的。

表1-9 柯坪话中的重音节

CVC O[-voi]	V:	CV:	CV:C	CVCC
satetmɨz "我们会卖"	e:ti "名字"	da:da "爸爸"	duke:nmɨz "我们的商店"	jirt "撕开"
veretqenni "要给的那个"	a:ki "哥"	tʃiqe:rip "高地""拔掉"	ate:tsɛ "你扔"	dɛjt- "说"
tʃepit "打薄馕"	ɛ:gu "那"	qalpe:qi "（他/她/他们）的帽子"	ture:tti "（他）在那儿站着"	ɛskent "地名"

用几何图表达两种音重（syllable weight）如图1-4所示：

柯坪话中的轻音节：

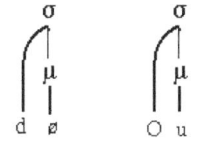

（1）døne （2）u （3）maɲitken （4）ɛntʃɛ

柯坪话中的重音节：

（1）satetmɨz （2）e:ti （3）da:da （4）duke:nmɨz （5）dɛjtmɛ

图1-4 柯坪话音节重量几何图

但以上轻重两层分类法并不完整，因为每一层次内部的各个音节类型的重量在程度上也有区别。另外，以上分类不包括央元音（VC）因素，一般央元音音节的重量最小。因此，按重量程度将以上音节类型可以排序如下：

VC > CV > VC > CVC S& O[+voi] > CVC O[-voi] > V: > CV: > CV:C > CVCC

轻 ←――――――――――――――→ 重

此外，在柯坪话中，除个别音节（如 plaŋ）外，节首位置只有一个辅音，且软腭鼻音 /ŋ/ 不能出现在音节首位，其他辅音则都能出现在此位置，这一点与标准维吾尔语相同。至于节尾，柯坪话除 /b/、/d/、/h/ 和词根或词干末的 /v/ 外，其他辅音均可出现在此位置，而在标准维吾尔语和多数地方话中，节尾位置对 /h/ 和非词末的 /b/ 没有限制，但 /v/ 无论在词根、词干还是变位形式中都不能出现在节尾上。这与柯坪话中响音间 /b/ 的弱化和 /h/ 的省略机制有关（相关内容见第一章第五节第一点和第六节第二点）。以下探讨辅音丛机制，对柯坪话的音节结构进行进一步考察。

二、辅音丛

（一）音节内辅音丛

与标准维吾尔语相同，柯坪话的节尾可以出现至多由两个辅音组成的语音丛，但除辅音丛 –nt 的情形与标准维吾尔语完全相同外，其他类型都有不同之处：首先，–rt 是标准维吾尔语和柯坪话共有的，但 –rt 中 /r/ 的实际读音在柯坪话中是 [ɹ]，而标准维吾尔语中是 [r]（如表 1–10a）。其次，在柯坪话中，–jt 类型辅音丛无论在静词还是动词变位形式中都存在，而且固有动词也形成 –jt 类型辅音丛，但在标准维吾尔语中，除少数外来词（如 qɛjt–）外，固有动词变位形式均不形成 –jt 类型辅音丛（如表 1–10b）。再次，标准维吾尔语的 –lq、–rk、–χt、–lb 四类辅音丛，在柯坪话中通过插入元音的方式被拆开，–st 类辅音丛的后一个辅音被省略（如表 1–10c）。其实，第三种情形在各个方言话甚至标准口语中也存在。

表1-10　柯坪话音节内辅音丛种类

(a)			(b)			(c)		
柯坪话	标准维吾尔语	普通话中的意义	柯坪话	标准维吾尔语	普通话中的意义	柯坪话	标准维吾尔语	普通话中的意义
koʰrt	kort	库尔特	dɛjt-	dɛj-	说	dos	dost	朋友
juʰrt	jurt	家乡	aɲlajt-	aɲlaj-	听	χɛliq	χɛlq	人民
jiʰrt	jirt	撕开	ɦajt-ɦujt	ɦajt-ɦujt	嗨呼			
øzgɛʰrt-	øzgɛrt-	改变	qejt-	qejt-	写明	bɛχit	bɛχt	幸福
køkɛʰrt-	køkɛrt-	绿化	moχijt	tʃataq	毛病	qelib	qelb	心田

（a）标准维吾尔语和柯坪话间在类辅音丛上产生的区别，起源于柯坪话中的前送气现象（相关内容见第一章第七节）。(b) 类辅音丛的来源是，柯坪话动词第一人称直陈式比标准维吾尔语多有一个/t/音。至于(c)类情况，这些介词在标准维吾尔语中保留着原形，在柯坪话中通过增音或省略节尾音等方式已拆掉辅音丛，可是，一旦缀加以元音开头的附加成分，这类辅音丛就立即恢复原形，如dos+um→dos.tum"我的朋友"、χɛliq+i→χɛl.qi"（某地）人民"、bɛχit+imiz→bɛχ.ti.miz"我们的幸福"等。柯坪话的音节结构如几何图1-3所示（以ɣkɛnt"外村"一词的后音节kɛnt为例）。

从辅音丛的音位分布情况看，柯坪话节尾辅音丛中前一个辅音必须是响音，而不应是边音，后一个辅音则必须是破裂清音/t/，如几何图1-5所示。

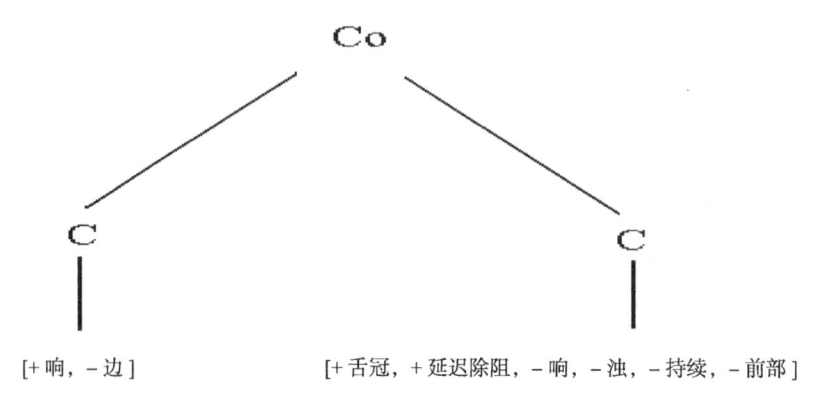

```
                           Co
                          /  \
                         /    \
                        C      C

   [+响，-边]                [+舌冠，+延迟除阻，-响，-浊，-持续，-前部]
```

图 1-5　柯坪话节尾辅音丛分布

（二）音节边界的辅音丛

音节边界的辅音丛与多音节词的音节结构有着密切的关系。一般来说，若有两个辅音出现在音节边界上，第一个音是前音节的节尾，第二个音是后一个音节的节首。柯坪话此种位置出现的辅音丛在分布上呈现出这样的趋势：响音-阻塞音丛较多，以阻塞音起首的辅音丛为其次，响音-响音辅音丛为最后。具体情形见表1-11、1-12、1-13。

表1-11　响音-阻塞音丛

	ʁ	p	b	v	d	t	k	g	q	dʒ	tʃ	s	χ	z	ʃ
r	+		+	+		+	+	+				+			+
l	+	+		+	+	+		+	+		+		+		
m	+		+		+	+	+					+		+	
n	+				+	+			+	+					
ŋ	+		+		+	+	+	+				+		+	+
j		+		+			+		+			+	+	+	

相关例子如下（按表内顺序排列）：

r—— 阻塞音辅音丛有：ɛrtis "演员"、tɛrkɛ "旧事重提"、pyrgɛ ~ pygɛ "线卷"、tʃarvi "牲畜"、orta "中"、tɛrsa "固执的"、tarʃa "薄木片、瘦人"。

l—— 阻塞音辅音丛有：atalʁa "用于制做木勺的车刀"、olpaŋ "老房子的位置"、ʁɛlvir "筛子"、paldi "斧子"、øʰltɛ- "杀死"、tʃɛlgɛ "屋檐"、halqa "耳环"、alʃuq "小毡房"、dilχa "精灵"。

m—— 阻塞音辅音丛有：qamʁaq "大叶藜"、rambotlaʃ- "做游戏前双方头儿轮流耍人的方法"、qarimdaʃ- "算账"、χamti "将喷湿的羊毛反复滚动的器具"、ɛdrɛmkɛʒ "鞋匠用的两头有针鼻的大针"、ʁomsa "胖乎乎"、emzɛk "带花的"。

n—— 阻塞音辅音丛有：qonʁaq "栖架"、gundu "粗大的"、montɛlɛk "玉米饺子"、ingɛn "母骆驼"、mundʒa "浴室"、sɛntʃɛj "铲车"。

ŋ—— 阻塞音辅音丛有：qiŋʁaslan- "一瘸一拐地走"、miŋbɛn "民办"、liŋdɛj "林带"、qaŋta "急性子、好斗"、tʃiŋgirt "两腿交叉"、aŋqa "弄懂"、paŋsiŋ "防渗"、diŋ-diŋza "毛驴车上用于顶住车轴的木头"、qaŋʃa "鼻梁"。

j—— 阻塞音辅音丛有：sojpaqtʃi "外壳"、hajvantʃa "碾子"、jajdi "地名"、hajgan "前廊"、tʃojdʒa "小鸡"、pajsin- "退缩，经不起"、sajχala- "走遍"、pɛjzilɛ- "看病下药"。

表1-12　阻塞音–阻塞音丛

	r	b	p	l	d	t	n	k	g	q	dʒ	tʃ	s	m	ʃ	j	v	χ	ʁ	z
p	+	+	+			+		+	+	+		+	+	+	+					
t	+			+		+		+					+							
k		+				+			+	+			+							
g	+			+									+		+	+				+
s			+		+	+		+		+				+						
ʃ			+		+	+		+						+	+					

续表

	r	b	p	l	d	t	n	k	g	q	dʒ	tʃ	s	m	ʃ	j	v	χ	ʁ	z
v	+								+										+	
χ					+								+	+	+					
q				+					+				+							
ʁ	+			+																
d	+				+															
z				+									+							
dʒ				+									+						+	
tʃ								+												
b					+															

相关例子如下（按表内顺序排列）：

p：tupraq"土壤"、tʃupbat"拆掉"、doppa"球"、riptɛ"馕托"、kɛpkyr"漏铲"、tʃopgɛz"锉刀"、ʃipqa"压紧"、køptʃyk"褥子"、tapsa"下脚地"①、tɛpmɛ"踢毽子"、kɛpʃi"鞋子"。

t：katra"不很锐利的刀子"、ʁumutla-"指望"、bittɛ"民谣"、tʃikɛtky"蝗虫"、tʃiqatqi"嫁妆"、tatma"牛皮做的一种鞋子"。

k：ɛkbɛr"艾克拜尔"、sɛʰkkis"八"、postɛktʃi"拍马屁的人"、ɛksiʃ"复位"、ikʃi-"结结巴巴"。

g：ɛgrɛk"小田"、aglaχʃam"黄昏"、tygmɛ"馄饨"、inigja～ynygjɛ"肥土"、tɛgva"整经机"、øgzɛ～øgzi"屋顶"。

s：kuspurutʃ"小子"、isla-"熏"、gastaŋ"葵花头"、tʃɛsni"奇怪"、ɛskɛnt"地名"、asqaq"靶子"、kissɛ"闲话"、kɛsmɛ"劈好的木柴"。

ʃ：jaʃlaŋ"年轻"、muʃtak"用于弹毛的木槌"、kaʃkat"做木勺时为把勺车得更深而用的车刀"、dumbuʃqa etiʃ"翻跟头，绊倒"、kiʃmiʃ"水果"、

---

① 炕与门槛之间的空地。

piʃʃiʁ "熟的"。

v：køwrɛk "桥梁"、avdʒiji- "增多"、dʒavʁaj "下垂的树枝"。

χ：maχtaq "用于加工皮革的大木桶"、laχsa "用芨芨草或布料碎片编的网"、ɛmɛrɛχman "乱七八糟"、aχʃar "单侧花"。

q：taqla ~ taχla "跳"、soqqa "研钵"、soqma "柱子"。

ʁ：aʁramtʃi "绳子"、baʁliq "地名"。

d：ɛdrɛmkɛʃ "鞋匠用的两头有针鼻的大针"、addi "简单"。

z：mɛzlɛʃ- "做交易"、ʁizman ~ ʁiʒman "爱哭的"。

dʒ：adʒliq ~ aʒliq "饥饿"、dʒɛdʒmɛk ~ dʒɛʒmɛk "坎肩的一种"、maʒʁimaq ~ madʒʁimaq "揉碎"。

tʃ：ʁɛtʃʃɛj "大戟"。

b：abdi "阿卜杜"。

从上表和例子可知，柯坪话阻塞音中，以p、s开头的辅音丛最多，其次是以t、k、g、ʃ、v、χ起首的，以ʁ、d、dʒ、tʃ开头的很少，以b开头的最少。

表1-13 响音-响音丛

	r	l	m	n	ŋ	j
ŋ	+	+	+			+
j		+	+	+		
n		+		+		
l			+	+		
m				+		
r						

ŋ：qaŋriq "说话带鼻音的"、suŋlimatʃ "打碗花"、ʃaŋmɛn "香面"、ʃaŋji "乡役"。

j：tɛjlɛ-"叠平展"、ajmaq"村"、jajni"以来"。
n：sɛnloŋ"三轮车"、kamunna"公社"。
l：tɛllɛ"套子"、tʃalma"土块"。
m：qamlaʃ-"说好"。

可见，响音-响音辅音丛一般以外来词为主，固有词较少。在各类响音丛中，以ŋ起首的最多，其次是以j起首的，未发现以r起首的响音丛。①

三、本节结语

柯坪话的音节结构和辅音丛现象与标准维吾尔语基本相同，但也有一些独特之处：（1）在柯坪话中，除/b/、/d/、/h/和词根或词干尾的/v/外，其他辅音均可出现在节尾上，而在标准维吾尔语和多数地方话中，节尾位置对/h/和非词尾的/b/没有限制，但/v/无论在词根、词干还是变位形式中都不出现在节尾上。这与柯坪话中响音间/b/的弱化和/h/的省略机制有关；（2）-rt是标准维吾尔语和柯坪话共有的音节内辅音丛，但-rt中/r/的实际读音在柯坪话中是[r̥]，而标准维吾尔语中是[r]；（3）在柯坪话中，-jt类型辅音丛无论在静词还是动词变位形式中都存在，而且固有动词也形成-jt类型辅音丛，但在标准维吾尔语中，除少数外来词（如qɛjt-）外，固有动词变位形式均不形成-jt类型辅音丛；（4）柯坪话音节边界上出现的辅音丛，分布上呈现出响音-阻塞音丛较多，阻塞音起首的为次，响音-响音丛为较少的趋势。

---

① 标准维吾尔语不少响音丛，在柯坪话中因为r的省略而不形成辅音丛。

第三节　元音的和谐及同化

一、词根内和谐

柯坪话元音在位置、唇状的完整和谐较为突出，一定程度地体现了古代维吾尔语的元音和谐特征，见表1-14：

表1-14　柯坪话元音的完整和谐分布

柯坪话	标准维吾尔语	普通话中的意义	柯坪话	标准维吾尔语	普通话中的意义	柯坪话	标准维吾尔语	普通话中的意义
(a) /a a/			(b) /ɛ ɛ/			(c) /e e/		
palaŋ	pɛlɛŋ	玉米叶	ʧɛʧek	ʧiʧek	花	bede	bi:de	苜蓿
tava	tɛvɛ	属于	kɛsɛl	kisel	病	tere	ti:rɛ	皮革
(d) /i i/			(e) /o o/			(f) /ø ø/		
qiʧi	qiʧa	菜籽	nogoj	nogaj	瓢	bøgøn2	bygyn	今天
ʧini	ʧine	瓷碗	moroʃo		杏子的一种	køsøj	køsɛj	火棍
(g) /u u/			(h) /y y/					
χutun	χotun	老婆	bylym	bilim	知识
ʧuχum	ʧoqum	一定	ypʧyl	pytynlɛj	一切

在以上和谐类型中，(e) 类和谐在标准维吾尔语中不存在，(f) 类和谐虽然存在，但只限于多音节词，如 ʧøʧørɛ "馄饨"，不出现在双音节词中。(a)(b)(d)(g)(h) 类和谐虽在标准维吾尔语和其他多数地方话中

都存在，但不能跟柯坪话相对应：大部分和谐在标准维吾尔语中不是完整和谐，如（b）（c）（f）（g）类；有些和谐甚至在标准维吾尔语中表现为不和谐，如（d）类。

在元音的非完整和谐中，位置和谐较为严格，唇状和谐稍微弱些。位置和谐以前–前和谐为主，以后–后和谐为辅，见表1-15，1-16：

表1-15　柯坪话前元音的和谐分布

柯坪话	标准维吾尔语	普通话中的意义	柯坪话	标准维吾尔语	普通话中的意义	柯坪话	标准维吾尔语	普通话中的意义
（a）/ɛ y/			（d）/e i/			（g）/ɛ i/		
ɛʃky	øʃkɛ	山羊	jeχin	jeqin	近	gɛlvin ~ kɛlvin	kɛlpin	柯坪
sɛmɛntʃyk	sɛgyntʃɛk	吊床	tʃepit①	无	大薄馕	ɛbi ~ ɛvi	abi, su	水
（b）/y ɛ/ ~ /ø ɛ/			（e）/i ɛ/			（h）/ø y/		
kymɛ ~ kømɛ	kømyr	煤炭	isɛŋɛ	无	第三年	køpʃyk	kørpɛ	褥子
ytɛk ~ øtɛk	øtyk	靴子	riptɛ	rɛpidɛ	馕托	kø:sytki	无	
（c）/y i/			（f）/e ɛ/			（i）/ø ɛ/		
byri	børɛ	狼	gelɛ ~ kelɛ	kelɛr	蛤蚧	dølgɛ②	gyldyrmɛ	小瀑布
gyli	gylɛ, qaq	杏干	esɛ	dʒinʃaplaʃ qan kiʃi	缠着魔鬼的人	ømsɛ	ʁɛlitɛ	奇怪

---

① 盖孜力克人说 tʃapta ~ tʃapita。
② 玉尔其人说 gyldymɛ。

表1-16　柯坪话后元音的和谐分布

柯坪话	标准维吾尔语	普通话中的意义	柯坪话	标准维吾尔语	普通话中的意义	柯坪话	标准维吾尔语	普通话中的意义
(a) /u a/ ~ /o a/			(c) /a u/			(e) /a o/		
bujan ~ bojan	bojun	脖子	hagul	hojla	院子	azo	tosun	不顺服的
qujan ~ qojan	qojun	怀抱	kamul	kamil	卡米力	patʃo①	partʃɛ	粉碎的
(b) /u a/ ~ /o a/			(d) /o u/			(f) /a ɯ/		
qunaq ~ qonaq	qonaq	玉米	ko:gul	koyla	水磨下的水渠	atuʁ	无	驮子
puradʒ ~ poradʒ	poratʃ	大木桶	lo:gul	lojla	大叶藜	tatuʁ	无	驮子上放的驮子

在以上和谐形式中，表1-15中的（c）（b）（h）类和谐和表1-16中的（e）（f）类和谐，在标准维吾尔语和其他多数地方方言中不存在。其中，表1-15中的（c）和表1-16中的（f）是古代语言元音和谐特征的遗留。尤其是atuʁ"驮子"、tatuʁ"驮子上放的驮子"两词中的后–后和谐。在古代维吾尔语和现代多数民族语言中，后高展唇元音/ɯ/是一个独立音位，而在现代维吾尔语中已经不是独立音位。柯坪话以和谐形式一定程度地保留着这个音位。表1-15中的（e）类和谐不是在该土语中的普遍现象，只出现在柯尔克孜语借词（如azo）中，或是在民歌中因押韵的需要而出现（如atʃo"姐姐"）。

---

① 此词在民间歌曲中出现，但一般发音为patʃa。类似的还有atʃo ~ atʃa。

二、词根和词缀间和谐

柯坪话词根和词缀间的和谐情况见表1-17：

表1-17 柯坪话词根与词缀和谐的分布

柯坪话	标准维吾尔语	普通话中的意义	柯坪话	标准维吾尔语	普通话中的意义
动词使动态+"p"副动词			动词祈使式第一人称		
（a）/ø ø ɛ/			（f）/ɛ ɛ/ ~ /i ɛ/		
køjdørɛp	køjdyryp	烧掉	kɛlɛj ~ kilɛj	kelɛj	我来
øʰɫtørɛp	øltyryp	杀掉	bɛrɛj ~ birɛj	berɛj	我给
（b）/o o a/			（g）/y ɛ/ ~ /ø ɛ/		
qojdorap	qoydurup	使放下	kyrɛj ~ kørɛj	kørɛj	我看
oːdorap	ordurup	使收割	tylɛj ~ tølɛj	tølɛj	我赔
（c）名词属格			（h）形动词过去时否定形式		
bunuŋ	buniŋ	这个的	kømɛgen	kørmigen	没见过
unnuŋ	unniŋ	面粉的	qalmaʁan	qalmaʁan	没留过
（d）名词第三人称词缀/y i/ ~ /ø i/			名词第一、二人称（i）/u a/ ~ /o a/		
yji ~ øji	øji	他的房子	tuyam ~ tojam	tojum	我的婚礼
kymyri ~ kømyri	kømyri	他的煤	qulaŋ ~ qolaŋ	qolum	我的手
（e）"p"副动词			（j）/y ɛ/ ~ /ø ɛ/		
bylyp	bilip	知道	kyzɛm ~ køzɛm	køzym	我的眼睛
mynyp	minip	骑上	yjɛŋ ~ øjɛŋ	øjym	你家

以上形式中（d）（f）（g）（i）（j）各有两种选择性变体，表示柯坪话内部有地域差异。(详细内容见第一章第九节)

三、不和谐

与现代维吾尔标准语及其他多数方言土语一样，柯坪话中也存在很多元音不和谐情况，体现在词根内部不和谐和词根与词缀之间的不和谐现象。

（一）词根内不和谐

柯坪话词根内元音不和谐除标准维吾尔语中存在的一些不和谐形式外，还有一些特殊的形式，见表1-18：

表1-18 柯坪话词根内不和谐分布

柯坪话	标准维吾尔语	普通话中的意义	柯坪话	标准维吾尔语	普通话中的意义	柯坪话	标准维吾尔语	普通话中的意义
（a）/ɑ i/			（e）/i a/			（i）/u i/		
naχʃi	naχʃa	歌曲	izal	itʃi øtyʃ	腹泻	mu:ri	mo:ra	烟囱
qa:tʃi	qajtʃa	剪刀	i:sa	ɛjsa	艾莎	tuχi	toχu	鸡
（b）/ɛ ɑ/			（f）/o ɛ/			（j）/o e/		
ɛrʃaŋ	arʃaŋ	温泉	bodʒɛk	bodʒɛk	小兔	montelɛk	qonaq dʒuvavisi	玉米饺子
ɛrslan	arslan	小猫	monʧɛk	køtiʃɛk	玉米根	ʁalɛs	qaltis	了不起
（c）/i o/			（g）/ɑ ɛ/						
tipo	dɛslɛp	最初	katɛk	katɛk	羊圈			
nijot	naʧar	差劲	panɛ	无	一种草			
（d）/u ɛ/			（h）/o i/						
χuvɛjni	无	杏子的一种	moki		梭子			
lɛjluŋ	χijalij	漫不经心	moχijt	ʧataq	毛病			

表1-18的（c）、(h)、(i)三种和谐形式，据现有的资料来看，只存在于柯坪话中。像（a）一样以开音节结尾的词中出现的/ɑ i/类不和谐情况，在标准维吾尔语和多数方言中也不存在，这种现象体现柯坪话中仍保留的古代语言词汇特征。这类词在柯坪话词汇系统中占有一定的比例。当然也有一些由于类推作用产生的词语。古代/a i/式和谐的双音节名词，在标准维吾尔语中基本上发生逆同化，但柯坪话依然保留了古代形式，如paldi "斧头"（标准维吾尔语palta）、qamʧi "鞭子"（标准维吾尔语qamʧa）、manti "包子"（标准维吾尔语manta）等。

（二）词根和词缀间不和谐

柯坪话词根和词缀之间存在如下不和谐情况。

表1-19 柯坪话词根与词缀不和谐的分布

柯坪话	标准维吾尔语	普通话中的意义	柯坪话	标准维吾尔语	普通话中的意义
（a）名词第二人称复数（/a ɛ/）			（d）名词第三人称（/u i/ ~ /o i/）		
dadaŋlɛ	dadaŋlar	你们爸爸	quli ~ qoli	qoli	他的手
qojaŋlɛ ~ qujaŋlɛ	qojuŋlar	你们的羊	tuji ~ toji	toji	他的婚礼
（b）形容词的级（/i a/、/ø a/）			（e）动词条件式第二人称（/a ɛ/）		
kiʧiɣraq	kiʧikrɛk	小一点	ba:saŋlɛ	barsaŋlar	若你们去
køpraq	køprɛk	多一点	tu:saŋlɛ	tu:saŋlar	若你们站
（c）动词祈使式第二人称单数（/y a/、/i a/）			（f）{-lʌp}式副动词（/u ɛ/、/a ɛ/）		
kyla	kylɛ	笑吧	koldulɛp	koldurlap	哗啦哗啦地
køtira	køtirɛ	抬吧	ʃapaʃlɛp	ʃapaʃlap	奔走

柯坪话词根和词缀的不和谐情况主要是由其特殊的形态特征产生的，即柯坪话形容词的级、名词和动词第二人称、动词祈使式第二人称等语法格

式只有或主要有一种形态标记，结果词根和词缀内元音间产生很多不和谐情形。

四、和谐基础上的元音同化

柯坪话中存在不少元音同化现象，这些现象的产生在很大程度上，与该土话音系内部运行的元音和谐机制有关。元音的同化无论在词根内还是词根和词缀间都有体现，同化形式有顺同化也有逆同化。

（一）词根内同化

柯坪话词根内的同化现象见表1-20：

表1-20 柯坪话词根内同化情况

柯坪话	标准维吾尔语	普通话中的意义	柯坪话	标准维吾尔语	普通话中的意义	柯坪话	标准维吾尔语	普通话中的意义
（a）i→ɛ～a			（d）a→o			（g）ø→y		
bɛka～baka	bikar	闲的	osol	osal	坏	bylym		知识
			tokor	tokur	瘸子	tymy	tømyr	铁
（b）e→ɛ			（e）y→ø			（h）ɛ→i		
kɛpɛz	kevɛz	棉花	tʃøgøn	tʃøgyn	水壶	miɲi	miɲɛ	脑海
mɛtɛ	mitɛ	蛀虫	tʃørø-	tʃøry-	转	tʃini	tʃinɛ	瓷碗
（c）i→e～ɛ			（f）o→u					
bede～bɛdɛ	bi:dɛ	苜蓿	tunuʃ	tonuʃ	认识			
tere～tɛrɛ	ti:rɛ	皮革	uχu-	oqu	读			

以上同化形式大部分是逆同化，包括（a）（b）（c）（d）（f）（g）等，只有（e）（h）是顺同化。可见，柯坪话词根内的元音同化以逆同化为主。

（二）词根与词缀间的同化

柯坪话词根和词缀间存在以下同化现象：

表1–21　柯坪话词根与词缀的同化情况

柯坪话	标准维吾尔语	普通话中的意义	柯坪话	标准维吾尔语	普通话中的意义
（a）动词使动态+{-（X）p}副动词			（c）动词祈使式第二人称单数（ε→ø、i→y）		
（a1）y→ø、ε			øtø- ~ εtε-	øtε	过
østørεp	østyryp	提高	yʃyr	iʃyr	让喝
tʃøktørεp	tʃøktyryp	使沉下			
（a2）u→o、a			（d）名词属格（i→u）		
toŋdorap	toŋdurup	让受冷	bunuŋ	buniŋ	这个的
qondorap	qojdurup	让住下	unnuŋ	unniŋ	面粉的
（b）{-（X）p}副动词（b1）（i→y）			（e）名词第三人称（e→i）		
bylyp	bilip	知道	tiɲi	teɲi	一半
mynyp	minip	骑上	jiri	jeri	他的地
（b2）（e→i）					
tirip	terip	捡			
tiɲiʃip	tegiʃip	换			

在上表显示的同化形式中，（a1）（a2）（d）是顺同化。至于（b1）中的bylyp"知道"、mynyp"骑"两个词，柯坪话中二者的词根形式分别是byl、myn，因此（b1）也属于顺同化。（c）（e）是逆同化。在（c）中，词根øt-的祈使式第二人称单数有øtø-、εtε-两种变体，后者属于逆同化。总之，柯坪话词根与词缀的同化以顺同化为主，与词根内同化恰好相反。

五、本节结语

柯坪话元音位置、唇状方面的完整和谐较为突出。在元音完整和谐的词中，位置和谐较为突出，唇状和谐稍微弱些。位置和谐以前–前和谐为主，以后–后和谐为辅。

值得注意的是，柯坪话中存在古代语言元音和谐特征的遗留。后高展唇元音/ɯ/在古代是一个独立音位，而在现代维吾尔语中已经不是一个独立音位。柯坪话以和谐形式一定程度上保留着这个音位（如 atɯʁ "驼子"、tatɯʁ "驼子上放的驼子"等词中的后–后和谐）。

柯坪话词根内的元音同化以逆同化为主，词根与词缀的同化以顺同化为主，与词根内同化恰好相反。

第四节　词中韵律及元音变化

一、柯坪话的词中韵律特征

这里所说的词中韵律主要是指词的重音分布。现代维吾尔语较有规律地体现词末音节重读特征，由于词具有丰富的形态变化，总以某种变位形式存在，重音落在词末表示形态的附加成分上。与标准维吾尔语和多数方言土话相比，柯坪话的词重音表现出尤为特殊的特征，即在多数情况下，词重音落在倒数第二音节（有时在更前的音节）上，而不是在词末音节上。这种韵律特征在词的单纯形式和变位形式中均有表现，但以变位形式为主。出现这种趋势的主要原因有：首先，在柯坪话中，有些情况下词根后缀加词缀时，词根末尾的重音不会往后迁移。其次，柯坪话词重音的分布受到音节重量（syllable weight）机制的影响（其实，标准维吾尔语的重音分布也是受到音节重量机制的支配）。再次，柯坪话中有些词缀较为固定，不带重音。以下给予一一描写。

（一）柯坪话中的词根重音不迁移情形

在柯坪话中，不少情况下词根后缀加附加成分时，重音不往后移，而在原来位置上保持不变，不仅是缀加一个附加成分时如此，连续缀加两个附加成分也是如此。如：

表1-22 柯坪话/a/、/ε/不高化、不央化实例

名词变位形式			动词变位形式		
柯坪话	标准维吾尔语	普通话中的意义	柯坪话	标准维吾尔语	普通话中的意义
(1) qaˈrakølde	qarəkølˈde	在黑湖	(1) oχˈmasan	oqumǝˈsaŋ	(你) 若不上学
(2) qaˌrakytˈtεki	qarəkyttiˈki	在卡拉库特的	(2) iʃlεˈmεgen	iʃlimiˈgεn	没做过
(3) χaˈlaʁan	χaːˈləʁan	任意的	(3) bolˈmasa	bolmǝˈsa	不然
(4) oˈmada	oːməˈda	在割麦时期	(4) køˈmεdεm	kørmiˈdim	我没见
(5) aˈχada	arqǝˈda	在后面	(5) jaˈʃaʁan	jaʃiˈʁan	活过
(6) usˈtalǝq	ustiˈlǝq	拿手	(6) qaˈlaʁanda	qariʁanˈda	看起来
(7) noχˈtapεzlik	noχtipεzˈlik	套笼头、诡计	(7) ˈεtεtu	etidu	(他) 会做

在以上变位形式中，除名词变位形式（2）（7）和动词变位形式（6）（7）外，其他均有一个附加成分，词重音在词根末尾音节上。名词变位形式（2）（7）和动词变位形式（6）（7）各有两个附加成分。其组构过程如下：

名：（2）qaˈra "黑" +kyt→qaˈrakyt+tε+ki→qaˌrakytˈtεki "在卡拉库特"；（7）noχˈta "笼头" +pεz+lik→noχˈtapεzlik "狡猾，诡计"。

动：(6) qaˈla "看" +ʁan+da→qaˈlaʁanda "看的时候"；(7) ɛtɛ+tu→ˈɛtɛtu "（第三人称）要做"。

可见，在这些变位形式中，重音也在词根末尾音节上。其中，名词变位形式（2），因为词中音节较多，词内稍微发生韵律调整，主要重音移到倒数第二音节 tɛ 上去，但次要重音仍留在构成复合名词的词根（qara）的末尾音节上。

另外，从表中例子可知，柯坪话词根重音不移特征主要表现在词根后缀加构形附加成分的时候。如，在上例中，除名词变位形式（7）外，词根后的附加成分都是构形附加成分，但是值得注意的是，缀加否定附加成分 {-mʌ} 时，重音一定会移到其身上。从附加成分缀加的词性来看，以名词和动词的变位形式为主。

（二）柯坪话音节重量特征对词重音的影响

柯坪话在一定程度上算是具有音重敏感性重音特征的方言，即音节重量影响词重音的分布情况。有些双音节附加成分缀加词根时，前一个音节发生增多一个 t 音或长读现象（严格来讲这并不是增多，而是原始复杂格式不同于标准维吾尔语和多数方言的另一种演变形式），并变成该词中的重读音节（见本章第二节的相关内容），结果，词重音体现在词的倒数第二音节上。这样附加成分有：动词直接陈述将来时附加成分，直接陈述过去重复式附加成分和形动词将来时附加成分，见表1-23：

表1-23 柯坪话音重对词重音分布的影响实例

动词直接陈述将来时附加成分			直接陈述过去重复式附加成分			行动词将来时附加成分		
柯坪话	标准维吾尔语	普通话中的意义	柯坪话	标准维吾尔语	普通话中的意义	柯坪话	标准维吾尔语	普通话中的意义
uˈtʃetmiz	utʃiˈmiz	我们飞	jaˈzettuq ~ jaˈzeːtuq	jaˈzattuq	过去我们经常写	maˈɲetqan	manjidiˈʁan	要走的

续表

动词直接陈述将来时附加成分			直接陈述过去重复式附加成分			行动词将来时附加成分		
柯坪话	标准维吾尔语	普通话中的意义	柯坪话	标准维吾尔语	普通话中的意义	柯坪话	标准维吾尔语	普通话中的意义
jaˈzetmɛ	jaziˈmɛn	我写	iˈʧittuq	iˈʧɛttuq	过去我们经常喝	ʧeˈketqan	ʧekidiʁan	要吸的
kiˈlitmɛ	keˈmɛn	我来	voˈletti ~ voˈleːti	boˈlatti	过去经常是	ʧaˈχetqan	ʧaqidiʁan	要拆的
aˈtetsɛ	atiˈsɛn	你扔	kiˈlitti ~ kiˈliːti	keˈlɛtti	过去他经常来	tuˈrutqan	turidiʁan	要站的
biˈliːtu	biliˈdu	他知道	eˈtettiŋ	aˈtɛttiŋ	过去你经常扔	biˈlitqan	bilidiʁan	知道的

（三）不重读的附加成分

在柯坪话中，词重音的位置有时还与缀加于词根后的附加成分的类型有关。即有些附加成分较为固定地不收或不带重音。这些成分在词末音节时，其前邻音节要长读且变成重音节，此时词重音落在其身上。这样的附加成分有：名词第三人称词缀{-(s)ɪ}、结合在名词第三人称词缀后的格词缀、使动态动词后缀加的附加成分、动词直接陈述现在进行时附加成分{-(X)vat-}、动词自身体附加成分{-(X)val}、动词否定词缀{-mA}等。

1. 名词第三人称词缀{-(s)ɪ}及缀加于{-(s)ɪ}后的格词缀之不重读情形

在柯坪话中，名词词根后结合的第三人称词缀{-(s)ɪ}作词末音节时，一般不重读，其前临音节则读得长而重，而在标准维吾尔语与其对应的词语中，词重音均落在词末音节上。

如果名词第三人称词缀后再缀加附加成分，人称附加成分中的{-ɪ}

则要省略，重音也不会移到格成分上，其前面音节仍具有重音特征。而在标准维吾尔语对应词中，词重音落在词末音节上，见表1-24：

表1-24 结合在名词第三人称词缀后的格词缀的不重读

词根	名词第三人称（标准维吾尔语）	宾格（标准维吾尔语）	属格（标准维吾尔语）	从格（标准维吾尔语）	时位格（标准维吾尔语）	向格（标准维吾尔语）
baʃ "头"	ˈbeːʃi (beˈʃi)	ˈbeːʃni (beʃiˈni)	ˈbeːʃniŋ (beʃiˈniŋ)	ˈbeːʃtin (beʃiˈdin)	ˈbeːʃta (beʃiˈda)	ˈbeːʃqa (beʃiˈʁa)
qatʃa "碗"	qaˈtʃeːsɪ① (qaˈtʃisi)	qaˈtʃesni (qatʃisiˈni)	qaˈtʃesniŋ (qatʃisiˈniŋ)	qaˈtʃestin (qatʃisiˈdin)	qaˈtʃesta (qatʃisiˈda)	qaˈtʃesqa (qatʃisiˈdin)
ʁazaŋ "落叶"	ʁaˈzeːni (ʁaziˈni)	ʁaˈzeːŋ (ʁaziŋiˈni)	ʁaˈzeːŋi (ʁaziŋiˈniŋ)	ʁaˈzeːŋi (ʁaziŋiˈdin)	ʁaˈzeːŋi (ʁaziŋiˈda)	ʁaˈzeːŋi (ʁaziŋiˈʁa)
tola "多"	toˈleːsi (toliˈsi)	toˈlesni (tolisiˈni)	toˈlesniŋ (tolisiˈniŋ)	toˈlestin (tolisiˈdin)	toˈlesta (tolisiˈda)	toˈlesqa (tolisiˈʁa)
qalpaq "礼帽"	qalˈpeːqi (qalpiˈqi)	qalˈpeqni (qalpiqiˈni)	qalˈpeqniŋ (qalpiqiˈniŋ)	qalˈpeqtin (qalpiqiˈdin)	qalˈpeqta (qalpiqiˈda)	qalˈpeqqa (qalpiqiˈʁa)

2. 使动态动词后缀加的附加

在柯坪话中，由{-(x)r}或{-(x)t}词缀构成的使动态动词，后头结合附加成分（"p"型副动词附加成分{-(X)p}或动名词附加成分{-(X)ʃ}）时一般不重读，重音落在其前邻音节上，而在标准维吾尔语对应词中，词重音落在词末音节上。如：

表1-25 柯坪话使动态动词后缀加的附加成分的不重读

柯坪话	标准维吾尔语	普通话中的意义
tʃiˈχeːrip ~ tʃiˈχeːriʃ	tʃiqiˈrip ~ tʃiqiˈriʃ	抽出
aˈχerip ~ aˈχirip ~ aˈχiriʃ	aqiˈrip ~ aqiˈriʃ	变白
joˈqeːtiʃ ~ joˈqeːtip	joqiˈtip ~ joqiˈtiʃ	消灭

续表

柯坪话	标准维吾尔语	普通话中的意义
y'geːtip ~ y'geːtiʃ	øgi'tip ~ øgi'tiʃ	教会

3. 动词直接陈述现在进行时附加成分 {-(X)vat}

在标准维吾尔语中，动词直接陈述现在进行时的多音节结构，整个词的主要重音落在附加成分 {-(X)vat} 前面的音节上，次要重音落在词末音节上，而在柯坪话中，落在 {-(X)vat} 之前音节上的是次要重音，主要重音则落在 {-(X)vat} 后续音节即倒数第二个音节上，见表 1-26：

表1-26 动词直接陈述现在进行时附加成分 {-(X)vat} 的不重读

动词词根	柯坪话	标准维吾尔语	普通话中的意义
jaʃa "生活"	ˌjaʃvə'titmiz ~ ˌjaʃve'titmiz ~ jaˌʃəva'titmiz	ja'ʃaːvatiˌmiz	我们在生活
dɛ "说"	ˌdəvə'titmɛ	'dɛːvatiˌmɛn	我在说
jaz "写"	ˌjezvə'tittu ~ ˌjezvəti'tu ~ ˌjezveti'tu	je'zivatiˌdu	他在写
iʃlɛ "工作"	iʃˌləvə'titsɛ	iʃ'lɛːvatiˌsɛn	你在工作
uχla "睡觉"	uχˌləvə'tittu ~ uχˌləvəti'tu ~ uχˌləveti'tu	uχ'laːvatiˌdu	他在睡觉

4. 动词否定词缀 {-mA}

从表 1-22 可知，柯坪话中动词否定词缀 {-mA} 一般具有较固定的重音特征，但它又表现出与标准维吾尔语恰恰相反的两种特性：一是在标准维吾尔语中，当 {-mA} 后结合其他成分时，它完全失去重读特征，而在柯坪话中，它还带有次要重音特征；二是当 {-mA} 出现在动词进行时态 {-vat} 之前时，在标准维吾尔语中，它仍然带有次要重音特点，而在柯坪话中，则完全失去重读特征，见表 1-27：

表1-27　柯坪话动词否定词缀｛-mA｝和进行时态的韵律

动词词根+｛-mA｝	柯坪话	标准维吾尔语	柯坪话	标准维吾尔语	普通话中的意义
kør"看"+mɛ	køːmɛgɛn	kørmigɛn	ˌkøːməvatiˈtu	kørˌmɛjvatiˈdu	他没在看
tap"找"+ma	tavammaʁan	tapalməʁan	taˌvamməvətˈqan	tapalˌmajvatˈqan	他找不到
maŋ"走"+ma	maˌŋammaʁan	maŋalməʁan	maˌŋamməvətˈqan	maŋalˌmajvatˈqan	他走不动
bol"行"+ma	bolmasa	bolməsa	ˌbolməvatiˈtu	bolmajvatidu	不行

（四）柯坪话中末尾音节不重读的词语

1. 亲属称谓词

有些词倒数第二音节发音稍长，但发音不够强大，而词末音节则发音相对强一点，这时不好判断重音的准确位置。虽说维吾尔语具有较固定的词重音（其实维吾尔语到底有无固定的词重音是个需要研究的问题），但基本不具有区别意义的功能，只是赋予词语以节奏感，与英语、日语等词重音语言相比，词重音特征很弱。目前关于维吾尔语词重音声学参数的研究不够深入，但前人相关研究（张海燕、刘岩，2008）表明，音节的能量和时长是确定其是否具有重音的主要参数，二者相比，能量的作用大一些。按此标准看，若某个双音节词前音节读得长而不强，后音节则读得强而不长，我们可以判断重音应在第二音节上。标准维吾尔语中有不少这类的词语，笔者在相关研究（吐尔逊·卡得，2015）中对此问题进行了较为全面的探索，此处暂不讨论。在柯坪话中，第一音节含有a音的亲属称谓词，词首音节有时读得长且强、重音特征很明显；有时读得长而不强，词末音节则比词首音节短而强一些，这时重音应落在后头音节上。如：

表1-28

柯坪话	标准维吾尔语	普通话中的意义
ˈaːka ~ aːˈka	aˈka	哥哥
ˈaːta ~ aːˈta	aˈta	父亲
ˈaːpa ~ aːˈpa	aˈpa	母亲
ˈdaːda ~ daːˈda	daˈda	爷爷
ˈaːna ~ aːˈna	aˈna	奶奶
ˈaːtʃa ~ aːˈtʃa	aːˈtʃa	姐姐

2. 一些名词和名词性复合词

柯坪话中除了一些与标准维吾尔语共有的词末不重读的单纯词外，以下名词和名词性复合词也具倒数第二音节重读的特征。而这些词在标准维吾尔语中均体现词末重读特征，见表1-29：

表1-29　名词和名词性复合词中倒数第二音节重读情况

柯坪话	标准维吾尔语	普通话中的意义	柯坪话	标准维吾尔语	普通话中的意义
ˈkoːtʃa	koˈtʃa	街道	istyˈgiːsi	无	火炕里的集烟处
ˈtʃaːjan	tʃaˈjan	蝎子	qaˈrakyt	qarəˈkyt	卡拉库特
sɛˈqɛːvi	无	谚语	qaˈrakøl	qarəˈkøl	黑湖
sɛˈqiːma	无	无聊的			

二、词中韵律基础上的元音变化

在维吾尔语多数方言土话中，若是末尾音节由低、半低元音 /a/、/ɛ/ 构成的词语，其后加上其他成分时，/a/、/ɛ/ 一般要发生高化，即变成高

元音 /i/ 或半高元音 /e/，或者发生央化（amlauting①），即变成央元音 [ə]。但这还得具备两个条件：一是由 /a/、/ɛ/ 构成的音节原本是开音节，结合新成分后仍是开音节，或者原本是闭音节，加上新成分后则变为开音节；二是重音要往后迁移，即原来落在 /a/、/ɛ/ 上的重音要移到新结合的成分上。如缺其中一个，就不会发生 /a/、/ɛ/ 之弱化。如上所述，在柯坪话中，很多情况下词根后缀加附加成分，重音还是较为固定地落在原词的第二音节上，而不会移到词末音节上。另外，在柯坪话中，有些附加成分固定地不带重音特征。这种特殊的韵律特征使该土话中的 /a/、/ɛ/ 音弱化机制大不同于标准维吾尔语和其他方言土话②。即在标准维吾尔语中发生弱化的不少词语，其在柯坪话的对应形式中则不会发生弱化，即便发生弱化，弱化程度也不会如标准维吾尔语那么完整。但在另一些情况下，/a/、/ɛ/ 的弱化程度反而比标准维吾尔语还要高。以下对这些情况给予一一描写。

（一）/a/、/ɛ/ 的不高化及不弱化

目前在维吾尔语研究领域中存在将 /a/、/ɛ/ 变成 /e/ 或 /i/ 叫作元音弱化（陈世明、廖泽余，1987）③或元音交替的传统。严格地讲，这两种说法均不很妥当。因为维吾尔语语流中频繁出现元音被读作央元音 [ə] 的情形。[ə] 虽然被认为是高元音 /i/ 的变体，但与其他元音或 /i/ 的其他变体相比，其发音的确很弱，应是真正的弱化元音。现代音系学（David Odden，2008）④认为弱化和高化这二者是性质不同的两种语音现象。至于元音交替，其意义范畴偏大，不一定只代表 /a/、/ɛ/ 位置上的变化。因此，笔者认为，要区分对待维吾尔语元音的高化（/a/、/ɛ/ 变成 /e/、/i/）和弱化

---

① Uyghur Amlauting. Abdurishid Yakup.turkic language. 2008.

② 这里本人暂时用传统术语"弱化"来指高化和央化，其实"弱化"应该只指央化，不包括高化。

③ 根据哈萨克苏维埃社会主义共和国科学出版社1963年出版的阿拉木图版特写出版. 现代维吾尔语[M]. 乌鲁木齐：新疆人民出版社（汉文），1987.

④ David Odden. Introducing Phonology[M]. Beijing：Foreign Language Teacheng and research press, 2008.

(/a/、/ɛ/变成[ə])问题。在柯坪话中，由于词根重音不后移的特征，不少名词（包括复合名词）和动词变位形式中的/a/、/ɛ/既不高化又不央化，而在标准维吾尔语相应词中都要发生高化或央化。这个特征可以从前述表1-22看得出来。

（二）/a/、/ɛ/的不完整高化（1）

由于重音在词中分布特征的特殊性，在有些名词和动词的变位形式中，/a/、/ɛ/虽然发生高化，但高化过程还未彻底完成，只停留在半高化状态，即/a/、/ɛ/在标准维吾尔语和其他方言土话中均变为高元音/i/，而在柯坪话中则变为半高元音/e/。见表1-30、1-31、1-32（按词重音表现形式实例表顺序排列）：

表1-30　柯坪话行动词将来时形式中/a/、/ɛ/的不完整高化实例（1）

柯坪话	标准维吾尔语	普通话中的意义
maˈŋetqan（←maˈŋatqan←maŋ+a+du+ʁan）	maŋədəʁan	可走的
tʃeˈketqan（←tʃɛˈketqan←tʃɛˈkɛtqan←tʃɛk+ɛ+du+ʁan）	tʃekidiʁan	要吸的
ˈɛtɛtqan ~ eˈtetqan（←ˈɛtɛtqan←ɛˈtitqan←ˈɛt+ɛ+diʁan）	etidiʁan	要做的
beˈretqan（←bɛˈrɛtqan←bɛr+ɛ+diʁan）	beridiʁan	要给的

表1-31　柯坪话使动态动词形式中/a/、/ɛ/的不完整高化实例（1）

柯坪话	标准维吾尔语	普通话中的意义
taˈreːtiʃ ~ taˈreːtip（←taˈratip ~ taˈratiʃ←taˈrat+ip ~ iʃ）	tariˈtiʃ ~ tariˈtip	传播，散发
jumˈʃeːtip ~ jumˈʃeːtiʃ（←jumˈʃatip ~ jumˈʃatiʃ←jumʃa+ip ~ iʃ）	jumʃiˈtip ~ jumʃiˈtiʃ	弄软，弄碎
piʒilˈdeːtip ~ piʒilˈdeːtiʃ（←piʒilˈdatip ~ piʒilˈdatiʃ←piʒilˈda+ip ~ iʃ）	piʒildiˈtip ~ piʒildiˈtiʃ	发出嗡嗡声

续表

柯坪话	标准维吾尔语	普通话中的意义
uˈzeːtip ~ uˈzeːtiʃ(←uˈzatip ~ uˈzatiʃ←uˈzat+ip ~ iʃ)	uziˈtip ~ uziˈtiʃ	送行

表1-32　柯坪话名词第三人称及其后附加格、复数词缀时/a/、/ɛ/的不完整高化实例（1）

柯坪话	标准维吾尔语	普通话中的意义
baˈzeːri ~ vaˈzeri（←bazaar+i）	baziˈri	某种商品的市场
tøˈpestɛ（←tøpɛ+si+dɛ）	tøpisiˈdɛ	在上面
qaˈtʃesni（←qatʃa+si+ni）	qatʃiˈsi	弄软，弄碎
juŋˈlerni（←juŋ+lar+i+ni）	juŋliriˈni	把绒毛

（三）/a/、/ɛ/的不完整高化（2）

在柯坪话中，当多音节名词后面缀加第三人称词缀{-(s)ɪ}时，在多数情况下，/a/、/ɛ/会受到其后高元音的影响，像标准维吾尔语及方言土语一样都高化为/i/音。但不同的是，当缀加变体{-si}的时候，由/a/、/ɛ/的高化形式/e/或/i/构成的音节不完全失去其重音特征，元音/i/还保留浊音特征，因此，由/a/、/ɛ/变成的是/i/的偏低变体[ɪ]，而在标准维吾尔语口语和其他多数方言土话中均发生完整的重音后移，因此/a/、/ɛ/彻底高化为/i/的最高变体[i]且清化。在这一点上，柯坪话又与库斯拉甫话有共同之处。如：

表1-33　柯坪话/a/、/ɛ/的不完整高化实例（2）

柯坪话	库斯拉甫话	标准维吾尔语	普通话中的意义
akesi ~ akɪsi(←aːka ~ aːka+si)	ˈeːti	eˈti	他/她/他们的哥哥
atʃesi ~ atʃɪsi(←aːtʃa ~ aːtʃa+si)	ˈbeːʃi	beˈʃi	他/她/他们的姐姐

续表

柯坪话	库斯拉甫话	标准维吾尔语	普通话中的意义
qatʃe(ː)si ~ qatʃɪsi(←qatʃa+si)	jiˈri	jeˈri	他/她/他们的饭碗
εʰtɪsi(←εːtε ~ εʰtε+si)	dʒiˈni	dʒeˈni	第二天

有一点值得提出：在柯坪话中，单音节名词后缀加第三人称词缀变体{-ɪ}时，/a/、/ε/音一般高化为/e/，不过，保留重读特征（而标准维吾尔语均发生重音后移）。但也有一部分单音节名词，其后面结合词缀变体{-ɪ}时，/a/、/ε/发生强烈高化，变为/i/的最高变体[i]，而标准维吾尔语中不会发生此种变化。如：

表1-34

名词+第三人称词缀	柯坪话	标准维吾尔语	普通话中的意义
at "名字" +i	ˈeːti	eˈti	他/她/他们的名字
baʃ "头" +i	ˈbeːʃi	beˈʃi	他/她/他们的头
jεr "地" +i	jiˈri	jeˈri	他/她/他们的地
dʒan "命" +i	dʒiˈni	dʒeˈni	他/她/他们的命

柯坪话中的这种同化不是因为韵律的作用而引起的，而是元音的协同发音（元音和谐机制）造成的。可见，元音变化并不都是与韵律有关。

（四）/a/的央化

1. 动词直接陈述现在进行时（简称进行时态）标记{-(X)vat}中/a/的央化

在标准维吾尔语中，进行体标记{-(X)vat}即便变为开音节，其中的/a/也不高化、不央化。此外，{-(X)vat}被缀加于末尾音节包含/a/、/ε/音且为开音节的双音节动词词根后，词根末尾音节均被重读，因

此其中的 /a/、/ɛ/ 也不会弱化。但在柯坪话中，进行体标记 {-（X）vat} 包含的 /a/ 均弱化为央元音 [ə]。双音节动词词根后缀加体标记 {-（X）vat} 时，词根末尾音节也不被重读，因此，该音节内的 /a/、/ɛ/ 也往往弱化为央元音 [ə]。相关内容也可参看本节第一内容第四小点，见表1-35：

表1-35　柯坪话动词进行时态标记 {-（X）vat} 中 /a/ 的央化

动词词根+{-（X）vat}+人称词缀	柯坪话	标准维吾尔语	普通话中的意义
dɛ"说"+vat+imɛn	dəvəˈtitmɛ	dɛːvatiˈmɛn	我在说
jaz"写"+ivat+idu	jezvətiˈtu	jezivatiˈdu	他在写
iʃlɛ"工作"+vat+isɛn	iʃləvəˈtitsɛ	iʃlɛvatisɛn	你在工作
jaˈʃa"生活"+vat+imiz	jaʃəvəˈtitmiz	jaˈʃavatimiz	我们在生活
jasa"制作"+vat+idu	jasəvətitu	jasavatidu	他在制作
uχla"睡"+vat+idu	uχləvetiti	uχlavatatti	他在睡

2. 动词自身体标记 {-（X）val} 中 /a/ 的央化

在标准维吾尔语中，动词自身体标记 {-（X）val} 是个重读音节，因此，其后缀加其他附加成分（如人称词缀）时，其中的 /a/ 不会高化或央化，而在柯坪话中，它是个非重读音节，因此，都弱化为央元音 [ə]。如：

表1-36　柯坪话动词自身体标记 {-（X）val} 中 /a/ 的央化

动词词根+{-（X）val}+第三人称词缀	标准维吾尔语	柯坪话	普通话中的意义
ɥt"赢"+ival+idu	ɥtivalidu	ɥtvəltu	他会赢得
jaz"写"+ival+idu	yezivalidu	jezvəltu	他写下来
jasa"制作"+ival+idu	jasivalidu	jasvəltu	他会制作
kør"看"+iva+idu	køryvalidu	kyrvəltu	他会看到

3.动词否定形式后结合进行体词缀时，否定词缀｛-mA｝中A的弱化

从上述表1-27及相关内容可知，在标准维吾尔语中，当动词否定形式｛-mA｝后结合进行体｛-(x)vat｝时，mA仍然带有次要重音，而在柯坪话中，mA则完全失去重读特征。因此，在标准维吾尔语中A不变化，但在柯坪话中A要央化为[ə]，见表1-37：

表1-37　柯坪话否定词缀后缀加进行时态词缀｛-(x)vat｝时/a/、/ɛ/的央化实例

动词词根+ ｛-mA｝	柯坪话	标准维吾尔语	柯坪话	标准维吾尔语	普通话中的意义
tur"站、住"+ma	tumaʁan	turməʁan	ˌtuːməvatiˈtu	turˌmajvatiˈdu	他没在住（他没在站）
kɛl"来"+mɛ	kɛlmɛɡɛn	kɛlmiɡɛn	ˌkɛlməvətˈqan	kɛlˌmajvatˈqan	不来
qal"留"+ma	qalmasa	qalməsa	ˌqalməvətiˈtu	qalmajvatidu	没在留

要注意的一点是，在柯坪话中，动词否定形式后结合进行体标记｛-jvat｝时，j要省略，而在标准维吾尔语中不省略。

（五）语流中/a/、/ɛ/的央化或高化

与标准维吾尔语相同，在柯坪话中，若是形动词附加成分｛-GAn｝或末尾音节包含/a/、/ɛ/音且为闭音节的多音节名词，一般末尾音节均要重读。但在语流中，这种行动词或多音节名词往往与以元音开头的后续词语结合成短语结构，而且这种短语前后两部分就像复合动词或符合名词一样挨得很近，结果｛-GAn｝或多音节名词的末尾音节失去重音特征，于是其中的/a/、/ɛ/变为央元音[ə]或高元音/i/。如：

表1-38

单独发音	连续谈话中的发音	普通话中的意义
baˈʁan ɛˈdɛm	baʁəˈnɛdəm	去过的人

续表

单独发音	连续谈话中的发音	普通话中的意义
tøkˈkɛn eˈʃim	tøkkiˈneʃim	我（给粮仓）倒入的粮食
taˈmaq eˈtip	taməˈqetip	做饭
ʁaˈzaŋ ɛpkiˈlip	ʁazəˈŋepkip	运来枯叶
qoˈʃaʁ ehtip	qoʃiˈʁehtip	唱民歌

三、本节结语

柯坪话词重音的分布较为特殊，即出现在词末的不少附加成分均不重读，还有少部分词语的末尾音节也不重读。这种韵律特征与现代维吾尔语的标准话和大多数方言土话大不相同。在标准维吾尔语和多数方言土话中，词的主要重音一般落在词末音节上（其实，维吾尔语的重音是重量重音，因此重音不落在词末音节的情况也不少，见笔者相关研究），如果词后缀加附加成分，重音要后移并保持末尾音节具有重读特征。维吾尔语的词重音虽然基本不区别意义，但在词中尤其在口语词中的作用还是很大的。重音位置的转移在词中产生一个重要的元音变化，即末尾音节内的低、半低元音发生高化（成为 e 或 i）或央化（成为 ə）。a、ɛ 元音央化现象在文字上不表达出来。至于 a、ɛ 的高化，哈萨克语、柯尔克孜语等其他语言特别重视音位原形的保留，因此几乎不存在此种变化情况，而在维吾尔语中 a、ɛ 的高化现象非常普遍，而且在文字上也表达出来。

柯坪话的词中重音体现出与标准维吾尔语很不相同的特点，即出现在词末的不少附加成分一般不重读，还有少部分词语的末尾音节也不重读，词重音落在倒数第二个音节上。这样，在不少情况下，标准维吾尔语中发生的高化或弱化在柯坪话中则不发生，有时在标准维吾尔语中不发生的高化或弱化在柯坪话中反而发生。具体地说，首先，在柯坪话中，不少情况下，词后缀加附加成分时，要重读的还是原来词末的音节而不是新附加的成分，因此，其内部的/a/、/ɛ/不会发生高化或弱化并保持原形。其次，柯坪话中词重音的分布还会受到音节重量特征的影响，结果在不少情况下出现/a/、/ɛ/不完全高化的情形。再次，在标准维吾尔语的有些词中，由/a/、/ɛ/构成的音节说得比较长和强，这些音节不是词末音节时也保持重音特征，因此，/a/、/ɛ/ 仍不高化或弱化。但是在柯坪话中，这样的音节一般都为轻读音节，所以其内部的/a/、/ɛ/音要弱化（有时还要高化）。

总之，柯坪话词语中体现的特殊性及与其相关的/a/、/ɛ/音变化特征，能够解释现代标准维吾尔语中普遍存在的低、半低元音高化或弱化现象的发生机制，即[a]、[ɛ]的高化或弱化在很大程度上与词的重音结构特征有关。

第五节　辅音变化

一、擦化

（一）塞音q、k的擦化

柯坪话中多数情况下非前部塞音q、k[①]发生擦化。擦化的成因不尽相同，牵涉到形态、韵律、语音和谐等方面。不同原因所产生的擦化结果亦不一样。

首先，出现在由附加成分{-lUK}构成的形容词末尾音q、k，分别表现为擦音ʁ、ɣ，而名词末尾的q、k则不变。这一点与和田方言相同，体现出古维吾尔语的特征。如：

---

① 非前部塞音是就q、k的区别性特征而言，相关内容见表1-5。

表1-39 ｛-IUK｝式派生形容词中末尾塞音 q、k 的擦化

小舌塞音擦化（q→ʁ）			软腭塞音擦化（k→ɣ）		
柯坪话	标准维吾尔语	普通话中的意义	柯坪话	标准维吾尔语	普通话中的意义
qanliʁ	qanliq	血性的	jyzlyɣ	jyzlyk	有名的
dʒapaliʁ	dʒapaliq	艰苦的	χutɛnliɣ	χotɛnlik	和田的
udʒluʁ ~ uʒluʁ	uʃluq	尖尖的	jɛkɛnliɣ	jɛkɛnlik	莎车的
aχɛlɛʁ	a:qiliq（地名）	后巷	qɛliɣ ~ qɛliʁ	qɛjɛrlik	哪儿的
mɛzmunluʁ	mɛzmunluq	内容丰富的	nɛliɣ ~ nɛliʁ	nɛlik	哪儿的
qomuʃluʁ	qomuʃluq	长着芦苇的	øjlɛɣ	øjlyk	有家的

另外，柯坪话的小舌塞音 q，还根据词的语音结构和韵律特征，有时擦化成浊擦音 ʁ，有时擦化为清擦音 χ。现分词腰和词末两种条件予以分析。

1. 词末 q 的擦化

柯坪话词末 /q/ 体现两种擦化：

第一，除名词外，处于单音节词末的 q 均擦化为 χ。q→χ/__#。如：

表1-40 单音节词末 q 的擦化（q→χ/__#）

柯坪话	标准维吾尔语	普通话中的意义	柯坪话	标准维吾尔语	普通话中的意义
saχ（形）	saq	好	poχ（名）	poq	屎
taχ（形）	taq	单	joχ（副）	joq	没有
aχ（形）	aq	白	tʃiχ-（动）	tʃiq-	出去
daχ（形）	daq	硬	tʃaχ-（动）	tʃaq-	蜇，咬
loχ（形）	loq	剔骨的	jaχ-（动）	jaq-	接触
oχ（名）	oq	子弹	uχ-（动）	uq-	明白

第二，多音节词名词和形容词有所不同。

在多音节名词中，当词末音节由前高元音 /i/ 构成时，q 均变成浊擦音 ʁ；当词末音节元音不是为前高元音 /i/ 时，若浊辅音是音节开头音，q 就变成浊擦音 ʁ；若清辅音是开头音，q 则变成清擦音 χ（见表 1-41）。即：

$$q \to ʁ / \left\{ \begin{array}{l} [+浊][V] \\ [-浊][+高, -后, -圆] \end{array} \right\} \_\#$$

表 1-41　多音节名词末尾 /q/ 的擦化

词末音节元音为非 /i/							词末音节元音为 /i/		
浊辅音为开头音			清辅音为开头音					
柯坪话	标准维吾尔语	普通话中的意义	柯坪话	标准维吾尔语	普通话中的意义	柯坪话	标准维吾尔语	普通话中的意义
jamaʁ	jamaq	补丁	jantaχ	jantaq	骆驼刺	eriʁ	eriq	水渠
ojaʁ	ojuq	土台子	qoltaχ	qoltuq	腋窝	teriʁ	teriq	小米
tajaʁ	tajaq	棍子	qalpaχ	qalpaq	礼帽	atuɯʁ	atuq	驮子
ʧiraʁ	ʧiraq	灯	patʃaχ	patʃaq	小腿	tatuɯʁ	tatuq①	
ʁɛllɛ-paraʁ	ʁɛllɛ-paraq	徭役	pajpaχ	pajpaq	袜子			

多音节形容词末尾的 q 一般擦化为 ʁ，指代形容词的代词末尾音 q 也擦化为 ʁ（见表 1-42）。

表 1-42　多音节形容词末尾 q 的擦化（q→χ/ ＿ ＃）

柯坪话	标准维吾尔语	标准维吾尔语
qattɯʁ	qattɯʁ	硬
qujaʁ	qojuq	浓

---

① tatuq 的普通话中的意义是驮子上放的驮子。

续表

柯坪话	标准维吾尔语	标准维吾尔语
piʃʃiʁ	piʃʃiq	熟
quruʁ	quruq	干，空
mandaʁ	mundaq	这样
qandaʁ	qandaq	怎样

但是，以上语音变化要发生须具备两个条件：一是在多音节词中，词重音不应落在词末，或词末音节的重音特征不能很强，若词末音节明显重读，则不会发生擦化；二是不应产生同音词，如果擦化结果产生与某个固有词同音的现象，则不会发生擦化。见表1–43：

表1–43　词末q的不擦化

柯坪话	标准维吾尔语	普通话中的意义	柯坪话	标准维吾尔语	普通话中的意义
quˈnaq（不是qunaʁ）	quˈnaq	玉米	gusuruq（不是gusuruʁ）	gulsuruq	红花
malˈtaq（不是maltaχ）	malˈtaq	大木桶	tuˈʁaq（不是tuʁaʁ）	tuwaq	锅盖
ajˈmaq（不是ajmaʁ）	ajˈmaq	村	qaŋˈriq（不是qaŋriʁ）	qaŋˈriq	急性子
χamˈdaq（不是χamdaʁ）	χamˈdaq	做毡用具	ziˈriq（不是ziˈriʁ）	无	一种草
saˈpaq（不是sapaχ）	saˈpaq	蒂	qiˈjiq（不是qiˈjiʁ）	qiˈjiq	调皮
sojˈpaq（不是sojpaχ）	post	外壳	ʧotpajˈpaq ~ ʧotˈpajpaχ	pijma	毡筒
paˈtaq（不是pataχ）	paˈtaq	玉米根	ulaq（不是ulaʁ）	ulaq	大木罐
alˈʧuq（不是alʧuχ）	alˈʧuq	小白房	ʧoq（不是ʧoχ）	igiz dʒaj	高地
ʃaˈpaq（不是ʃapaχ）	ʃaˈpaq	白帽	qaq（不是qaχ）	qaq	干

在以上词语中，左列9个和右列上面5个共14个词，词末音节带有明显的重读特征，因此q的发音很强且不擦化。右列最下面3个词为了避免

造成同音现象而不擦化,即柯坪话中原先存在ulaʁ"牲畜"、qaχ-"弄进"、ʧoχ-"多余"等词。右列倒数第4个词更能表明韵律对擦化的重要影响。重音落在词末音节不发生擦化(ʧotpajpaq),重音落到倒数第二音节时发生清擦化(ʧotpajpaχ)。

总之,柯坪话词重音有时不落在词末音节的特征,对词末小舌塞音q的擦化情形产生一定的影响。

2. 词中q的擦化

出现在词中元音之间、音节开头的/q/,一般擦化成清擦音χ。其变化规则:

$$q \rightarrow \chi / \begin{bmatrix} +响音 \\ -鼻音 \end{bmatrix} - \begin{bmatrix} +响音 \\ -鼻音 \end{bmatrix}$$

表1-44　柯坪话词中q的清擦化

柯坪话	标准维吾尔语	普通话中的意义	柯坪话	标准维吾尔语	普通话中的意义
uχu	oqu	读吧	bala-vaχa	bala-waqa	子女
suχuʃ	suχuʃ	藏起来	paχira	parqira	发光
taχa-	tarqa	解散	ʧaχi	ʧaqi	轮子
qoχaq	qorqaq	泡子	daχi	daqi	一种木柴
iχil	jiqil	摔倒	talχan	talqan	面粉
uχi	ujqu	睡眠	aχa	arqa	后面

在有些词中,词首q也跟χ交替。如χuŋdila"紧跟着屁股"(标准维吾尔语qoŋidila)、χɛsɛm"发誓"(标准维吾尔语qɛsɛm)等。

3. 词中k的擦化

在由前高元音构成的双音节形容词中,处于词末位置的k表现为擦音ɣ,但同样结构名词的末尾音k却不擦化。另外,在玉尔其片中,相似格末尾音k有时也擦化为ɣ，见表1-45：

表1-45 柯坪话词末的k的擦化

形容词			名词			相似格结构		
柯坪话	标准维吾尔语	普通话中的意义	柯坪话	标准维吾尔语	普通话中的意义	柯坪话	标准维吾尔语	普通话中的意义
kitʃiɣ	kitʃik	小的	gidik	kytʃyk	小狗	taʃtɛɣ	taʃtek	石头似的
jiriɣ	jirik	粗糙的	kijik	kijik	黄羊	mɛndɛɣ	mɛndɛk	像我一样
tiriɣ	tirik	活的	ilik ~ iliɣ	ilik	手	jyzdɛɣ	jyzdɛk	一百来个
kyryɣ	kyryk	抱窝的	irik	erik	羯羊	jytʃilɣdɛɣ	jyrtʃilktɛk	像玉尔其人一样
sytʃyɣ	tʃytʃyk	酸的	tynyk	tyŋlyk	天窗	qunaxtɛɣ	qonaqtek	玉米似的
yzyɣ	yzyk	间断的	yzyk	yzyk	手镯	ylɛɣdɛɣ	ølyktɛk	像死人一样

（二）双唇塞音p、b的擦化

1. 双唇清塞音p的擦化

在柯坪话中，出现在以下三种位置的/p/变成擦音/v/：（a）"-p"型副动词末尾的/p/；（b）元音间的/p/；（c）流音后续的/p/。如：

（a）{-（X）p}→{-（X）v}

表1-46

柯坪话	标准维吾尔语	普通话中的意义
uχuw	oqup	读
turuw	turup	站
sɛliv	selip	放，塞
dɛv	dɛp	说

"-p"型副动词后面缀加的时态成分不影响p的擦化，反而p的擦化进一步造成缀加成分起首清辅音的浊化，如 uχuwdim（←oquptim）"我读了"、dɛvdiŋ（←dɛptiŋ）"你说了"、jezivdi（jezipti）"他写了"等。其音系规则：t→d/v.①。这里要注意的是，p的擦化规则是t浊化规则的前提条件。

但是，使动态形式的"-p"型副动词末尾p一般不擦化，如toŋdorap"让人受冷"、køjdørɛp"烧掉"等。

（b）p→v/V＿V②

表1-47

柯坪话	标准维吾尔语	普通话中的意义
jevintʃa	jepintʃa	外套
kavam	kapam	一口
qowa	qopɛ	起来
køwɛp ~ køvɛp	køpyp	鼓起来
suvi	sopi	苏菲
qavaq ~ qapaq	qapaq	葫芦

当以/p/结尾的名词性词后加上人称附加成分时，如果词最后音节中有高元音，或虽是低元音但受到后续高元音的影响变为高元音，则不会发生p→v擦化。如dʒup"配偶"+{I}→dʒupi"他的配偶"、turup+{I}+{miz}→turupimiz"我们的萝卜"、hesap"帐"+{I}+{Im}→hesipim"我的帐"、gɛp"话"+{I}+{Iŋ}→gɪpiŋ"你的话"、kavap"烤肉"+{I}+{Im}→kavipim"我的烤肉"等。米尔苏里唐先生近30年前总

---

① 放在下中位置的符号"."表示音节边界。
② 小写v指唇齿擦音，大写V指元音。

结的这个特征，现在在柯坪话中也表现得很稳定。

（c）p→v/ $\begin{bmatrix} +响音 \\ +持续 \\ -舌冠 \end{bmatrix}$ __V

表 1-48

柯坪话	标准维吾尔语	普通话中的意义
kɛlvin	kɛlpin	柯坪
qulvi	qulup	锁子
kirvi	kirpɛ	刺猬
torvaq	torpaq	牛犊

2. 双唇浊塞音 b 的擦化

柯坪话的浊塞音 /b/ 在以下情况下，都变成擦音 /v/：（a）在单纯词中，出现在响音间的 /b/；（b）在合成词或短语中，出现在语素或词的边界的 /b/。如：

（a）b→v/[+响音] [+响音]

表 1-49

柯坪话	标准维吾尔语	普通话中的意义
ivrajim	ibrahim	伊布拉因
qurvan	qurban	库尔班
havla	abla	阿布拉
gaŋvi	gaŋbi	钢笔

（b）b→v/ #　#

表1-50

柯坪话	标准维吾尔语	普通话中的意义
qiz vəla	qiz bala	女孩
χaŋga vaʃ	χaŋga baʃ	脑子有毛病的
qapaqvaʃ ~ qavaqvaʃ	qapaqbaʃ	笨蛋

（三）词首j的擦化

处于词首音节清化前高元音i、y前的半元音j，清化为ʃ。由于类推，有时不清化元音前的j也变为ʃ。这种现象在叶城县山区人们的语言中也出现。其音系规则如下：

$$j \rightarrow ʃ / \begin{bmatrix} V \\ +高 \\ -后 \end{bmatrix} \_\_$$

表1-51　柯坪话词首j的擦化

柯坪话	叶城山区话	标准维吾尔语及其他方言话	普通话中的意义
ʃip	ʃip	jip	线
ʃytyp kɛtmɛk	ʃytyp kɛtmɛk	jytyp kɛtmɛk	丢失
ʃyk	ʃyk	jyk	负担
ʃykyn	?	jykyn	跪下
ʃiʃʃ	ʃiʃʃ	jiʃʃ	解开
ʃilim	ʃilim	jilim	胶水

（四）前送气音节中[ʰp]的擦化

在柯坪话中，低、半低元音[a]、[ɛ]后续且发生前送气的清辅音ʰp擦化为f。即：

$$^hp \to f \sim {}^hf / \begin{bmatrix} V \\ +低 \\ -后 \end{bmatrix} \_\_$$

表1-52

柯坪话	标准维吾尔语	普通话中的意义
tʃafsan ~ tʃaʰfsan	tʃapsan	快
tafsam ~ taʰfsam	tapsam	如果我找到
aftap ~ aʰftap	aptap	阳光
dɛʰfsɛn ~ dɛfsɛn	dɛpsɛn	你说了
ɛf tʃiχ ~ ɛʰp tʃiχ	elip tʃiq	拿出来

（五）塞擦音 dʒ 的擦化

处于响音间或词末的 dʒ 擦化为 ʒ，即 dʒ→ʒ/[+响音] [+响音]。如：

表1-53

柯坪话	标准维吾尔语	普通话中的意义
maʒʁaʃ	midʒiqlaʃ	揉
yʒmɛ	ydʒmɛ	桑葚
hiʒim（←hedʒnemɛ←hetʃnemɛ）	hetʃnemɛ	没什么
χɛʒlɛ	χɛdʒlɛ	花费
guruʒ（←gurudʒ←gyrytʃ）	gyrytʃ	大米
dʒɛʒmɛk ~ dʒɛdʒmɛk	dʒilitkɛ	坎肩的一种

（六）边音 l 的擦化

边音 l 出现在前送气音节内或清化高元音后，均擦化为 ɬ。如：

表1-54

柯坪话	标准维吾尔语	普通话中的意义
aʰltun	altun	金子
paʰltaka	paltaka	帕力特哥
ʁaʰltɛk	ʁaltɛk	独轮车
kɛʰltyryp	kɛltyr	让某人（或某物）来
oʰlta	oltur	坐下
øʰltɛ	øltyr	杀死
yłtylɛp ketiʃ	—	变得发胖且光泽

二、浊化

（一）ʧ的浊化

柯坪话词根末尾的清音ʧ浊化为ʤ，即ʧ→ʤ/__#。如：

表1-55

柯坪话	标准维吾尔语	普通话中的意义
uʤ（线索）	uʧ	尖端
jaʁaʤ ~ jaʁaʃ	jaʁaʧ	木头
hiʤnemɛ ~ hiʤim 没什么	heʧnemɛ	没什么
umaʤ ~ umaʃ	omaʧ	玉米糊
puraʤ ~ puraʃ	puraʧ	大木桶
kɛʤ ~ kɛʧ	kɛʧ	晚上
malaʤlitip	malaʧlitip	吃东西发出声音
guruʤ ~ guruʒ	gyryʧ	大米

在一些以开音节结尾的词语中,末尾音节元音前的 ʧ 也浊化为 ʤ,如 munʤa "浴室"(标准维吾尔语 munʧa)、qa:ʤi ~ qa:ʧi "剪刀"(标准维吾尔语 qajʧa)。但这种音变不很稳定(有时 ʤ,有时 ʧ),在一定程度上体现出柯坪话中保留的察哈台维吾尔语特征。

(二)χ 的浊化

在柯坪话中,有些双音节词开头音 χ 浊化为 ʁ。其公式应该为 χ→ʁ/#。如:

表1-56

柯坪话	标准维吾尔语	普通话中的意义
ʁizmɛt	χizmɛt	工作
ʁuraz	χoraz	公鸡
ʁoro	qoro[①]	牧圈、牧羊圈
ʁoʤun	χoʤun	裆裤

这种交替不规则,还有很多不能交替的情形,如 χoʃal "高兴" ≠ ʁoʃal,χiʃ(砖)≠ ʁiʃ,等。

看起来,似乎 χ 出现在以浊音结尾的音节开头时可表现为 ʁ,不过也有不少在同样条件下不发生交替的情形,如 χil "优" ≠ ʁil、χaman "麦场" ≠ ʁaman、χiʤil "害羞" ≠ ʁiʤil。

三、软腭化

出现在边音 l 前且作音节末尾的硬腭音(或半元音)j 体现为软腭音 g。其音系变化规则:j→g/.[+边音]。如:

[①] 此词的变化应该是 qoro→χoro→ʁoro。

表 1-57

柯坪话	标准维吾尔语	普通话中的意义
lɛɣlɛp	lɛjlɛp	浮动，漂浮
ɛglinip	ajlinip	围绕
hagul	hojla	院子
kogul ~ koli	kojla	水磨下的水渠
logul ~ loli	lojla	大叶藜

四、腭化

柯坪话中一定程度地存在颤音 /r/ 的腭化，可不存在齿龈化。即在有些情况下颤音 /r/ 腭化为硬腭音 /j/，但绝不会变成触音 /ɾ/。一般情况下，在有些词中，处于高元音 i 之后出现并作为音节末尾的 /r/ 音要腭化为 j，有时腭化后的 j 省略。如：

表 1-58

r→j	r→j→ø
girdɛ "窝窝囊" → gijdɛ ~ giʒdɛ ~ gi:dɛ	bir "一" → bij → bi
qir "田埂" → qij ~ qi:	qirʁaq "岸" → qijʁaq → qi:ʁaq
kir "进" → ki:	jigirmɛ "二十" → jigijmɛ → jigi:mɛ

五、边音 l 的不省略、不同化现象

在柯坪话动词否定形式和"动词+Gan/sA 结构"中，出现在 /ʁ/、/m/、/s/ 音之前且作音节末尾的边音 /l/，多数情况下既不脱落又不被其后续双唇鼻音 m 同化，据至今所获取的研究资料可知，这种特征还存在于库斯

拉甫话等部分土语中，而在绝大多数方言土语中，它均被同化或脱落。见表1-59：

表1-59 柯坪话边音不同化实例

柯坪话	库斯拉甫话	和田方言	喀什话	吐鲁番及其他话	标准维吾尔语	普通话中的意义
salʁan	salʁan	saːʁan	saːʁan	saːʁan	salʁan	装进的
qalmaj	qalmaj	qammaj	qammaj	qaːmaj	qalmaj	不留下
alma	alma	amma	amma	aːma	alma	别买
kɛlsɛ	kɛlsɛ	kɛːsɛ	kɛːsɛ	kɛːsɛ	kɛlsɛ	如果他来
bolmasa ~ bolməsa	bolmasa ~ bolməsa	bommisa	bommisa	boːmisa	bolmisa	不然
qilmasaq ~ qilməsaq	qilmasaq ~ qilməsaq	qimmisaq	qimmisaq	qiːmisaq	qilmisaq	若我们不干

但是，目前在日常口语中则开始普遍省略，如 qaːsa "若留下"、aːʁan "拿的"等。

六、v 的强化

在柯坪话中，与吐鲁番-哈密话一样，元音间的擦音 v 或其变体 w 强化为塞音 g，即 v→g/V__V[①]，见表1-60：

表1-60 柯坪话辅音 v 的强化（或塞化）

柯坪话	标准维吾尔语	普通话中的意义	柯坪话	标准维吾尔语	普通话中的意义
mo ~ agu	mawu	这	zɛdigal	zɛdival	墙布

---

① 小 v 指唇齿擦音，大 V 指元音。

续表

柯坪话	标准维吾尔语	普通话中的意义	柯坪话	标准维吾尔语	普通话中的意义
εgu	awu	那	ugaq	uvaq	粉末
hajgan	ajvan	前廊	jagaʃ ~ ugaʃ	juvaʃ	老实
dʒugaz	dʒuwaz	土榨油机	ugitiʃ	uvutuʃ	害羞

七、本节结语

柯坪话中存在许多辅音变化现象，其中擦化现象最为常见，还有浊化、腭化、强化等现象，见表1-61：

表1-61

擦化	浊化
q→χ ~ ʁ	tʃ→dʒ ~ ʒ
k→g	χ→ʁ
p、b→v	强化（塞化）
dʒ→ʒ	v ~ w→g
l→ɫ	

另外，多数方言话中发生的边音l省略或被同化现象，在柯坪话中反而很少出现。

第六节　增音、减音及换位现象

一、增音

（一）半元音 j 的增多

在柯坪话中，在以下两种条件下要发生 j 音的增加现象，即：

$$\begin{bmatrix} V \\ +长 \\ -高 \end{bmatrix} \rightarrow \begin{bmatrix} V \\ -长 \\ -高 \end{bmatrix} + j$$

第一，在动词无限体变位形式中，无限体附加成分 {-vɛr} 之前增加 /j/ 音。同时，在 {-vɛr} 之前的 /i/ 变成 /a/ 音，见表 1-62：

表 1-62　柯坪话长元音后增加半元音 j 的实例

柯坪话	标准维吾尔语	普通话中的意义
dɛjvɛsɛk	dɛːvɛrsɛk	我们要是继续说的话
ojnajvɛritu	ojnaːvɛridu	（她/他/他们）继续玩
dɛpsɛjwɛritu	dɛssɛːvɛridu	（她/他/他们）会继续踩
qilajvɛrtmɛ	qiliːvɛridu	（她/他/他们）会继续做
ʧiqajvɛ	ʧiqiːvɛr	请你继续往外走吧
kirɛjvɛrɛjli	kiriːvɛrɛjli	让我们继续进去吧

但在有些词中并存着两种情形，如 sizaːvɛritmiz ~ sizajvɛritmiz "我们不停地画"、søzliʃɛːvɛrimiz ~ søzliʃɛjvɛrimiz "我们不停地说"、iʃlitɛːvɛrimiz ~ iʃlitɛjvɛrimiz "我们继续工作"等。

这种现象通过类推作用还发生在名词身上。如：

表1-63

柯坪话	标准维吾尔语	普通话中的意义
pɛjlɛj	pɛːlɛj	手套
qajraq	qaːraq	山上高远的地方
pɛjlɛmpɛj	pɛˈlɛmpɛj	台阶
tʃojdʒa	tʃøːdʒɛ	小鸡

第二，在民谣中，有些第一音节以 /a/、/o/ 结尾的形容词，/a/、/o/ 音后增加 /j/。如：

$$\emptyset \to j / \begin{bmatrix} V \\ +低 \end{bmatrix} \_ \{r, \ l\}$$

表1-64

柯坪话	标准维吾尔语	普通话中的意义
qajraŋʁu	qaraŋʁu	黑暗
jojruq	joruq	光亮
qajra	qara	黑色

（二）喉音 [ɦ] 的增加

在柯坪话中，以后元音 [a]、[ɛ] 起首的人名和其他名词前往往增加一个 ɦ 音，由这些词派生出其他结构时也保留该音。如：

表1-65

柯坪话	标准维吾尔语	普通话中的意义
ɦalɛmdɛ	alɛmdɛ	宇宙

续表

柯坪话	标准维吾尔语	普通话中的意义
ɦɛqiliq	ɛqilliq	聪明
ɦaʃ	aʃ	饭

虽然这些词多数是借词，但这里的[ɦ]并不都是受原语的影响而产生的。以 /a/、/ɛ/、/i/ 等元音开头的词前，增加浊喉音[ɦ]的现象在古代就存在，其相关的例子在《突厥语大辞典》中可以找到。关于这种现象出现的原因，米尔苏里唐·吾斯满认为[①]：原来古代语中的 /a/、/ɛ/、/i/ 等元音在音节头出现时，其发音一般是首先发一个喉塞音 /ʔ/，然后紧接发出元音，但在音节内辅音后出现时，一般不发前面的喉塞成分。这种喉塞音一直没有被以某种专用符号记录下来，在历史演变过程中，该音在很多情况下与浊喉音[ɦ]交替，有时还与半元音 /j/ 交替，因为这样发出来，元音的发音会变得更容易和自然，如 ʔambal > hambal "办事大臣"、ʔɛqïl > hɛqïl "理智"、ʔilpiz > jilpiz "豹子"等。柯坪话中一部分增加[ɦ]音的现象也是这样产生的。这种现象目前在喀什话等一些方言土语，以及塔塔尔语等一些语言中也普遍存在。这个问题值得从实验语音学的角度进一步研究。

（三）元音的增加

在柯坪话中，词中出现的辅音丛中间往往增加 o、a、i、u 等元音，主要发生在外来词中，且以增加 o 为主。其音系变化规则：CC→CVC/C.C。如：

表1-66

柯坪话	标准维吾尔语	普通话中的意义
ʃoχola	ʃoχla	西红柿

---

① 与米尔苏里唐·吾斯满先生的谈话中提到的。

续表

柯坪话	标准维吾尔语	普通话中的意义
romoka	romka	被子
dowola	døwlɛ	堆起
towola	towla	喊叫
katara	katra	不利的
lavaza	lavza	无味的
dʒigidɛ	dʒigdɛ	沙枣
ʁunudʒun	ʁundʒun	一岁母牛

二、减音

（一）名词第三人称词缀形式｛-si｝中 i 音的省略

当名词第三人称结构"N+si"后缀加格成分时，人称附加成分 {-si} 中的 i 音均应省略。这样，除了宾格及属格外，缀加的所有格成分都有以清辅音开头的形式，而在标准维吾尔语及其他方言土话中，不存在这种现象，见表1-67：

表1-67 柯坪话名词第三人称标志"si"中 i 脱落实例

词条	语言类	第三人称	宾格	属格	从格	时位格	向格
ata+si（他/她父亲）	柯坪话	atısi	atisni	atisniŋ	atistin	atista	atisqa
	标准维吾尔语	atʲiˈsi	atʲisiˈni	atʲisiˈniŋ	atʲisiˈdin	atʲisiˈda	atʲisïˈʁa
qatʃa+si（他/她的饭碗）	柯坪话	qaˈtʃisi	qaˈtʃisni	qaˈtʃisniŋ	qaˈtʃistin	qaˈtʃista	qaˈtʃisqa
	标准维吾尔语	qatʃiˈsi	qatʃisiˈni	qatʃisiˈniŋ	qatʃisiˈdin	qatʃisida	qatʃisïˈʁa

（二）喉音 h 和半元音 j 的省略

在柯坪话中，非词首 /h/ 和多音节词音节末 /j/ 均省略，其结果使 /h/ 或 /j/ 的前邻元音变成长元音，见表 1-68：

表 1-68　柯坪话喉音 h、半元音 j 的省略实情

柯坪话	标准维吾尔语	普通话中的意义	柯坪话	标准维吾尔语	普通话中的意义
\multicolumn{3}{c}{h→ø}	\multicolumn{3}{c}{j→ø/__.}	
a:valiŋ	ɛhwaliŋ	你的情况	i:sa	ɛjsa	艾沙
itijat	ihtijat	小心	ø:dɛ	øjdɛ	在家
rɛ:bɛr	rɛhbɛr	领导	sɛ:ʃɛnbɛ	sɛjʃɛnbɛ	星期二
tø:mɛt	tøhmɛt	诽谤	ø:lɛ	øjlɛ	让男孩成家
ma:rɛt	maharɛt	技巧	ɦa:gan	ajvan	前浪
imta:n	imtihan	考试	qu:ruq	qujruq	尾巴
mɛllɛ	mɛhɛllɛ	社区	bu:ruq	bujruq	命令
ro:	roh	精神	pɛ:zɛ	pɛjzɛ	牌子
mi:rivan	mihriban	仁慈	a:rim	ajrim	分别

把音节末 j 的省略进一步形式化，可以形成以下公式：

$$\begin{bmatrix} V \\ -长 \\ -高 \end{bmatrix} + j \rightarrow \begin{bmatrix} V \\ +长 \\ -高 \end{bmatrix}$$

据表 1-68 我们可知，标准维吾尔语长元音等于柯坪话的短元音加上半元音 j，因此可以确定，柯坪话中长元音和短元音之间形成以下互换机制：

$$\begin{bmatrix} V \\ +长 \\ -高 \end{bmatrix} \longleftrightarrow \begin{bmatrix} V \\ -长 \\ -高 \end{bmatrix} + j$$

(三)音节末尾流音 /r/ 的省略

在柯坪话中,与多数方言话一样,处于音节末尾的流音 /r/ 普遍省略,其结果是前临元音变为长元音。r 省略的音系规则形式应为 r→ø/__,见表1-69:

表1-69 柯坪话流音 r 的脱落实情

柯坪话	标准维吾尔语	普通话中的意义	柯坪话	标准维吾尔语	普通话中的意义
bi	bir	一	kyːdʒɛk	gur.dʒɛk	木锨
hɛːbi	hɛrbir	每一个	aːtma	artma	衣架
tyːgɛ	tyrgɛ	线卷	qaːliq	qar.liq	雪冰堆积的地方
aːtip	artip	驮着	sɛːgaz	sɛr.gaz	土布

(四)构词词缀 {-lAʃ} 中 lA 的省略

在"形容词+构词词缀 {-lAʃ}"结构中,形容词若以辅音结尾,词缀的 lA 成分普遍省略,而在 ʃ 后增加一个 i 音,其后再加其他词缀也不产生影响。如:

表1-70

结构的形成	柯坪话	标准维吾尔语	普通话中的意义
eʁir+laʃ+p	eʁiʃip	eʁirliʃip	变得沉重
igiz+laʃ+i+gɛn	igizʃigɛn	igizliʃip	变高
jɛnik+laʃ+i+mɛj	jɛnikʃimɛj	jɛnikliʃip	变轻
tʃirajliq+laʃ+i+mɛj	tʃirajliqʃidi	tʃirajliqliʃip	变得漂亮

三、换位

柯坪话词中普遍存在l与m，r与ʁ，r与g换位现象。如：

表1-71

	柯坪话	标准维吾尔语	普通话中的意义
l/m	amlap	almap	交叉
r/ʁ	aʁramtʃi	arʁamtʃi	绳子
r/g	ɛgrɛʃ	ɛgɛʒ	跟随
l/g	ɛlgɛk	ɛglɛk	筛子

在口语中，还存在r与d，r与dʒ及f与t的换位。如：

表1-72

	柯坪话	标准维吾尔语	普通话中的意义
d/r	qɛrdi	qɛdri	价值
f/t	nɛʃtyf	nɛʃfyt	梨子
dʒ/r	ardʒat > aːdʒat	adʒrat	分开
l/p	ʁɛlpet	ʁɛlpet	

四、本节结语

与标准维吾尔语和其他方言土话不同，柯坪话中存在一种独特的音系处理规则，即元音的长读部分与一个半元音（或叫硬腭音）j自由交替。换句话说，一个短元音和一个半元音相当于一个长元音。另外，名词第三人称词缀形式 {-si} 中的i音省略，构成动词的词缀 {-laʃ} 中的-la省略，也不存在于标准维吾尔语和多数方言土话中。至于音节末尾流音r的省略、词首增加喉音[ɦ]、脱落音节末的清喉音[h]等现象，在喀什话和和田方言等一些土语中存在，但不见于标准维吾尔语中。此外，柯坪话中还有一些不同于标准维吾尔语的语音换位现象。

第七节 元音和辅音的交互作用 —— 前送气

一、前送气的出现情形及与国内相关语言的比较

（一）前送气的出现情形

在柯坪话中，当元音（除/y/外）出现在阻塞清音前时，发出元音的前半部分① 后声门收缩，出现一段不带声或少有带声的呼气声。这就是我们所说的前送气现象。从笔者获取的调查资料看，柯坪话前送气的出现情形如下：

表1-73 柯坪话前送气现象出现分布

柯坪话	标准维吾尔语	普通话中的意义	柯坪话	标准维吾尔语	普通话中的意义
/a/					
aʰt	at	马	taʰp-	tap-	找到
saʰt-	sat-	卖	tʃaʰta-	tʃaːta-	剪枝
tahtuq	tartuq	赠品，伤痕	abijahtin	baja	刚才

---

① 具体位置有所变化：有时刚发出元音前三分之一部分就开始气化，有时几乎发完元音后出现很短的气化音。

第一章 音系

续表

柯坪话	标准维吾尔语	普通话中的意义	柯坪话	标准维吾尔语	普通话中的意义
jaʰtqudɛk	jatqidɛk	可以躺的	aʰltun ~ ahtun	altun	金子
daʰp	dap	手鼓	qaʰt-	qat-	木棍
paʰltakam	paltaakam	帕利塔哥	χaʰlta	χalta	袋子
/ɛ/			/o/		
ɛhtɛ	ɛ:tɛ	明天	oʰt	ot	火
køkɛhtip	køkɛrtip	绿化	oʰtter ~ ohter	ottiri	中间
sɛʰt	sɛt	难看	oʰttʃis ~ ohtis	ottuz	三十
sɛʰkkis ~ sɛhkis	sɛkkis	八	toʰqqus ~ tohqus	toqquz	九
ɛʰp kip	elip kelip	带来	toʰk	tok	电
nɛʰp	nɛp	利益	oʰlta-	oltur-	坐下
/ø/			/e/		
øʰt-	øt-	穿过	ehtis	etiz	田地
øʰpkɛ	øpkɛ	肺	jehtip	jetip	躺着
øʰtmyʃ	øtmyʃ	过去	ehtip	etip	扔掉
øhtɛŋ	øtɛŋ	驿站	ehtʃip	etʃip	打开
øʰltɛ-	øltyr-	杀死	taʃləvehtip	taʃlivetip	撩开
tøʰt	tøt	四	ørypləvehtip	øryplavetip	翻开
/u/			/i/		
juʰ(r)t	jurt	家乡	jiʰ(r)til	jirtil	撕开
buʰltu	bultur	去年			

柯坪话前送气的分布呈如下特征：

第一，从元音来看，除了 /y/ 音外，其他所有元音后都可以出现前送气现象，但出现频率并不一致：/a/、/ɛ/、/o/、/ø/ 的出现频率高一些；/e/ 的出现率虽然不低，但主要是 /a/、/ɛ/ 音的变化形式；/u/、/i/ 的频率较低；尚未发现 /y/ 后发生前送气的情形。

第二，元音后发生前送气对其后续辅音有一定的要求，即其后邻音必须是清音，否则前送气就不会发生。如 [paʰltakam] "帕勒塔哥"一词中发生前送气，而在相似结构的 [paldi] "斧子"一词中则不发生。从以上引例可见，这样的后续辅音以 /t/ 为主，/p/ 为次，还有 /q/、/k/、/tʃ/ 等。

第三，在有些发生前送气的词中，元音的后续音虽是边擦音 [ɬ] 或清化颤音 [r̥]，但边音或颤音的后邻音还是清塞音 /t/。如 [aʰltɛ] "六"、[ʁaʰltek] "独轮车"、[koʰr̥t] "库尔特"、[juʰr̥t] "家乡"等。若清辅音省略，前送气现象也随之消失，但边擦音 [ɬ] 或清化颤音 [r̥] 省略也会发生前送气。如 [tøʰr̥t]→[tøʰt] "四"；[tøʰtmiŋ] ~ [tø:miŋ] "四千"；[aʰltun] ~ [ahtun] "金子"；[aʰltɛ] "六"；aldi "前面"。①

第四，在两种情况下，前送气以独立音位即喉音 /h/ 的形式实现：（1）形成叠音的清塞音前发生前送气时，若叠音中前一个省略，前送气部分就作为独立音位即喉音 /h/ 的形式出现在省略音的位置；（2）在发生前送气词中，元音和清塞音不在同一个音节，喉音 /h/ 作为前面音节的结尾音，出现在元音和清塞音间的前送气位置上，见表1-74：

表1-74 柯坪话前送气体现为音节末喉音的实情

柯坪话	标准维吾尔语	普通话中的意义	柯坪话	标准维吾尔语	普通话中的意义
tohquz ~ toʰqquz	toqquz	九	ɛhkɛk	ɛkɛk ~ ɛrkɛk	男人
sɛhkis ~ sɛʰkkis	sɛkkiz	八	ɛhtɛ	etɛ	明天
ohtis ~ oʰttis	ottuz	三十	ɛhtigɛn	ɛtigɛn	早上
bahqan ~ baʰqqan	baqqan	养过	øhteŋ	øteŋ	驿站

① ahtun 这一形式在语料中出现一次；tøʰr̥t 是笔者的推测，未出现在语料中。

（二）与我国境内相关语言的比较

据目前已知信息可知，我国除柯坪话外，撒拉语、西部裕固语、图瓦语中也存在类似的现象。目前在各语言中共存的一部分常用词见表1-75：

表1-75 柯坪话前送气与其他相关语言比较

柯坪话	撒拉语	西部裕固语	图瓦语	标准维吾尔语	意义
a^ht	a^ht	$a^ht \sim hat$	$a^ht \sim a^ʕt$	at	马
o^ht	o^ht	$o^ht \sim hot$	$o^ht \sim o^ʕt$	ot	草
$ɛ^ht$	e^ht	e^ht	$e^ht \sim e^ʕt$	ɛt	做
$kø^hp$	$kø^hp$	$gø^hp$	?	køp	许多或鼓胀

据表可知，柯坪话、撒拉语、西部裕固语中前送气的情况大体相同，但也有些区别。其主要表现是，西部裕固语中的送气成分还可移到词头，而另两种语言中不可以。另外，上述各语言元音和辅音系统的不同也造成了一些区别。捷尼舍夫（1981）报道过撒拉、裕固、图瓦三种语言都存在同类的紧喉元音现象，并用通用符号"ʰ"来予以表达。但Roos（转引自Arienne, 2007）提出，撒拉、裕固语中的前送气（preasperation），相当于图瓦语中的咽音化（pharyngealization），即图瓦语中看似相同的现象其实不是前送气。

二、前送气的性质和来源

（一）性质

关于前送气问题，前人在相关研究中有过各种提法。捷尼舍夫（1983）将图瓦语、西部裕固语、撒拉语中存在的这种现象叫作"紧喉元音"；米尔苏里唐·吾斯满先生（1989）也将柯坪话中的同类现象称为"紧喉元音"；陈宗振先生（1985, 2004）和相立波先生（1998）则视之为"带擦元音"; Lars Johanson（2003）、ArienneM. Dwyer（2007）等人称之为"前送气"。其实，这都是对同一现象的不同叫法而已。

笔者倾向于使用"前送气"这一提法。按照Gordon 和Ladefoged（2001）的研究，前送气出现在高元音之前时表现为清化，出现在低元音之前时表现为呼气化（简称气化）。这意味着，前送气是元音清化和气化的统称。柯坪话中前送气的分布特征也呈类似的趋势，即多数情况下出现在低元音和阻塞清音（主要是清塞音）之间，实现为元音后面部分的气化；而出现在高元音/i/、/y/和阻塞清音之前，则表现为整个元音的清化（见本章第一节和本节第四点）。这基本上符合前送气现象的特征要求。

据相关语音学研究，气化现象虽然多指整个元音的气化，如图瓦语（朱晓农，2010）、印度语（Lade Foged，2001）等，但类似柯坪话的半气化现象也并不少见，如冰岛语（Roos，2000）、撒拉语(Arienne Dwyer，2007)、蒙古语（哈斯，2009）等。另外，冰岛语等一些语言中发生前送气后，送气清音一般变成不送气清音（Roos，2000:32，转引自Arienne Dwyer，2007），这意味着，要发生前送气，元音后的辅音必须是送气清音。在柯坪话中，前送气的发生，看起来似乎与清辅音是否送气无关，实际上并非无关，送气的清塞音也是柯坪话前送气发生的充分条件（相关情况见下面章节 — 前送气的声学信息）。

但是，柯坪话和以上那些语言中存在的前送气不仅仅是送气清塞音的产物，它有着更重要的历史来源和发生机制。

（二）前送气的来源 —— Arienne M.Dwyer 的解释

前送气虽在蒙古语和以冰岛语为代表的一些北欧语言中具有完整的区别意义的功能，但在柯坪话中却没有，只有极少一部分前送气能够区别意义。目前看来，柯坪话中前送气的区别意义功能体现在以下几对常用词上，见表1-76：

表1-76 柯坪话五对常用词比较

柯坪话	标准维吾尔语	普通话中的意义	柯坪话	标准维吾尔语	普通话中的意义
aʰt	at	马	at	at	名字
oʰt	ot	草	ot	ot	火
taʰp	tap	找到	tap	tap	牲口的尸体
jaʰt	jat	躺下	jat	jat	陌生
øʰt	øt	过	øt	øt	胆囊
ɛʰt	ɛt	做	ɛt	ɛt	肉

这些对立词在现代维吾尔语中均为同音异义词，而在古代，其一部分是靠元音的长短对立来区别的，有些语言中现在也是。但在那些存在前送气语音机制的语言中，大部分对立词是通过是否带上前送气成分来区分。见表1-77：

表1-77 柯坪话前送气词同古代和现代语言比较

突厥语大辞典	土库曼语	柯坪话	撒拉语	西部裕固语	标准维吾尔语	普通话中的意义
oːt	oːt	ot	ot	ot	ot	火
ot	ot	oʰt	oʰt	oʰt ~ hot	ot	草
aːt	aːt	at	ad	at	at	名字
at	at	aʰt	aʰt	aʰt ~ hat	at	马

从表1-77可知，在发生前送气的语言中，其古代形式中的长元音对应于现代的短元音，而古代的短元音对应于现代短元音+前送气成分（如撒拉语、西部裕固语和柯坪话）或对应于紧喉元音（如图瓦语）。因此，Arienne M.Dwyer（2007）提出这样的解释：当一些长元音通过历时演变

成为短元音时，为了保证原来对立词的语音区别，产生所谓的前送气，即短元音后续的送气清辅音的送气特征提前实现。这种历时演变过程可以表达如下：

VC > V[ʰ]C ~ V[ʕ]

V:C > VC

这种解释很有说服力，体现了前送气最初发生的原因和动机。不具备这种核心因素，可能不会产生前送气这一特殊现象。目前看来，虽然在上述各语言中的前送气均趋于减少，但[at — aʰt]、[ot — oʰt]两对对立词的区别，还是保留得很完整。将上述表达式和这两个例子结合起来说明，这个问题会变得更清楚：

表1-78

表达式	撒拉语、西部裕固语、柯坪话	图瓦语
VC > V[ʰ]C ~ V[ʕ]	ot > oʰt；at > aʰt	ot > oˤt；at > aˤt
V:C > VC	o:t > ot；a:t > at	o:t > ot；a:t > at

另外，无论在哪种语言，有相当一部分气化元音的后续音不是清塞音，而是擦化流音 [ɬ] 或 [r]。但是，擦化流音 [ɬ]、[r] 的后续音却仍为送气清塞音 / t /。对此，Arienne提出，送气清塞音 /t/ 先发生前送气现象，然后其进一步扩散并导致流音 /l/ 和 /r/ 的擦化。即 /t/ 上发生的前送气，首先使其前临音 /l/ 或 /r/ 发生擦化，然后继续往前扩散，使 /l/、/r/ 前面的元音也发生气化。在柯坪话中，有很多支持她这种推测的例子，见表1-79：

表1-79 柯坪话流音 /l/、/r/ 的擦化实情

柯坪话	标准维吾尔语	普通话中的意义	柯坪话	标准维吾尔语	普通话中的意义
aʰɬɛ	alɛ	六	øzgeʰrt	øzgɛrt	改变

续表

柯坪话	标准维吾尔语	普通话中的意义	柯坪话	标准维吾尔语	普通话中的意义
oʰlta	oltur	坐下	koʰr̥t	kort	库尔特
ʁaʰl̥tek	ʁaltek	独轮车	jiʰr̥t ~ jiʰt	jirt	撕开
maʰl̥tila	maltila	搅和	juʰr̥t ~ juʰt	jurt	家乡
øʰl̥tɛ	øltyr	杀死	tøʰt (tøʰr̥t < tørʰt < tørtʰ)	tøt	四
kaʰl̥tek	kaltek	棍子	ɛhtɛ (ɛʰr̥tɛ < ɛʰtɛ < ɛrtɛ)	ɛtɛ	明天
aʰl̥tun ~ aʰtun	altun	金子	ɛhkɛk (ɛʰr̥kɛk < ɛʰr̥kɛk < ɛrkɛk)	ɛrkɛk	男人

从表1-79和上述有关信息可知，在不少词中，即便擦化流音[ɬ]、[r̥]省略，其前临元音也同样气化。这意味着，前送气的发生与辅音的省略与否无关，而与清塞音（主要是/t/）的存在与否有关。

三、对 Arienne M.Dwyer 解释的补充

（一）前送气的声学分析

Arienne基本上解释了前送气现象的发生机制，但没有明确回答实现前送气的充分条件。当古代长元音变成短元音时，这些语言中为什么不用别的语音变化机制来实现语音区别（aʰt "马"和at "名字"的区别），而非要发生前送气呢？可以说，元音的历时演变只能解释产生前送气的发生动机，但解释不了其发生的条件问题。笔者认为，这里应该还存在使前送气成为可能的充分条件，那就是，在这些语言中，发生前送气的/t/和不发生前送气的/t/原来应是性质不同的两个音段。我们先来看以下一对声波图：

[o   t   i]

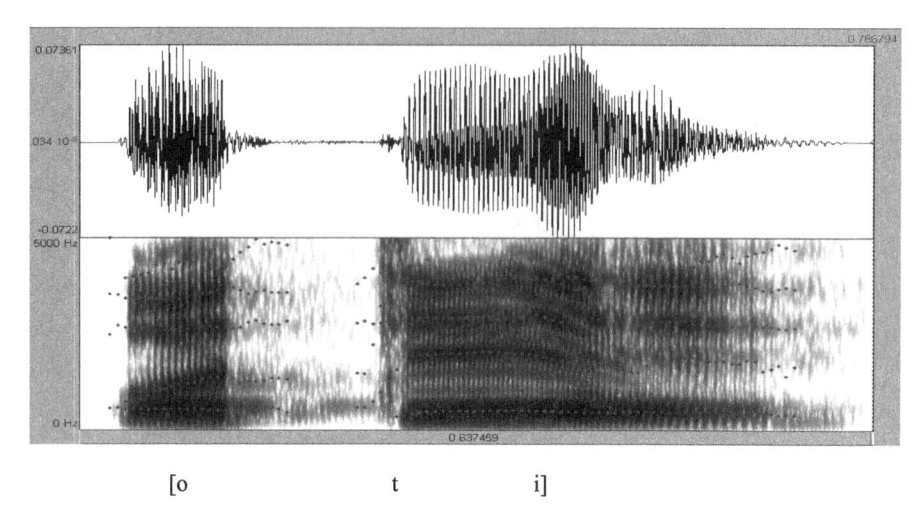

图 1-6　柯坪话未发生前送气词 oti 的声波图

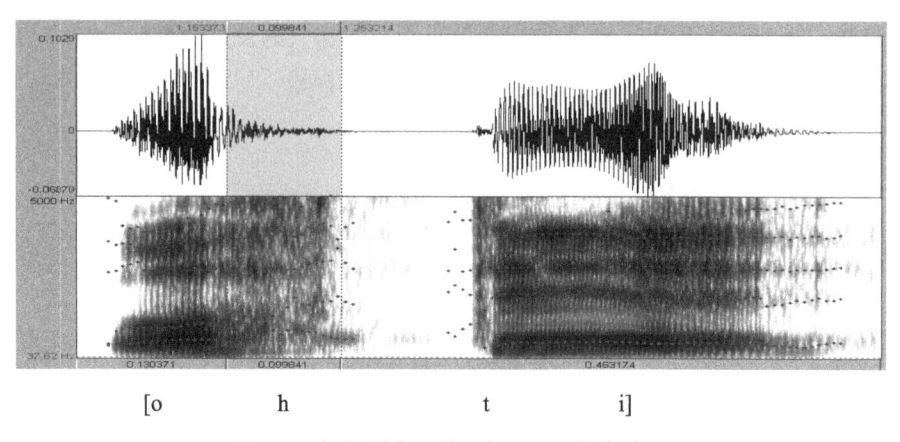

[o   h   t   i]

图 1-7　柯坪话发生前送气词 oʰti 的声波图

图 1-6 是 oti "他的火"的声波图，由 ot "火"缀加第三人称词缀 {-i} 构成。图 1-7 是 oʰti ~ ohti "他的草"的声波图，由 oʰt "草"缀加第三人称词缀 {-i} 构成。二者均为双音节词。由图可知，发生前送气时，元音 o 后出现一段气化音段（图 1-7 中用灰色突出的部分）。这就是我们所说的前送气段。通过对 5 对常用词（见附录 1）进行的简单声学实验，笔者发

现在前送气词的声波图中切掉此部分后，被试一律判断其为不送气的另一个词，即不是oʰt"草"而是ot"火"，不是aʰt"马"而是at"名字"，不是øʰt"过去"而是øt"胆囊"等。这表明，对区别意义起关键作用的就是这个部分。

由图可知的另一个重要信息是，在两张图中音段t的声学特征不尽相同：不发生前送气的t实际上表现出相似浊音的特征（除阻段前也有波纹，见图1-6），而发生前送气的t则体现标准清音的特征（除阻段前是没有波动的平线，见图1-7）。其他对立词的声学表现也呈类似的特征。这表明，发生前送气和未发生前送气的t确实有不同的性质。从上述的声学表现看，虽然二者都未表现出标准的送气清音的特征，但不难推测，在发生前送气的词中，也许原来出现的是送气特征明显的清音，但后来可能演变为不送气清音，因此，与它对应而不发生前送气词中的不送气清音，为保证彼此间的差异，而保持语音区别相应地变成稍有浊音特征的音段。

[ʰ][tʰ] > [ʰ][t]　　如 [oʰtʰi] > [oʰti]

[t] > [d]　　如 [oti] > [odi]

观察 oʰt:ot、aʰt:at 等对立词不带附加成分时候的声学表现（见附录2）可知，无论在发生前送气还是不发生前送气的词中，t的语音特征很不稳定，有时是送气的，有时不是送气的，没有什么规律可循。在现代维吾尔语中，词或音节末尾的t一般不送气，但是，由于送气与否这个特征不是现代维吾尔语辅音的区别性特征，词末清音（如t、k、q等）即便被读作送气音也没有问题，因此，它作为自由变体在口语中经常出现在词末。其实，据Menges（1968）等一些语言学家的研究，"以上语言的古代形式中也存在非词首/t/、/d/的送气和不送气形式"。在后来的语言演变过程中，二者应该合为一个。至于柯坪话，元音后出现的前送气部分开始发挥区别意义的作用后，末尾送气清音的送气特征变得不重要，并与不送气的变体混用。但是，通过其后结合适当的附加成分（如上述的人称词缀i），将它变成音节开头音时，二者间的差异就会体现出来。如：

[oʰtʰ] ~ [oʰt]"草";[oʰtʰ] ~ [oʰt]＋i→[oʰti]

[otʰ ~ ot]"火";[otʰ] ~ [ot]＋i→[odi]

当然,[odi]中d的浊性没有维吾尔语标准浊音d明显,只是带有或多或少的浊音特征。另外,在撒拉语中,词根末尾的清塞音仍保持送气不送气的区别,如[atʰ]"马"、[at]"名字"。

总之,柯坪话的前送气现象不是元音或辅音单独的特征,而是元音和辅音共同造成的语音现象。其中,长元音的历史演变是此现象最初出现的动机和必要条件,元音后出现送气清塞音（如t等）是最初发生此种现象的充分条件。其他清塞音（k、q、p等）上发生的前送气是t身上发生的前送气以类推机制扩散的结果。

以下通过考察柯坪话前送气的社会分布,进一步进行探讨。

（二）前送气的社会分布

为了考察前送气在各个社会阶层语言中的分布情况,对于常带前送气的20个词（见附录3）进行问卷调查。调查方法是通过委婉的方式让被试逐一说出20个目标词,根据是否带有前送气特征给每个词打1分,不带则不算分即0分。然后根据得到的总分数把前送气的出现情况分成三个等级。得分总数0—6分或不到30%（6/20）算是低度,总分7—13分或30%—70%之间的是中度,总分超过14分或高于70%的属高度。对各个社会阶层进行的问卷调查结果见表1-80:

表1-80 柯坪话前送气社会分布统计表（按出现率高低）

地区及社会因素（人）		低 人次（%）	中 人次（%）	高 人次（%）
地域	玉尔其（40）	1（3）	11（27）	28（70）
	盖孜力克（42）	24（58）	11（26）	7（6）
	阿恰勒-齐兰（34）	7（21）	11（32）	16（47）
年龄	6—20岁（28）	11（40）	12（43）	5（17）

续表

地区及社会因素（人）		低 人次（%）	中 人次（%）	高 人次（%）
年龄	21—35岁（30）	11（37）	10（33）	9（30）
	36—50岁（32）	8（25）	6（19）	18（56）
	50岁以上（26）	2（7）	5（19）	19（73）
职业	农民（34）	2（6）	7（20）	25（74）
	公职人员（30）	13（43）	11（37）	6（20）
	商人（25）	8（32）	3（12）	14（56）
	学生（27）	9（34）	12（44）	6（22）
教育程度	没上过学的（19）	3（16）	7（37）	9（47）
	小学（26）	3（11）	6（23）	17（65）
	初、高中（39）	11（28）	9（23）	19（49）
	大学（32）	15（47）	11（34）	6（19）
性别	男（58）	17（29）	12（21）	29（50）
	女（58）	15（26）	21（36）	22（38）

按每个层次语言中出现的总数来算，结果也与表1-80一致。如：

表1-81 柯坪话前送气社会分布统计表（按总数）

地域及社会因素（人数×词项数目）		出现情况人次（%）
地域	玉尔其（40×20）	619（77）
	盖孜力克（42×20）	300（35）
	阿恰勒-齐兰（34×20）	418（59）
年龄	6—20岁（28×20）	241（43）
	21—35岁（30×20）	273（45）
	36—50岁（32×20）	420（66）
	50岁以上（26×20）	403（78）

续表

地域及社会因素（人数 × 词项数目）		出现情况人次（%）
职业	农民（34×20）	542（80）
	公职人员（30×20）	232（38）
	商人（25×20）	317（63）
	学生（27×20）	246（45）
教育程度	没上过学的（19×20）	244（64）
	小学（26×20）	387（74）
	中学（39×20）	465（59）
	大学（32×20）	242（37）
性别	男（58×20）	688（59）
	女（58×20）	649（56）

从表1-81可见，就土话内部地域差异来说，玉尔其乡口语中前送气的出现率最高，即总出现率77%，高度出现率70%，低度出现率只有3%；盖孜力克镇是最低，即总出现率35%，高度出现率只有6%，低度出现率58%；阿恰勒-齐兰两地处于二者中间。就年龄段来讲，呈现年龄越大出现率越高的趋势，即50岁以上的最高（总出现率78%，高度出现率73%，低度出现率只有7%），6—20岁的最小（总出现率43%，高度出现率17%，低度出现率40%），但6—20岁与21—35岁间差别很小（只有2个百分点），36—50岁与50岁以上年龄段间的差别也不大（12个百分点），而且35岁上下两个年龄段之间差别较大（平均28个百分点）。

职业差异呈现这样的顺序：农民（80%）＞商人（63%）＞学生（45%）＞公职人员（38%）。可见，学生与公职人员间差异较少（7个百分点），可以组成一组，这样三者之间的差异是：农民（80%）＞商人（63%）＞学生-公职人员（41%）。受教育程度与前送气现象的出现频率成反比，即小学水平或没上过学的最高（74%和64%），大学生的最低（37%），中学生处于中间（59%）。至于性别因素，男女差异很小，只有三个百分点。

因为性别对前送气出现率的影响不明显，可以不考虑此因素。受教育程度各个层次被试数目相差太大（没上学的只有19人，中学水平的则有39人，比前者大了近二倍），故不适合用于做统计检验。以地域、职业和年龄段作为自变量，分数作为因变量进行三因素方差分析，结果表明：前两个因素对前送气出现率的影响显著，其中地域的影响最显著（$F(2,116)=34.028$，$p<0.001$），其次是职业（$F(3,116)=14.275$，$p<0.001$），年龄段不显著（$F(3,116)=0.993$, n.s.）。两两比较统计检验表明，玉尔其乡分别与盖孜力克和阿恰勒–齐兰乡间的差异显著（$F=18.01$，$p<0.01$），盖孜力克和阿恰勒–齐兰乡之间的差异不显著；农民分别与公职人员和学生之间的差异显著（$F=16.20$，$p<0.01$），商人也分别与公职人员和学生之间的差异显著，但是农民和商人，公职人员和学生之间的差异不显著；6—20岁段分别与36—50岁段和50岁以上的年龄段之间有显著的差异（$F=11.33$，$p<0.001$），21—35岁段和岁数大的两组间也有显著的差异（$F=7.528$，$p<0.001$），但是6—20岁与21—35岁间，36—50岁与50岁以上年龄段间的差异不显著。

在柯坪话中，存在一些通过前送气的区别意义功能而产生的对立词（见表1–77），但其在各个社会阶层的口语中表现并不一致，也存在不少混用或错用的情况。因此，对最常用的5对词进行社会调查（见附录4），方法和人数与上述调查相同。其结果见表1–82：

表1–82　柯坪话常用5对词词中前送气出现统计

地域及社会因素 （人数×5道题）		正确使用 人次（%）	混用或错用 人次（%）	未用 人次（%）
地域	玉尔其（40×5）	152（76）	15（8）	33（16）
	盖孜力克（40×5）	48（24）	30（15）	119（60）

续表

	地域及社会因素 （人数×5道题）	正确使用 人次（%）	混用或错用 人次（%）	未用 人次（%）
地域	阿恰勒-齐兰（35×5）	50（27）	61（35）	53（30）
年龄	6—20（27×5）	47（35）	12（9）	76（56）
	21—35（29×5）	62（43）	11（7）	70（48）
	36—50（33×5）	70（42）	46（28）	41（28）
	50以上（26×5）	80（62）	21（16）	19（14）
职业	农民（31×5）	79（51）	54（35）	22（14）
	商人（28×5）	71（51）	28（20）	41（29）
	固定工作者（30×5）	56（37）	14（9）	80（54）
	学生（26×5）	53（40）	10（8）	67（52）
教育程度	没上学（18×5）	26（29）	42（46）	22（25）
	小学（25×5）	63（50）	28（23）	34（27）
	中学（41×5）	108（52）	22（11）	77（37）
	大学（31×5）	62（40）	16（10）	77（50）
性别	男（62×5）	136（45）	57（18）	117（37）
	女（53×5）	123（46）	49（19）	93（35）
合计	总人次（115×5）	250（44）	106（20）	205（36）

表1-82表明，从地域差异来看，使用前送气区别意义的5对词，正确使用率最高的是玉尔其乡（76%），盖孜力克最低（24%），而未用前送气比例最高的是盖孜力克（60%），混用或错用比例最低的是玉尔其（8%），阿恰勒-齐兰处于中间。在年龄段因素上，50岁以上一组的正确使用率最高（62%），未用率最低（14%），6—20岁一组的正确使用率最低（35%），未用率最高（56%）。至于职业，农民和商人的正确使用率均较高（各51%），公职人员和学生均较低（37%、40%），而这一组的未用率反而较高（54%、52%），农民和商人均较低（14%、29%）。

受教育程度影响比较特殊，中学和小学阶段的正确使用率都较高（52%、50%），没上学的一组正确使用率最低（29%），未用率最高的是大学生（50%），不过混用、错用率最高的也是没上学的一组（46%）。没上学组呈错用率最高、正确使用率最低的原因之一是所调查的大部分人是外出做生意的商人。男女两性之间没有差异。以同样的方法，去掉性别和受教育程度两个因素，对地域、年龄段和业别三个因素，分别进行卡方检验，结果表明：这三个因素对前送气的使用情况都有显著的影响。其中地域的影响最显著（F（1,116）=64.45，p<0.001）），其次是职业（F（1,116）=34.28，p<0.001）），然后是年龄段（（F 1,116）=23.45，p<0.01）。

总之，地域、年龄和职业三个因素相比较，地域因素的影响最明显。玉尔其乡口语中前送气的出现频率和正确使用率均较高，盖孜力克镇口语中出现率最低，阿恰勒-齐兰口语中混用的比率最高。因此可以推测，前送气原来应是玉尔其乡口语的特征，后来扩散到盖孜力克口语。但是，也许盖孜力克乡人从喀什一带迁来定居的时间不是很长，因此他们的口语受到玉尔其人的影响还不很深。阿恰勒和齐兰两乡是通过从玉尔其和盖孜力克迁移户口新建成的，而且地处国道沿线，容易受到周边方言话的影响，因此，其前送气现象的出现率为中等水平且混用情况严重。

其次是职业因素。农民口语中前送气的出现率和正确使用率都高，商人口语中出现率低于农民。公职人员和学生均为较低且相差很小，小学和中学水平之间区别也不大，但大学水平与前两者间的区别较大。公职人员基本上都是大学生，大学生和商人的共同点是去外地接触其他方言话的机会多。因此可以说，目前对柯坪话前送气语音机制的影响主要来自外地方言话。

最后一个因素是年龄。调查结果表明，柯坪话的前送气现象在中老年人口语中保留得较好，35岁以下社会群体口语中则较少出现。但是前送气的使用相当混乱，连老年人口语中也有不少混用或错用现象（不低于16%）。这说明，前送气的混乱并不都是与社会因素有关，也有语言内部变化的影响。这种结果与上一节进行的分析和推测相吻合，即前送气成为前临元音的伴随特征后，发生前送气清塞音的送气特征变得不明显，于是造成混乱（如o^{h}t ~ o^{h}t^h"草"；ot ~ ot^h"火"等）。因为带气化成分不是这片地区原始语言元音的固有特征，未能形成规律性的语音机制。元音什么时候带气化（或擦化）成分，什么时候不带，为什么带或不带，都没有任何规律可循。于是，前送气的混乱变得更加频繁。目前在好多人的脑海中，已经只剩关于发生前送气位置的潜意识，在清塞音之前的元音后，盲目地加上一段气化成分。这也许是老年人的口语中也存在相当比例的前送气混用情况的原因。

四、对前送气的总结

与撒拉语、西部裕固语及图瓦语等一些语言相同，柯坪话也存在元音（多数为低元音）后端发生气化的现象，笔者和有些学者（Arienne、Lars Johanson等）一样，视其为"前送气"现象，因为出现这种语音现象的充分条件是词中元音后出现一个（或两个）送气清塞音。以上对柯坪话前送气出现情形及声学特征的研究一致证明了这一点。另外，这种叫法也符合语音学已归纳出来的原则（Lade Foged，2001）。但是，柯坪话的前送气也不是清塞音单独的特征，而是元音和辅音的共同作用的结果。其发生有着必要条件和充分条件：即长元音的历史演变是此现象最初出现的动机和必要条件，而元音后送气清塞音[t^h]的出现是其最初发生此种现象的充分条件。k、q、p等其他清塞音（或塞擦音）的前送气是t身上发生前送气的扩散。

不仅是柯坪话，其他相关语言中前送气的产生也应该与上述两种条件有关。但据表1-59中的信息和前人研究情况来看，前送气在各个语言中的情况并不相同，尤其在图瓦语中有相似前送气的现象，实际上是咽音化（pharyngealization）。因此，从发声学的角度，对以上几种语言乃至我国境内所有阿尔泰语系语言（因为蒙古语也存在前送气），进行进一步的比较研究是很有必要的。

对于前送气的社会分布调查结果表明，目前在柯坪话中，不仅是前送气的区别意义功能趋于消失，其使用率也呈逐渐减少的趋势。主要的社会原因是现代教育（如大学生和固定工作者语言中的变化）和周围方言（如商人语言中的变化）的影响，也有语言内部变化的原因（如老年人口语中的混用）。另外，前送气主要是本县玉尔其乡人口语的特征，也许通过与其他相关方言的接触而产生，或是与历史上的人口迁徙有关。这个问题从历史语言学和语言接触的角度值得进一步的研究。

五、柯坪话中的元音辅音化现象

与多数方言土话（喀什话、和田话、伊犁话等）和撒拉语等一些语言相同，柯坪话中存在高元音的辅音化现象，即词首音节中清辅音之前出现的高元音清化并产生摩擦。元音若是展唇元音，这种摩擦听起来像舌冠擦音/ʃ/的音质；若是圆唇元音，摩擦声音则像双唇清擦音/ɸ/的音质，见表1-83：

表1-83 柯坪话辅音化现象实例

柯坪话	喀什话	和田话	伊犁话	撒拉语	标准维吾尔语	普通话中的意义
i̥ʃt	i̥ʃt	i̥ʃt	i̥ʃt	i̥ʃt	it	狗
pi̥ʃt	pi̥ʃt	pi̥ʃt	pi̥ʃt	pi̥ʃt	pit	虱子
i̥kki ~ iʃkki	i̥kki ~ iʃkki	i̥kki ~ iʃkki	i̥kki ~ iʃkki	i̥kki ~ iʃkki	ikki	二
yʃ	yʃ	yʃ	yʃ	yʃ	yʃ	三
u̥ka	u̥ka	u̥ka	u̥ka	u̥ka	u̥ka	弟弟

可见，标准维吾尔语中也发生高元音清化，但不发生辅音化现象。

第八节　连读音变

一、元音合并

在柯坪话语流当中，处于词界的不同元音合并为一个元音，一般左边词末的元音合并到右边词首元音。此现象亦可被认为元音同化。主要在以下结构中发生：

第一，与其他方言话一样，在"序数词+aj'月份'"的结构中，序数词末尾的高元音合并到aj"月份"的词首元音。如：

[iʃkinʧi]"第二"+aj"月份"→[iʃkindʒaj]"二月份"

[aʰltinʧi]"第六"+aj"月份"→[aʰltindʒaj]"六月份"

[sɛʰki̠si̠nʧi]"第八"+aj"月份"→[sɛʰki̠si̠nʧaj]"八月份"

第二，与吐鲁番话一样，在"指示代词+jɛr'地方'"结构中，指示代词中的[u]与右边词中的元音合并。这时，右边词的词首音[j]省略，并且其元音同化指示代词中的[u]音。如：

ʃu"那"+jɛrdin"地方+从格"→ʃɛdin"从那个地方"

aʃu"那"+jɛrgɛ"地方+向格"→ɛʃɛgɛ"到那个地方"

二、元音省略

元音省略有以下三种情形：

第一，否定系动词/ɛmɛs/在除单独使用之外的任何情况下，其开头的元音[ɛ]均省略。如：

表 1-84

jaman "坏" +ɛmɛs "不" → jamanmɛs "还好";	ɛdɛm "人" +ɛmɛs → ɛdɛmmɛs "不是人"
bu "这" +ɛmɛs → bumɛs "不是这个";	digɛn "说过" +ɛmɛs → digɛnmɛs "没说过"
miniŋ "我的" +ɛmɛs → miniŋmɛs "不是我的";	

第二，系动词 /idi/、/ikɛn/ 与形容词组成复合谓词时，其首位的 /i/ 音均省略，但 /d/ 音不像和田、喀什等一些方言一样清化为 [t]。如：

表 1-85

柯坪话	和田方言、喀什话	标准维吾尔语
bar "有" +idi → baːdi	baːti	baridi
joq "没有" +idi → joqdi	joχti	joqidi
atam "父亲" +idi → atamdi	atamti	atam idi
issiʁ "热" +ikɛn → issiʁkin	issiʁkin（和田）/issiχkin（喀什）	issiq ikɛn
kɛlgɛn "来过" +ikɛn → kɛlgɛnkɛn	kɛːgɛnkin	kɛlgɛnikɛn

第三，动词第三人称将来时附加成分 -du 中元音 u 的省略。如：

表 1-86

结构的产生	柯坪话	标准维吾尔语	普通话中的意义
baridu "他去" +dɛp "以为，想"	bareddɛp	baridu dɛp	以为他去
kelidu "他来" +dɛp "以为，想"	keleddɛp	kelidu dɛp	以为他来
urudu "他打" +dɛp "以为，想"	uruddɛp	uridu dɛp	以为他打
qoʃidu "他加" +dɛp "以为，想"	qoʃiddɛp	qoʃidu dɛp	以为他加

三、语流当中元音的央化和高化

在柯坪话连续谈话中，由 {-GAn} 形动词与名词构成的短语，附加成分 {GAn} 内的 /a/、/ɛ/ 弱化（央化）为 [ə] 或高化为 [i]。语音形式与 {GAn} 行动词相似的名词和动词组成短语，且各组成成分挨得很紧时也发生名词中 /a/、/ɛ/ 的弱化或高化，见表 1-87：

表 1-87 柯坪话连读过程中元音央化实例

柯坪话	标准维吾尔语	普通话中的意义	柯坪话	标准维吾尔语	普通话中的意义
janʁənedɛm	janʁan adɛm	回来的人	ʁiziret	ʁiza ɛt	做饭
øʰtkinedɛm	øtkɛn adɛm	过去的人	qoʃiʁetip	qoʃaq ejtip	唱民歌
piʃineʰpkilttyk	piʃan ɛlip kelɛttuq	运来的草料	balimij！	balam hej	喂，我的孩子

第九节 柯坪话的内部地域差异

柯坪县是位于山腰的小绿洲，虽然目前县内辖玉尔其、盖孜力克、阿恰勒、齐兰和柯坪镇等五个乡（镇）（见柯坪县区域图），但齐兰乡的建立是最近的事，其人口较少，阿恰勒乡建得稍微早些，但其人口主要是从盖孜力克乡迁去的。玉尔其和盖孜力克，就像两片大花园，位于该县南北两侧，中间是大约 3 平方千米的戈壁滩。目前我们还未获取到该县人口历时来源的信息。也许是来源不同或是其他原因，在两个乡人们的口语中，有些音系特征及与此相关的形态甚至部分词汇的形式、使用等方面，呈现出较为明显的地域差异。我们以语音特征为主，形态、词汇特征为辅，可以将柯坪话分为玉尔其和盖孜力克-阿恰勒两个语言区。由于盖孜力克镇境内的库木鲁克村在语言特征上与玉尔其接近，故将其划分到玉尔其话中（见图1-8）。

图 1-8　柯坪话内部地域差异分布图

一、柯坪话两个语言片的主要区别

据调查资料，二者主要区别如下：

第一，标准维吾尔语中的/o u/、/ø y/、/o a/式元音和谐，在玉尔其片中分别表现为/u a/、/y ɛ/、/u a/式和谐，而在盖孜力克-阿恰勒片中则表现为/o a/、/ø ɛ/、/o a/式和谐（见表1-88）。此特征在两个语言片的表现很有规律，是二者最典型的区别之一。

如：

表1-88（a） /o u/式和谐与两个语片的对应

标准维吾尔语	玉尔其片	和田方言	盖孜力克-阿恰勒片	喀什话	普通话中的意义
soʁuq	suʁaq	suʁaq	soʁaq	soʁaq	冷
qojun	qujan	qujan	qojan	qojan	怀抱
oʁul	uʁal	uʁal	oʁal	oʁul	儿子
tʃolum	tʃulam	tʃulam	tʃolam	tʃolam	我的空时
tojum	tujam	tujam	tojam	tojam	我的婚礼

表1-88（b） /ø y/式和谐与两个语片的对应

标准维吾尔语	玉尔其片	和田方言	盖孜力克-阿恰勒片	喀什话	普通话中的意义
køzym	kyzɛm	kyzɛm	køzɛm	køzɛm	我的眼睛
øjym	yjɛm	yjɛm	øjɛm	øjɛm	我家
kømyr	kymɛ	kymɛ	kømɛ	kømɛ	煤炭
ømyr	ymɛ	ymɛ	ømɛ	ømɛr	生命

表1-88（c） /o a/式和谐与两个语片的对应

标准维吾尔语	玉尔其片	和田方言	盖孜力克-阿恰勒片	喀什话	普通话中的意义
boran	buran	buran	boran	boran	大风
omatʃ	umatʃ ~ umadʒ	umatʃ	omatʃ	omatʃ	玉米糊
qonaq	qunaq	qunaq	qonaq	qonaq	玉米
χoraz	ʁuraz ~ χuraz	χuraz	χoraz	χoraz	公鸡
pokan	pukan	pukan	pokan	pokan	没干透的杏干

从以上三个表可知，不论标准维吾尔语的/o u/、/ø y/还是/o a/式的和谐，在玉尔其片中均表现出与和田方言相似的特征，而在盖孜力克-阿恰

勒片中，基本上表现出与喀什话相似的特征。

第二，柯坪话的特殊语音现象前送气，在玉尔其片中表现得相当突出，而在盖孜力克-阿恰勒片中出现得很少，相关内容见本章第六节。

第三，动词宽时（现在-将来时）第三人称词缀 {-Du}，在玉尔其片中，起首辅音大多时候呈现送气特征，即表现为清塞音[tʰ]；而在盖孜力克-阿恰勒片中，{-Du}起首辅音的发音非常不稳定，有时送气，有时不送气，甚至在盖孜力克、帕松两村口语中，它经常表现为浊塞音[d]。在这一点上，玉尔其片也呈现与和田方言相似的特征，盖孜力克-阿恰勒片中喀什、和田两地方言话的特征都有一些表现，但有些地方更倾向于喀什话。另外，在玉尔其片中，由于音节/tu/之前的音节往往被长读，词重音落在那个音节上，而不在末尾音节/tu/之上；而盖孜力克-阿恰勒片很少呈现类似特征。

表1-89 柯坪话动词人称词缀 {-Du} 各变体的内部分布

标准维吾尔语	玉尔其片	和田方言	盖孜力克-阿恰勒片	喀什话	普通话中的意义
maɲiˈdu	maɲiˈtʰʊ	maɲiˈtu	maɲiˈdu ~ maɲiˈtu	maɲiˈdu	他\她\他们走
tʃyʃiˈdu	tʃyʃyˈtʰu	tʃyʃyˈtu	tʃyʃyˈdu ~ tʃyʃyˈtu	tʃyʃyˈdu	他\她\他们下来
satiˈdu	satiˈtʰʊ	satiˈto	satiˈdu ~ satiˈtu	satiˈdu	他\她\他们卖
qiliˈdu	qilˈtʰu ~ qeˈtʰo	qiːˈto	qiliˈdu ~ qiːˈtu	qiliˈdu	他\她\他们做
turiˈdu	turuˈtʰu ~ tuˈruːtu	turuˈtʰu	turuˈdu ~ turuˈtu	turuˈdu	他\她\他们站
jtʃiˈdu	jtʃiˈtʰu ~ jˈtʃiːtu	jtʃiˈtʰu	jtʃiˈdu ~ jtʃiˈtu	jtʃiˈdu	他\她\他们喝

第四，动词宽时（现在-将来时）第一、第二人称词缀，在柯坪话中比标准维吾尔语多一个/t/音，此特征在玉尔其片中表现得比较稳定，而在盖孜力克-阿恰勒片中表现得不太稳定，在此片内的盖孜力克和帕松村语言中出现得更少。如：

表1-90 柯坪话动词宽时人称词缀内部差异

标准维吾尔语	玉尔其片	和田方言	盖孜力克-阿恰勒片	喀什话	普通话中的意义
jazimɛn	jazetmɛ	jazitmɛ	jazimɛ ~ jazitmɛ	jazimɛ	我写
tonumajmen	tunumajtmɛ	tunumajtmɛ	tonumajmɛ ~ tunumajtmɛ	tonumajmɛ	我不认识
tʃaldurimiz	tʃaldurutmiz	tʃaldurutmiz	tʃaldurimiz ~ tʃaldurutmiz	tʃaldurimiz	我们让他弹
qalisɛn	qalitsɛ	qalitsɛ	qalisɛ ~ qalitsɛ	qalisɛ	你会留着
olturisen	oʰlturetsɛ	olturitsɛ	olturisɛ ~ oʰlturetsɛ	olturisɛ	你会坐

第五，由低、半低元音构成的双音节指示代词，在两个语片中的表现也有所不同。在玉尔其片中，第一音节一般由半低元音构成，而在玉尔其片则由低元音构成，见第二章第一节的相关内容。

第六，双音节词内的/ɛ ɛ/式和谐在柯坪话内部的分布不尽相同。玉尔其片大部分地区都表现为较完整的/ɛ ɛ/式和谐，而在盖孜力克-阿恰勒片的大部分地区不呈现此种特征，而与标准维吾尔语和喀什话相同，呈现/i e/式和谐。如：

表1-91 柯坪话元音和谐的内部差异

玉尔其片	盖孜力克-阿恰勒片	标准维吾尔语、喀什话	普通话中的意义
kɛsɛl	kisɛl	kisɛl	病
tɛzɛk	tizɛk	tizɛk	粪
lɛgɛn	ligɛn	ligɛn	托盘
sɛvɛt	sivɛt	sivɛt	筐
kɛpɛk	kipɛk	kipɛk	麦麸

第七，在韵律特征上，以名词第三人称词缀结尾的多音节词（尤其是亲属称谓词）中，重音一般落在倒数第二音节上，此种特征在玉尔其片

表现得较有规律，而在盖孜力克-阿恰勒片中表现得不规律，帕松等一些村甚至呈现与标准维吾尔语或喀什话相同的特征（见表1-92）。而另一些由低元音构成的双音节词，在盖孜力克-阿恰勒片中，其第一音节均长读，在玉尔其片中则短读（见表1-92）。如：

表1-92 柯坪话一些词韵律差异

玉尔其片	盖孜力克-阿恰勒片	标准维吾尔语	普通话中的意义	玉尔其片	盖孜力克-阿恰勒片	标准维吾尔语	普通话中的意义
apiːsi	apjsi	apjsi	他妈	χaman	χaːman	χaːman	麦场
akiːsi	akjsi	akjsi	他哥	kava	kaːva	kaːva	南瓜
atʃiːsi	atʃjsi	atʃjsi	他姐	ɛʰkɛk ~ ɛχɛχ	ɛːkɛk	ɛːkɛk	男子汉
atiːsi	atjsi	atjsi	他爸	romal	roːmal	roːmal	围巾
aniːsi	anjsi	anjsi	他爷爷				

第八，在词汇方面，两地有不少词语的语音形式部分或完全不同。如：

表1-93 柯坪话内部词汇差异

玉尔其片	盖孜力克-阿恰勒片	标准维吾尔语	普通话中的意义
ʁɛtʃʃɛj	tʃarot ~ tʃaːtmaq	tʃarot	大戟
gøldølmɛ ~ gyldymɛ	dølgɛ	gyldyrmɛ	田地的进水口
unkuj ~ ønkøk ~ køj	anikuj ~ enkej	vajɛj, vijɛj	哎呀
atʃaka ~ atʃeka	apatʃa ~ apetʃa	atʃa, hedɛ	姐姐，阿姨
hogul ~ holi	haːgul	hojla	院子
tʃøʃørɛ ~ tugynʃɛ	tygmɛ	tʃøʃørɛ	馄饨
ɛːkɛk ~ ɛʰkɛk	ɛːχɛχ	ɛrkɛk ~ ɛr ~ ɛrχɛχ	男人

续表

玉尔其片	盖孜力克–阿恰勒片	标准维吾尔语	普通话中的意义
øtɛk	etɛk	etɛk	衣襟
tiɲiʃiʃ	tigiʃiʃ	tegiʃiʃ	交换
jʃɛk	eʃɛk	eʃɛk	毛驴

二、本节结语

柯坪话的内部差异是玉尔其乡与盖孜力克乡、阿恰勒乡人们口语的地域差异。这种差异主要是由语音上的一些区别而产生的。上述地域差异中前四种情况表明，玉尔其片不少语音特征与和田方言有相似性，而盖孜力克–阿恰勒片与喀什话有相似性。但是各语片也有与这些方言不同的地方。如特征三的情形表明，动词宽时（现在–将来时）第三人称词缀{–Du}，在玉尔其片起首辅音往往表现出较明显的送气清塞音[tʰ]的特征。而在和田方言中，起首辅音送气特征没有玉尔其片强。另外，和田方言没有出现像玉尔其片那样有时词末音节不重读的现象，更谈不上前送气现象。对于柯坪话与其他方言话之间的异同，需要进一步的方言比较研究。

第二章 形态

维吾尔语各方言土话之间最大的不同主要表现在音系方面，形态上的区别则基本来自语音因素，柯坪话也不例外。据我们搜集的语料，柯坪话有其独特的形态特征，具体表现在名词、代词、数量词、形容词等体词和动词的形态特征上。

第一节 体词的形态

一、名词

（一）名词的人称范畴

柯坪话名词的人称变位形式见表2-1：

表2-1 柯坪话名词的人称变位形式

领属者	被领属者	
	单数	复数
第一人称	-（X）m	-（X）miz
第二人称	-（X）ŋ	-（X）ŋlA

续表

领属者	被领属者	
	单数	复数
第三人称	-(s)ɪ	-(s)ɪ

柯坪话名词的人称变位形式与标准维吾尔语及多数方言土话基本相同，但在第一、二人称单数、第二人称复数和第三人称后加格附加成分时人称词尾的变化方面，呈现其独有的特点。

1. 第一、二人称单数形式

柯坪话第一、二人称单数除标准维吾尔语的{-m、-im、-um、-ym}（第一人称）和{-ŋ、-iŋ、-uŋ、-yŋ}（第二人称）外，还有与喀什话、和田方言一样的{-am、-ɛm}（第一人称）和{-aŋ、-ɛŋ}（第二人称）。如：

表2-2　柯坪话名词第一、二人称单数形式实例

词根与词缀	柯坪话	和田方言	喀什话	标准维吾尔语	普通话中的意义
aka+-m/-ŋ	akam/akaŋ	akam/akaŋ	akam/akaŋ	akam/akaŋ	我/你的哥哥
jɛr+-im/-iŋ	jirim/jiriŋ	jirim/jiriŋ	jerim/jeriŋ	jerim/jeriŋ	我/你的地块儿
bun+-um/-uŋ	bunum/bunuŋ	bunum/bunuŋ	bunum/bunuŋ	burnum/burnuŋ	我/你的鼻子
ʧyʃ+-ym/-yŋ	ʧyʃym/ʧyʃyŋ	ʧyʃym/ʧyʃyŋ	ʧyʃym/ʧyʃyŋ	ʧyʃym/ʧyʃyŋ	我/你的梦
qol+-am/-aŋ	qula~qolam/qulaŋ~qolaŋ	qulam/qulaŋ	qolam/qolaŋ	qolum/qoluŋ	我/你的手
oj+-am/-aŋ	ujam/ujaŋ	ujam/ujaŋ	ojam/ojaŋ	ojum/ojuŋ	我/你的想法
køz+-ɛm/-ɛŋ	kyzɛm/kyzɛŋ	kyzɛm/kyzɛŋ	køzɛm/køzɛŋ	køzym/køzyŋ	我/你的眼睛
øz+-ɛm/-ɛŋ	yzɛm/yzɛŋ	yzɛm/yzɛŋ	øzɛm/øzɛŋ	øzym/øzyŋ	我/你自己

2. 第二人称复数形式{-(X)ŋlA}

在柯坪话中，男女老少之间均用代词第二人称一般形式sɛn（单

数)、sele(复数),尊称和敬称形式 siz、sili、øzliri 少用或不用。因此,人称词尾也相应地以 {-(X)ŋ} 或 {-(X)ŋlA} 为主,很少使用 {-(X)ŋiz},不使用 {-(X)ŋizlA}。单数形式 {-(X)ŋ} 的使用情况与标准维吾尔语相同,不同的是复数形式 {-(X)ŋlA} 在标准维吾尔语和绝大多数方言话中只有 {-(X)ŋla} 一种形式,而柯坪话有 {-(X)ŋlɛ} 和 {-(X)ŋla} 两种形式。如:

表 2-3　柯坪话第二人称复数形式体现实例

柯坪话	标准维吾尔语	普通话中的意义
balaŋlɛ mɛχtɛptɛ uχvatamtu?	balaŋlar mɛktɛptɛ oquvatamdu?	你们的孩子在上学吗?
jezdiki qunuχuŋlɛ bulapmitu?	terilʁu mɛjdanidiki qonuqunlar boluptimu?	你们在农场种的玉米长得好吗?
kyzɛŋlɛ saχmu?	køzyŋlar saqmu?	你们的眼睛还好吗?
selenin jeriŋlɛ bizniŋkidɛɣ køpmɛs.	silɛrniŋ jeriŋlar bizniŋkidɛk køp ɛmɛs.	你们的耕地没我们多。
katɛktiki qojaŋlɛ/qojaŋla tʃin simizkindʒumu!	qotan(ɛʁil)diki qojuŋlar bɛk simizkɛn dʒumu!	你们羊圈里的那些羊可真肥啊!
kitipiŋla/kitipiŋlɛ somokaŋlid badɛ?	kitabiŋlar somkaŋlarda bardur hɛ?	你们的书在书包里吧?

{-(X)ŋlɛ} 的使用率最高,{-(X)ŋla} 则一般作为 {-(X)ŋlɛ} 的自由变体出现。可以说,柯坪话第二人称复数的原形应是 {-(X)ŋlɛ},变体 {-(X)ŋla} 是后来受到标准维吾尔语或周边话的影响而产生的。

3. 第三人称词缀后加格附加成分时人称词尾的省略

与标准维吾尔语和多数方言话一样,柯坪话名词的第三人称形式,由以辅音结尾的词加后缀 –ɪ 和以元音结尾的词加后缀 –sɪ 构成,但在有些人的柯坪话口语中,有时由以辅音结尾的词后缀加复合式人称词缀 –isi 构成。

另外，维吾尔语名词的人称附加词尾后还可带格附加成分，其形态结构为：{N+人称词尾+格标志}。对第三人称来说，其形式为{N+-（s）ɪ+格标志}。而在柯坪话中，第三人称词缀后一旦缀加格标志，人称词尾{-（s）ɪ}中的元音/i/一律脱落。若是缀加-isi的词，有的前面的/i/，或后面的/i/要脱落，见表2-4：

表2-4　柯坪话名词第三人称及其格形式实例

名词第三人称形式	宾格（标准维吾尔语）	属格（标准维吾尔语）	从格（标准维吾尔语）	时位格（标准维吾尔语）	向格（标准维吾尔语）
beːʃi（他/她/它/他们的头）	beːʃni（beʃini）	beːʃniŋ（beʃiniŋ）	beːʃtin（beʃidin）	beːʃta（beʃida）	beːʃqa（beʃiʁa）
aχesi（他/她/它/他们的后头）	aχesni（arqisini）	aχesniŋ（arqisini）	aχestin（arqisidin）	aχesta（arqisida）	aχesqa（arqisiʁa）
tʃarvesi（他/她/他们的畜牧）	tʃarvesni（tʃarvisini）	tʃarvesniŋ（tʃarvisini）	tʃarvestin（tʃarvisidin）	tʃarvesta（tʃarvisida）	tʃarvesqa（tʃarvisiʁa）
balleri（他/她/他们的孩子们）	ballerni（balilirini）	ballerniŋ（baliliriniŋ）	ballerdin（baliliridin）	ballerda（balilirida）	ballerʁa（baliliriʁa）
oʰttersi（某个地方的中间）	oʰttersni（ottirisi）	oʰttersniŋ（ottirisiniŋ）	oʰtteristin（ottirisidin）	oʰtterista（ottirisida）	oʰttersqa（ottirisiʁa）
tuji（他/她/他们的婚礼）	tujni（tojini）	tujniŋ（tojiniŋ）	tujdin（tojidin）	tujda（tojida）	tujʁa（tojiʁa）
pulisi（他/她/他们的钱）	pulisni（pulini）	pulisniŋ（puliniŋ）	pulistin（pulidin）	pulista（pulida）	pulisqa（puliʁa）
jɛkynisi ~ jɛkynsi（对某问题的结论）	jɛkynsini（jɛkynini）	jɛkynsiniŋ（jɛkyniniŋ）	jɛkynsidin（jɛkynidin）	jɛkynsidɛ（jɛkynidɛ）	jɛkynsigɛ（jɛkynigɛ）

值得注意的是，由于元音/i/的脱落，在带复数人称词缀的{N+-ɪ+格标志}形式和带单数人称词缀的{N+-（s）ɪ+（属格、宾格）标志}形式中，缀加的格标志是以浊音开头的变体，其余情况则一律使用以辅音开头

的变体。

（二）名词的格范畴

柯坪话大部分名词格与标准维吾尔语相同，但属格、宾格和相似格有差异。

1. 属格

标准维吾尔语的属格标志为 -niŋ、niŋki，柯坪话中除此之外还有 -nuŋ、neŋ、-nyŋ、-nuŋki、neŋki、-nyŋki。在这几种形式中，-niŋ 的使用率最高，-nyŋ 的使用率最低。如：

表2-5 柯坪话名词属格体现实例

柯坪话	喀什话	标准维吾尔语	普通话中的意义
eʰtisniŋ ~ eʰtisniŋki	etizniŋ ~ etizniŋki	etizniŋ ~ etizniŋki	田地的
ʃiʃniŋ ~ ʃiʃniŋki	mataniŋ ~ mataniŋki	mataniŋ ~ mataniŋki	土布的
taʃaniŋ ~ taʃaniŋki	jaqa ʒutnuŋ ~ jaqa ʒutnuŋki	jaqa jurtniŋ ~ jaqa jurtniŋki	外地的
juʰtnuŋ ~ juʰtnuŋki	ʒutnuŋ ~ ʒutnuŋki	jurtniŋ ~ jurtniŋki	家乡的
qutnuŋ ~ qutnuŋki	qurutnuŋ ~ qurutnuŋki	qurutniŋ ~ qurutniŋki	虫子的
tereneŋ ~ tereneŋki	tiːriniŋ ~ tiːriniŋki	tiːriniŋ ~ tiːriniŋki	皮革的
bedeneŋ ~ bedeneŋki	biːdiniŋ ~ biːdiniŋki	biːdiniŋ ~ biːdiniŋki	苜蓿的
kypnyŋ ~ kypnyŋki	kypnyŋ ~ kypnyŋki	kypniŋ ~ kypniŋki	小地窖的

不难看出，属格标志不同形式的出现与词根（或词干）和属格词缀元音的和谐有关。在标准维吾尔语口语中也经常出现柯坪话的这几种形式，只是文字上不表达。值得一提的是，柯坪话名词属格没有相立波提到的 -ni、-nin 形式。①

---

① 相立波.柯坪维吾尔语研究[J].民族语文，1998（1）.

2. 宾格

除标准维吾尔语的 –ni 外，柯坪话宾格标志还有 –ne，但有些人的口语中也经常出现 –n 形式。如：

表2-6　柯坪话名词宾格体现实例

柯坪话	标准维吾尔语	普通话中的意义
qurvan rɛmɛtni kødɛŋlɛmu？	qurban rɛhmɛtni kørdyŋlarmu？	你们见过库尔班·热麦提吗？
nemɛ qelsɛ bune？	nemɛ qilisɛn buni？	这个东西你做什么用？
setvaʰttimhɛj u terene.	setivɛttimhɛj u terini.	我把那块羊皮卖掉了。
ʁoren selvaʰttuq balam.	yrykni（aptapqa）selivɛttuq balam.	我们（在有太阳的地方）把杏子铺好了。

其实，由于元音唇状和位置的和谐产生的这些变体，在标准维吾尔语口语及大多数方言中都存在，只是不予文字表现。

3. 相似格

柯坪话名词的相似格除标准维吾尔语的 {–dɛk、–tɛk} 外，还有 {–dɛg、–tɛg、–dɛj、–tɛj} 形式。其实，这是相似格在柯坪话两个语言片中不同的表现。如：

表2-7　柯坪话名词相似格体现实例

柯坪话 玉尔其片	柯坪话 盖孜力克–阿恰勒片	和田方言	标准维吾尔语	普通话中的意义
qiʁdɛg ~ qiʁdɛj	qiʁdɛk	qiʁdɛg ~ qiʁdɛj	qiʁdɛk	肥料似的
saraŋdɛj ~ saraŋdɛg	saraŋdɛk	saraŋdɛj ~ saraŋdɛg	saraŋdɛk	疯子般的
kiʧiɣdɛj ~ kiʧiɣdɛg	kiʧiktɛk ~ kiʧiktɛg	kiʧiɣdɛj ~ kiʧiɣdɛg	kiʧiktɛk	像小孩一样
ʧapanniŋ piʃtɛg ~ ʧapanniŋ piʃtɛj	ʧapanniŋ piʃtɛj	ʧapanniŋ piʃtɛj	ʧapanniŋ piʃidɛk	外套衣襟这么大

由上表可知，玉尔其片呈现与和田方言相似的特征，盖孜力克-阿恰勒片则体现与标准维吾尔语或周围土话相似的特征。

二、代词

柯坪话的代词系统很有特色，其指示代词、疑问代词和第二人称代词复数与标准维吾尔语和多数方言土话明显不同。

（一）指示代词

柯坪话有不少独特的指示代词，买买提·艾沙[①]将其中的大部分按语义功能进行了归纳，详见下表2-8。

表2-8 柯坪话的指示代词

近指（标准维吾尔语）	远指（标准维吾尔语）	复杂指[②]（标准维吾尔语）
mo（bu）"这"	i（awu）"那"	iʃu（aʃu）"那"
mowu或mogu（mawu）"这"	iwu或igu（awu）"那"	iʃ（aʃu）"那"
mawu或magu（mawu）"这"	ɛ（awu）"那"	（aʃu）"那"
	ɛwu或ɛgu（awu）"那"	ɛʃ（aʃu）"那"
	ti（awu）"那"	ʃuwu或ʃugu（ʃu, bu）"那"
	tiʃu（awu）"那"	ʃu（ʃu, bu）"那"
	tiwu或tigu（awu）"那"	

由于柯坪话普遍存在v强化为g的语音现象，因此以上代词多数有两种变体。标准维吾尔语无此现象，其对应词只有一种。柯坪话语音脱落现象非常普遍，很多特殊代词实际上就是因语音脱落而产生的。此外，以t

---

[①] 买买提·艾沙.柯坪话中的指示代词[J].语言与翻译（维文），1999（4）.
[②] "复杂指"有时表示近指，有时表示远指或看不见的东西。如"ɛʃu（那）"一词，若第一音节读得长一点，则表示远指或看不见的东西。

开头的一套代词应是柯尔克孜语借词。

　　调查发现，柯坪话的特殊指示代词还有 ol "那"、ʃol "那"、onda "那时"、ʃolda "那时"、onləda "那时" 等。这些古代和近代维吾尔语代词在柯坪话中的出现频率很高，而在标准维吾尔语和其他多数方言话中早已消失。此外，盖孜力克-阿恰勒片则主要使用 maʃu、maʃ、muʃu、muʃ "这"、aʃu、aʃ、awu[①] "那" 等指示代词。

　　不少指示代词是因柯坪话内部的地域差异产生的。根据音系和形态上的一些区别特征，柯坪话可分为玉尔其片和盖孜力克-阿恰勒片两个方言片。有些指示代词的地区性差异很明显，是区别这两个方言片的重要参数。盖孜力克-阿恰勒片接近喀什话，具有很多类似喀什-阿图什的语言特征。以指示代词为例，带 a 或以 a 开头的一类（如 mawu ~ magu、awu、aʃu）是其主要标志。玉尔其片与和田方言相似，多倾向于用高、前元音，因此带 o 或以 ε 开头的指示代词（如 mowu ~ mogu、εwu ~ εgu、εʃu）是其主要标志。其他代词包括柯尔克孜语借词在两个方言片口语中都出现。具体情况如下图 2-1。

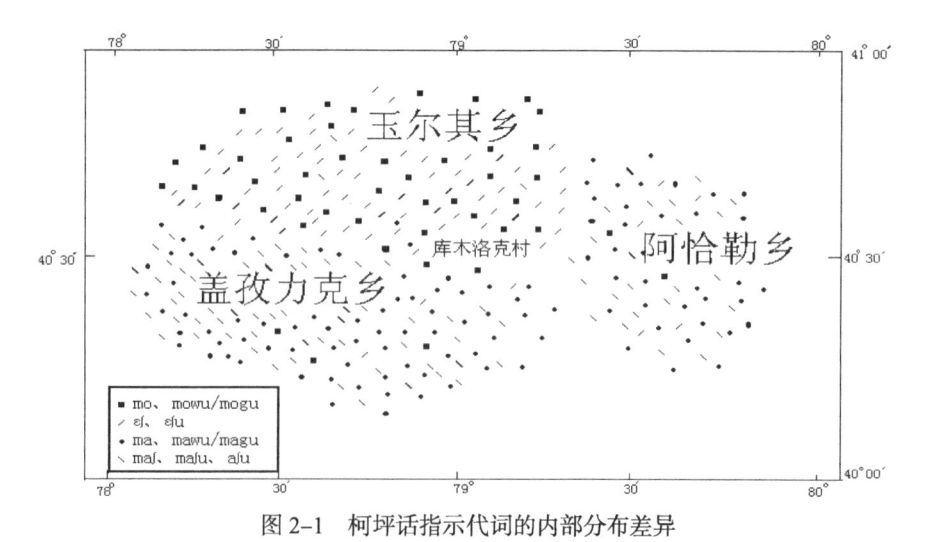

图 2-1　柯坪话指示代词的内部分布差异

---

① 在柯坪话中，双唇音 v 在圆唇元音 u 前表现为半元音 w。

此外，在玉尔其乡和盖孜力克乡的库木洛村语言中经常出现 mondivi ~ mandivi "这"、ʃɛ "那里"等指示代词。

值得注意的是，指示代词 mo "这"后缀加名词格词缀时往往增加一个 /m/ 音，如：momni "把这"、momniŋ "这个的"、momda "在这"、momʁa "给这个"、momdin "从这"等。

（二）疑问代词和人称代词

柯坪话的疑问代词主要以标准维吾尔语疑问代词的不完整形式出现，且很少使用在标准维吾尔语和其他方言土话中使用率最高的 nɛ（哪儿）。请看下面：

表 2-9

	柯坪话	标准维吾尔语	普通话中的意义
（1）	qaːsi	qajsi	哪个
（2）	qɛ	qɛjer	哪儿
（3）	qanda ~ qana	qandaq	怎样
（4）	nim	nemɛ	什么

例句：

（1）qaːsi øj selenen（标准维吾尔语：qajsi øj silɛrniŋ；普通话中的意义：哪个房子是你们的？）

（2）qɛdin kɛldɛŋlɛ（标准维吾尔语：qɛjerdin kɛldiŋlar；普通话中的意义：你们从哪儿来的？）

（3）qanda（qana）qetmiz（标准维吾尔语：qandaq qilimiz；普通话中的意义：我们怎么办？）

（4）mo balɛʁa nim bulaptu（标准维吾尔语：bu baliʁa nemɛ boptu；普通话中的意义：这孩子怎么了？）

柯坪话的人称代词与标准维吾尔语基本相同，只是第二人称主要使用普通形式，少用或不用尊称、敬称形式。不同的是，第二人称复数形式 sele 在语音上不同于标准维吾尔语和其他多数方言话，而与库斯拉甫话相同。如：

表 2-10　柯坪话的人称代词

人称代词	柯坪话	库斯拉甫话	标准维吾尔语	普通话中的意义
mɛn	mɛn	mɛn	mɛn	我
biz	biz	biz	biz	我们
sɛn	sɛn	sɛn	sɛn, siz, sili, øzliri	你，您
sele	sele	sele	silɛr, sizlɛr	你们
u	u	u	u	他/她
ula	ula	ula	ular	他/她们

三、数词、量词及形容词

（一）数词

柯坪话的概数词、分数词和序数词的构成方法和形式与标准维吾尔语相同。但由于语音上的一些特殊性，其基数词与标准维吾尔语和其他方言土话有所不同，由基数词和其他辅助成分构成的集合数词也很独特。此外，我们的调查未发现前人研究①中提到的类似 birnɛndʒi（第一）、ikkinɛndʒi（第二）的序数词。

1. 基数词

柯坪话的多数基数词因具备其特殊的前送气条件而发生语音变化，加上一些语音脱落和元音清化（或辅音化）等原因，使其区别于标准维吾尔语和其他方言土话。见表 2-11：

---

① 相立波.柯坪维吾尔语研究[J].民族语文，1998（1）.

表 2-11 柯坪话基数词

柯坪话	喀什话	标准维吾尔语	普通话中的意义
bi	biʒ	bir	一
iʃki ~ iʃkki	iʃkki	ikki	二
ytʃ	ytʃ	ytʃ	三
tøʰt	tøːt	tøt	四
bɛʃ	bɛʃ	bɛʃ	五
aʰltɛ	altɛ	altɛ	六
jɛttɛ ~ jɛʰttɛ	jɛttɛ ~ jɛttɛ	jɛttɛ	七
sɛhkjs ~ sɛkkis	sɛkkiz	sɛkkiz	八
toh（χ）qus ~ toh（χ）quz	toqquz ~ toqqus	toqquz	九
on	on	on	十
jigimɛ	ʒigimɛ	jigirmɛ	二十
oʰttis	ottus	ottuz	三十
aʰtmiʃ	atmiʃ	atmiʃ	六十

2. 人称数词

标准维吾尔语的人称数词由基数词后附加词缀 {-(ɛ)jlɛn} 而构成。这一结构在柯坪话中体现为两种不同的变体，"基数词+{-øjlɛn}" 和 "基数词+{-(i)lɛn}"。不难看出，第一种形式是通过 ɛ→ø 交替形成的，第二种形式则是由 j 的省略和 ɛ 的弱化形成的，二者可以自由互换。如：

表 2-12 柯坪话的人称数词

柯坪话		标准维吾尔语	普通话中的意义
变体 1	变体 2		
birilɛn	birøjlɛn	birɛjlɛn	我们中的一个
iʃkilɛn	iʃkkøjlɛn	ikkɛjlɛn	我们两个

续表

柯坪话		标准维吾尔语	普通话中的意义
变体1	变体2		
ytʃilɛn	ytʃøjlɛn	ytʃejlɛn	我们三个
tøtilɛn	tøtøjlɛn	tøtejlɛn	我们四个
bɛʃilɛn	bɛʃøjlɛn	bɛʃejlɛn	我们五个
aʰltilɛn	aʰltøjlɛn	altejlɛn	我们六个

柯坪话也存在{基数词+-ilimiz}的形式，但这是由人称数词后加强调词缀 -la 和人称词缀构成的，具有强调"全部"意义的语法功能。此形式在标准维吾尔语和其他方言土话中普遍存在，是另一种语法单位，而不是相立波所说的那样与上述形式同等的自由变体。①

（二）量词

柯坪话的常用量词与标准维吾尔语及其他方言土话相同，但有一些独特的量词，在目前所搜集的其他方言话资料中尚未遇到。如：

表 2-13

柯坪话量词和数量词组	标准维吾尔语	普通话中的意义
atiʁ	—	一驮子木柴
qiʁam	toʁram, partʃɛ	切片
sipɛ	qetim, nøwɛt	次，趟
yn tʃaqirim	—	能听得到的一里远的声音
biʃlɛm	—	一口（大概相当于一点或一个）

atiʁ 是借用物量词，原指绑好后给驴子驮的木柴，后来又可表示通过这样的方式一次运来的木柴量，如 bir atiʁ utun "一驮子木柴"。yn tʃaqirim

---

① 相立波.柯坪维吾尔语研究[J].民族语文，1998（1）.

由 yn"声音"和 ʧaqirim"里"组合而成，是复合转用量词，表示能听得到的一里远的声音。qiʁam 由 qijiʁ"切"和附加成分 –am 构成，相当于标准维吾尔语和喀什话中的 toʁram。sipɛ"次"是至今仍在沿用的古代回鹘文量词，在喀什地区的部分地方口语中出现，其他地方几乎没有。

数量词组 biʃlɛm 由数词 bir 和量词 ʧiʃlɛm 结合而成，词组原形 bir ʧiʃlɛm"一口"在标准维吾尔语和多数方言话中都存在。在柯坪话中，经过脱落等语音演变形成固定的特殊数量词组 biʃlɛm。但最重要的不是其形式演变，而是意义演变，即 biʃlɛm 在柯坪话中意义泛化，成为能修饰所有名词性词的万能数量单位。如：

表 2-14　柯坪话特殊数量词 biʃlɛm 的用例

柯坪话	标准维吾尔语	普通话中的意义
biʃlɛm aʃ	bir kapam aʃ ~ azraq aʃ	一口（或一点）饭
biʃlɛm øj	bir eʁiz øj ~ kiʧikrɛk øj	一间（或小小的）房子
biʃlɛm tam	bir parʧɛ tam	一堵（或一段）墙
biʃlɛm sim	bir tal sim ~ azʁinɛ sim	一截（或一点）铁丝
biʃlɛm topa	bir døwɛ topa ~ azʁinɛ topa	一堆（或一点）泥土
biʃlɛm su	bir otlam su ~ azraq su	一口（或一点）水
biʃlɛm aʰltun	bir parʧɛ altun ~ azraq altun	一块（或一点）金子

（三）形容词

标准维吾尔语和喀什、阿克苏、伊犁等地方话的形容词比较级 {-rAK} 有 –raq、–rɛk 两种变体，而柯坪话在这方面没有遵守元音和谐规律，与吐鲁番话、库斯拉甫话及和田方言一样，只有 –raq 一种形式。如：

表2-15

柯坪话	标准维吾尔语	普通话中的意义
oːdaraq	obdanraq	好一点
tɛsraq	tɛsrɛk	难一点
jintʃikiraq ~ jindʒikiraq	intʃikirɛk	细一点
ɛʰptʃilraq	ɛptʃilrɛk	方便一点
kitʃiɣraq	kitʃikrɛk	小一点

四、本节结语

柯坪话的名词、代词、数量词、形容词等名词性词类具有与标准维吾尔语和多数方言话不同的一系列形态特征。具体表现为：第二人称复数以{-（X）ŋlɛ}形式为主，第三人称复数结合词缀时人称词尾可省略，指示代词因地域差异分为两套等。此外，其在形容词比较级、集合数词结构、名词属格、宾格及相似格的表现形式等方面也有所不同。

第二节　动词形态

柯坪话的动词在很多方面呈现与标准维吾尔语的共同性，但由于音系处理方式上的区别，在动词的无人称形式和人称、体、态、时、式等范畴上，形成不少特殊的表达形式。

一、动词的体和态

（一）动词强化体

在标准维吾尔语和多数地方话中，动词强化体词缀为 –vɛt，而在柯坪话中则为 –vat，而且，在这种结构中，–vat 之前的元音一律省略。如：

表 2-16　柯坪话动词强化体

柯坪话	标准维吾尔语	普通话中的意义
bervaʰt	berivɛt	给吧
iʃtivatti	iʃtivɛtti	他推开了
sɛtvaʰtqan	setivɛtken	卖掉的
tøkvaʰ tmiʁan	tøkyvɛtmigen	没倒掉的
ʧiqirvatituq ~ ʧiqirvatittuq	ʧiqirivetettuq	我们经常让（某人或动物）出去
kɛttyrvaʰtqan	ketkyzivɛtken	让（某人）走开

动词强化体的原形：V+'x'p＋–at（这里的 V 指动词词根或词干，'x'p 指副动词标记，–at 是实意动词，意为"扔掉"）。由于 p 弱化（擦化）为 v 并与 –at 合并，产生 {–vat} 形式。在标准维吾尔语和多数方言中，它进一步演变成 –vɛt，但在柯坪话中，停留在中期阶段。p 弱化为 v 后，其前面的元音（x）一律省略，而在标准维吾尔语中仍然保留。

（二）动词使动态

在"动词使动态或使动态形势的主动态+副动词 {–Ap}"结构中，动词使动态的表现形式在标准维吾尔语和柯坪话中有所不同。即在标准维吾尔语中使动态附加成分的形式为 {–(D)Ur}，有 –dur、–dyr、–tur、–tyr、–yr 等变体，而在柯坪话中，由于元音和谐的原因，其表现为 {–(D)Or}，有 –dor、–dør、–tor、–tør、–ør 等变体。如：

表 2-17

柯坪话	标准维吾尔语	普通话中的意义
qojdorap	qojdurup	让（某人）放某物
toŋdorap	toŋdurup	让（某人）受冷
soχtorap	soqturup	让（某人）撞击
køjdørɛp	køjdyryp	烧掉
øŋdørɛp	øŋdyryp	翻耕
øltørɛp ~ øltørɛp	øltyryp	杀死
køʧørɛp ~ køʧørɛp	køʧyryp	抄写

二、动词的无人称形式

在柯坪话动词的无人称形式中，动名词的结构与标准维吾尔语相同，但形动词和副动词的形态与标准维吾尔语有所不同。

（一）行动词将来时

形动词将来时标记在标准维吾尔语中是 –diʁan，而在柯坪语中则表现为与和田方言相同的 –tqan。如：

表 2-18　柯坪话行动词将来时

柯坪话	和田方言	标准维吾尔语	普通话中的意义
baritqan	baʐitqan	baridiʁan	要去的
kilitqan	kilitqan	kelidiʁan	要来的
turutqan	tuʐutqan	turidiʁan	要站的~要住的
kylytqan	kylytqan	kylidiʁan	会笑的
kɛlmɛjtqan	kɛlmɛjtqan	kɛlmɛjdiʁan	不来的

（二）"P"型副动词

在柯坪话中，"单音节动词词根+（x）p"结构，副动词标记-（x）p前的元音和词根末尾的辅音，往往形成一个音节且省略。因此，标准维吾尔语多数双音节副动词在柯坪话中表现为单音节。如：

表2-19 柯坪话"P"型副动词的体现实例

柯坪话	结构	标准维吾尔语	普通话中的意义
qep	←qal+ip→	qelip	留
tep	←tap+ip→	tepip	找
qεp ~ qap	←qal+up→	qojup	放
kip	←kir+ip→	kirip	进
sep ~ sεp	←sal+ip→	selip	塞、放
ʧep ~ ʧεp	←ʧal+ip→	ʧelip	弹
ʧup	←ʧuwu+p→	ʧuwup	拆
jup	←juj+up→	jujup	洗

但这并不完全如此，如berip（←bar+ip）"去"、kylyp（←kyl+yp）"笑"、meŋip（←maŋ+ip）"走"等很多形式与标准维吾尔语相同。

（三）由使动态构成的副动词

柯坪话动词使动态形式后缀加的副动词标记为{-ʌp}，有-ap、-εp两种变体，而在标准维吾尔语中同样位置出现的副动词标记为{-Up}，有-up、-yp两种变体。如：

表2-20

柯坪话	标准维吾尔语	普通话中的意义
oːdorap	ordurup	让某人收割
sojdorap	sojdurup	让某人剥皮

柯坪话	标准维吾尔语	普通话中的意义
tʃøktørɛp	tʃøktyryp	把某人或某物浸入水中
østørɛp	østyryp	提高

三、动词的人称

（一）动词第二人称复数

标准维吾尔语和多数方言土话的动词第二人称复数词缀为{-（ɪ）ŋlar}，只有-ŋlar、-iŋlar两种形式，而柯坪话相应的词缀为{-（ɪ）ŋlʌr}，有-iŋla、-ŋla、-iŋlɛ、-ŋlɛ四种形式且以后两种为主。-iŋlɛ、-ŋlɛ不仅仅是祈使式（表2-21），还有陈述式（表2-22）和条件式（表2-23）第二人称复数各时态的常用形式。在这些形式中，词缀末尾的r一般要脱落。具体情况请看下表。

表2-21 柯坪话动词祈使式第二人称复数

柯坪话	标准维吾尔语	普通话中的意义
qalaŋlɛ ~ qalaŋla	qaraŋlar	你们看
øtmɛŋlɛ	øtmɛŋlar	你们别过
turajveriŋlɛ	turiveriŋlar	你们继续站吧
kiŋlɛ	keliŋlar	你们来吧
jeziŋlɛ	jeziŋlar	你们写吧
utʃuŋlɛ ~ utʃuŋla	utʃuŋlar	你们飞吧

表2-22 柯坪话动词陈述式第二人称复数

柯坪话	标准维吾尔语	普通话中的意义
kɛldiŋlɛ	kɛldiŋlar	你们来了
aldaŋlɛ ~ aldaŋla	aldiŋlar	你们拿了

续表

柯坪话	标准维吾尔语	普通话中的意义
jezvaʰttiŋlɛ	jezivatattiŋlar	当时你们在写（字）
kørvetitiŋlɛ	køryvatattiŋlar	当时你们在看
qiʃamiʁantiŋlɛ	tʃaqirmiʁantiŋlar	当时你们没叫
etittiŋlɛ	etɛttiŋlar	当时你们经常做

表2-23　柯坪话动词条件式第二人称复数

柯坪话	标准维吾尔语	普通话中的意义
dejvɛsɛŋlɛ	dɛvɛrsɛŋlar	要是你们继续讲的话
tusaŋlɛ	tursaŋlar	如果你们还要站
køʃmɛsɛŋlɛ	køtʃmisɛŋlar	如果你们不搬走
tʃaʃsaŋla ~ tʃaʃsaŋlɛ	tʃatʃsaŋlar	如果你们播撒
tapmisaŋla ~ tapmisaŋlɛ	tapmisaŋlar	如果你们不找

由上表可知，无论在哪种动词变位形式，-iŋlɛ、-ŋlɛ的使用率都很高，应是柯坪话动词第二人称复数的原形，-iŋla、-ŋla的出现率不高，应是受标准维吾尔语和周围方言的影响而产生的。

但是，在动词祈使式第二人称复数式中，如果动词词根是由/a/、/ɛ/构成且以/l/、/ŋ/结尾的单音节词，由/l/、/ŋ/与词缀起首音/i/组成音节中的/-li/、/-ŋi/要省略。如：

表2-24　柯坪话动词第二人称复数

柯坪话	标准维吾尔语	普通话中的意义
kiŋlɛ	keliŋlar	你们来吧
meŋlɛ	meŋiŋlar	你们走吧
teŋlɛ	teŋiŋlar	你们捆起来吧
seŋlɛ	seliŋlar	你们塞进去吧

续表

柯坪话	标准维吾尔语	普通话中的意义
qeŋlɛ	qeliŋlar	你们留下吧
tʃeŋlɛ	tʃeliŋlar	你们弹吧
eŋlɛ	eliŋlar	你们拿吧
qiŋlɛ	qiliŋlɛ	你们做吧

(二)祈使式第一人称复数

标准维吾尔语动词祈使式附加成分为{-ʌjli}，有-ajli、-ɛjli两种变体，而它在柯坪话中的形式为{-(ɛ)li}，有-eli、-ili、-li三个变体。即{-ʌjli}中的{-ʌj}脱落或只有j脱落，ʌ变成ɛ[①]。如：

表2-25

柯坪话	标准维吾尔语	普通话中的意义
maŋeli ~ maŋili	maŋajli	让我们走吧
barli	barajli	让我们去吧
killi	kelɛjli	让我们来吧
qe:li ~ qilli	qilajli	让我们做吧
tureli	turajli	让我们站吧

(三)祈使式第二人称单数

柯坪话的动词祈使式第二人称单数一般形式一律为"动词+-a"，即以动词后加上元音a构成，而在标准维吾尔语和其他方言土话中，与其相应的结构是"动词词根+-ɛ"，即动词后要加的是元音ɛ。如：

[①] 这里ʌ代表a、ɛ，ɛ代表e、i。

表 2-26

柯坪话	标准维吾尔语	普通话中的意义
maŋa	maŋɛ	走吧
tʃiqa	tʃiqɛ	出去
jaza	jazɛ	写吧
tura	turɛ	站吧、住吧
atʃavəra	etʃiverɛ	继续开吧
qopa	qopɛ	起来

四、陈述式的人称、时体

（一）直接陈述将来时（或现在未完成体）的人称

1.肯定－否定形式

柯坪话动词直接陈述将来（或现在未完成体）肯定式的人称一般有两种形式。即第一人称单数 -tmɛ、-mɛ，第一人称复数 -tmiz、-miz，第二人称单数 -tsɛ、-sɛ，第三人称单复数 -tu、-du。前一种形式的使用范围较广，是玉尔其片的主要特征。在盖孜力克-阿恰勒片中，除盖孜力克、帕松两村多用后一种形式外，其他地方都混合使用两种形式。而在标准维吾尔语中与之对应的只有一种形式，即 -mɛn（第一人称单数）、- miz（第一人称复数）、-sɛn（第二人称单数）、-du（第三人称单复数）。如：

表 2-27　柯坪话动词直陈将来时第二人称复数

柯坪话	标准维吾尔语	普通话中的意义
baritmɛ ~ barmɛ	barimɛn	我去
tʃiχitsɛ ~ tʃiχisɛ	tʃiqisɛn	你出来
kiltu ~ kili:tu ~ kildu	kelidu	他（或她/他们）来

续表

柯坪话	标准维吾尔语	普通话中的意义
εtitu ~ etitu ~ etidu	etidu	他（或她/他们）做
barutu ~ barudu	baridu	他（或她/他们）去
kømytu ~ kømydu	kømidu	他（或她/他们）埋

否定形式的构成也一样，即否定词缀后可缀加两种词缀。如 bamajtmε ~ bamajmε "我不去"、kεlmεjtu ~ kεlmεjdu "他不来"、bylmεjtmiz ~ bylmεjmiz "我们不知道"等。各自由变体的分布情况也与上述相同。

2. 疑问形式

柯坪话动词直接陈述式将来时（或现在未完成体）疑问形式，在第二、三人称上与标准维吾尔语差别不大，但第一人称形式很有特征。即标准维吾尔语第一人称疑问式为："'A'型副动词+m+判断系动词dur+人称词缀"，r音一般省略，且du变为di。如bara+m+du（r）+mεn→baramdimεn "我去吗"；kεlε+ m+du（r）+mεn→kelεmdimεn "我来吗"。而在柯坪话中，判断系动词dur完全省略，只剩"'A'型副动词+m+人称词缀"结构，单数附加成分末尾的n也省略。如：

表2-28

柯坪话	标准维吾尔语	普通话中的意义
barammε	baramdimεn	我去吗
dεmmε	dεmdimεn	我说吗
iʧεmmε	iʧεmdimεn	我喝吗
kεlεmmiz	kelεmdimiz	我们要来吗
toχtotop turammiz	toχtutup turamdimiz	我们要等吗

虽然直接陈述式将来时（或现在时未完成体）的肯定、否定形式与和田方言有些相同，但疑问式第一人称形式又不同于维吾尔语的任何方言话。

（二）直接陈述一般过去时第一人称复数

柯坪话动词直接陈述一般过去时第一人称复数形式为{-DXG}，有 -duq、-tuq、-dyk、-tyk、-dɛk、-daq 六种变体，过去时重复体第一人称复数形式只有 -tyk。而标准维吾尔语中与这两种形式相对应的是 {-Duq}，只有 -duq、-tuq 两种变体。如：

表 2-29　柯坪话动词直陈一般过去时第一人称复数

柯坪话	标准维吾尔语	普通话中的意义
køndɛk	kønduq	我们习惯了
kø:dɛk	kørduq	我们看了
tɛptyk	tɛptuq	我们踢了
didyk	diduq	我们说了
ojnidaq	ojniduq	我们玩了
qojdaq	qojduq	我们放了
tuduq	turduq	我们站了
uʃtuq	uʃtuq	我们飞了
qanmajtyk	qanmajttuq	我们经常觉得不满足
su yzmɛjtyk	su yzmɛjttuq	我们以前一般不游泳

（三）直接陈述过去时未完成体（或过去重复体）

标准维吾尔语动词直接陈述过去未完成形式（或过去重复体形式）的构成结构为"动词词根+-ʌt（jt）+以 t 音开头的人称词缀"，而在柯坪话中，由于元音高化，上述结构表现为"动词词根+-ɪ（t）或 j+以 t 音开头的人称词缀"（这里的 -ɪ 指 i 或 e）。如：

表 2-30 柯坪话动词直陈一般过去重复体

柯坪话	标准维吾尔语	普通话中的意义
bar+-ɪ（t）+ti→baritti ~ bariti	bar+at+ti→baratti	（某人）以前经常去
tɛp+ -ɪt+tuq→tevettuq	tɛp+ɛt+tuq→tepɛttuq	我们以前经常踢
tur+-ɪ（t）+tiŋ→ture:tiŋ	tur+at+tiŋ→turattiŋ	你以前经常站（在某地）
tʃiq+-ɪ（t）+tuq→tʃiχi:tuq	tʃiq+at+tuq→tʃiqattuq	我们以前经常出来
ojna+j+tiŋ→ojnajtiŋlɛ	ojna+jt+tuq→ojnajttiŋlar	你们以前经常玩

这种结构存在三种情形：

第一，大多数情况下人称词缀前面的 t 要出现。如：

（A）u kilitti, mɛn barittim（标准维吾尔语：u kelɛtti, mɛn barattim；当时他经常来，我也经常去）。

（B）qotʃeq etettuq（标准维吾尔语：qortʃaq etɛttuq；当时我们经常做布娃娃）。

（C）jugurup kilip tevettuq（标准维吾尔语：jygyryp kelip tepɛttuq；当时我们经常跑过来踢）。

（D）unuŋʁa diba puli veritti（标准维吾尔语：uniŋʁa tøvɛn kapalɛt pul berɛtti；当时上级常给他低保金）。

第二，有时长元音代替 t 音。如：

（A）baza kyni vosa bazaʁa tʃiχi:tuq（标准维吾尔语：bazar kynliri bazarʁa tʃiqattuq；当时每个巴扎日我们都上巴扎）。

（B）ɛʃedɛ qalap ture:ti（标准维吾尔语：aʃu jɛrdɛ qarap turatti；（他）刚才在那儿看着我们）。

第三，有时 t 音和长元音都不出现。如：

（A）ula iʰkkɛtmɛn bulap eʰtisni tʃaviti（标准维吾尔语：ular ikki kɛtmɛn bolup etizni tʃapatti；当时他们俩经常组成一对用坎土曼翻地）。

（B）ɛʃniŋ vɛlɛn kyn køʧørituq（标准维吾尔语：ʃuniŋ bilɛn kyn køʧyrɛttuq；当时我们靠这个过日子）。

在有些人的口语中还出现类似jorutotoq等表达方式，但并不多见。

（四）直接陈述现在持续体

在标准维吾尔语和其他方言中，动词直接陈述现在持续形式（或进行时态）的标记为{-(x)vat}，而在柯坪话中常用的形式为{-(x)vət}或{-(x)vet}，很少使用{-(x)vat}。如：

（A）jolda mɛŋvetitmiz（标准维吾尔语：jolda mɛŋivatimiz；我们在路上走着）。

（B）jaʁəʧaqta taʰtmaj zavutta tativ jɛvətitmiz（标准维吾尔语：jarʁunʧaqta tartmaj zavutta tartip jɛvatimiz；现在我们不用碾子而用磨面机研碎谷物）。

（C）buʁdaj nen vɛlɛn kyn køʧørvətitmiz（标准维吾尔语：buʁdaj neni bilɛn kyn køʧyrɛvatimiz；现在我们吃白面馕过日子）。

（D）u øjdɛ uχləvətitu ~ uχlɛvətidu（标准维吾尔语：u øjdɛ uχlvatidu；他在家里睡觉呢）。

（E）mɛn ɛʃ gɛpni dəvətitmɛ（标准维吾尔语：mɛn aʃu gɛpni dɛvatimɛn；我就是在说这句话呢）。

（F）biz taʁda mal vɛχvetitmiz（标准维吾尔语：biz taʁda mal beqivatimiz；我们在山上牧羊呢）。

不仅仅是肯定式，否定式也有同样的特征，如baːməvətimɛ（标准维吾尔语：barmajvatimɛn "我没在去"）、kɛlməvətitu（标准维吾尔语：kɛlmɛjvatidu "他没在走来"）、maŋməvetitiŋ（标准维吾尔语：maŋmajvatattiŋ "你没在走"）。

这种区别的产生与柯坪话的韵律特征有关，因为词缀{-(x)vat}在柯坪话中是较固定的非重读音节，所以元音a容易发生弱化或高化，弱化时产生{-(x)vət}；高化时产生{-(x)vet}形式。而在标准维吾尔语和其他地方话中，-vat一般带有次要重音，因此a不能弱化或高化。另外，在这种结构中，-vat之前的元音在标准维吾尔语和其他地方话中均须重读，因此，如果是/a/、/ɛ/等低元音，决不能弱化或高化，如jasavatidu"他在做"、iʃlɛvatidu"他在工作"等。而在柯坪话中，-vat之前的元音一般也轻读，所以可以弱化或高化，如jasəvətitu"他在制作"、iʃləvətitu"他在工作"等。

从语料中出现的次数来看，弱化形式{-（x）vət}的使用率最高，其次是高化形式{-（x）vet}，部分人的口语中也出现{-（x）vat}形式。如（muʃunda dʒan saχlav）kilvatitmiz ~ kilvatimiz ~ kilvatitmiz"（我们就这样维持着生活"）。

（五）间接陈述一般过去时第一人称

柯坪话动词间接陈述一般过去时第二、三人称形式，无论是肯定还是否定，均由{-（U）p}副动词结合人称附加成分构成。其肯定形式为"动词词根+（X）p+人称词尾"，否定形式为"动词词根+map/mɛp+人称词尾"。这与标准维吾尔语相同。但是，要构成第一人称形式，在标准维吾尔语和多数方言中，上述结构中间一般加上判断系动词tur（r省略，u变为i）。即肯定形式为"动词词根+（X）p+ti+人称词尾"，否定形式为"动词词根+map/mɛp+ti+人称词尾"。而在柯坪话中，第一人称形式也不带有判断系动词ti。见表2-31：

表2-31　柯坪话动词间接陈述式一般过去时第一人称形式

肯定形式			否定形式		
柯坪话	标准维吾尔语	普通话中的意思	柯坪话	标准维吾尔语	普通话中的意思
dɛpmɛ	dɛptimɛn	据说我说了	kømɛpmɛ	kørmɛptimɛn	据说我没见
ojlapmɛ	ojlaptimɛn	据说我想了	qalamapmɛ	qarimaptimɛn	据说我没看
ɛʰpmiz	eliptimiz	据说我们拿了	uχumapmiz	oqumaptimiz	据说我们没读

续表

肯定形式			否定形式		
柯坪话	标准维吾尔语	普通话中的意思	柯坪话	标准维吾尔语	普通话中的意思
ketipmiz	ketiptimz	据说我们走了	bylmɛpmiz	bilmɛptimiz	据说我们不知

五、助动词 idi

在柯坪话中，助动词 idi 中的元音 i 一律省略，并与前面的词语连在一起。而在标准维吾尔语中不仅不省略，还要与前面的词语分开。如：

表 2-32

柯坪话	标准维吾尔语	普通话中的意思
vadi	bar idi	有
joqdi	joq idi	没有
balidi	bala idi	孩子
ojdi	oj idi	坑
tamdi	øj idi	房子

例句：

vadi: aχadeki quruʁda bi jermiz vadi（标准维吾尔语：arqidki mɛjdanda bir partʃɛ jerimiz bar idi；屋后农场我们有一块地）。

balidi : oːdan balidi, ɛm hazir osolʃip qɛptu（标准维吾尔语：obdan bala idi, ɛmdi hazir osalliʃip qaptu；他本来是个好孩子，现在变坏了）。

joqdi: u vaχta mɛndɛ pul joqdi, pul bolmiʁanda χutunmu bolmajtkɛn（标准维吾尔语：u tʃaʁda mɛndɛ pul joq idi, pul bolmiʁandikin χotunmu bolmajdikɛn；那时我没钱，因为没钱也没能娶老婆）。

ojdi :mo jɛ baldi tʃiŋ ojdi, hazir tyzlivattuq（标准维吾尔语：bu jɛr burun bɛk tʃoŋqur jɛr idi, hazir tyzlivɛttuq；这里以前是很深的洼地，现在

我们填平了）。

六、本节结语

柯坪话的动词在形态上呈现以下与标准维吾尔语不同的特征：

第一，动词强化体词缀在标准维吾尔语中的形式为 –vɛt，而在柯坪话中的形式为 –vat。

第二，标准维吾尔语的使动态附加成分为 {–（D）Ur}，有 –dur、–dyr、–tur、tyr、–yr 等变体。在柯坪话中，由于元音和谐使动态附加成分形式变为 {–（D）Or}，并有 –dor、–dør、–tor、–tør、–ør 等变体。

第三，在柯坪话动词的无人称形式中，形动词和副动词的形态与标准维吾尔语有些不同：在柯坪话"单音节动词词根＋（x）p"结构中，副动词标记 {–（x）p}，前面的元音往往与词根末尾的辅音形成一个音节且省略。因此，标准维吾尔语里的多数双音节副动词在柯坪话中变为单音节；形动词将来时标记在标准维吾尔语中是 –diʁan，而在柯坪话中是与和田方言相同的 –tqan。

第四，标准维吾尔语动词第二人称复数词缀为 {–（I）ŋlar}，只有 –ŋlar、–iŋlar 两种变体，而柯坪话中与它相应的形式为 {–（I）ŋlAr}，有 –iŋlar、–ŋlar、–iŋlɛr、–ŋlɛr 四种形式且后两种形式常用。

第五，标准维吾尔语动词祈使式附加成分为 {–Ajli}，有 –ajli、–ɛjli 两种变体，而这种词缀在柯坪话中的形式为 {–（ɛ）li}，有 –eli、–ili、–li 三个变体，即 {–Ajli} 中的 {–Aj} 脱落或只有 j 脱落。

第六，柯坪话动词直接陈述一般过去时第一人称复数形式为 {–DXG}，有 –duq、–tuq、–dyk、–tyk、–dɛk、–daq 六种变体，而标准维吾尔语与其对应的形式为 {–Duq}，有 –duq、–tuq 两种变体。

第七，柯坪话动词直接陈述将来时（或现在未完成体）肯定式人称词缀一般有两种形式，即第一人称单数 –tmɛ、–mɛ；第一人称复数 –tmiz、–

miz；第二人称单数 -tsɛ、-sɛ；第三人称单复数 -tu、-du。

第八，在标准维吾尔语和其他方言话中，动词直接陈述现在持续式（或进行时态）的标记为 {-（x）vat}，而在柯坪话中常用 {-（x）vət} 或 {-（x）vet} 形式，很少使用 {-（x）vat} 形式。

第九，在标准维吾尔语和多数方言中，动词间接陈述一般过去时第一人称肯定形式为"动词词根+{-（x）p} +ti+人称词尾"，否定形式为"动词词根+ map/mɛp +ti+人称词尾"。而在柯坪话中，第一人称形式不带有判断系动词 ti。

第十，在柯坪话中，助动词 idi 中的元音 i 一律省略，并与前面的词语连在一起。而在标准维吾尔语不仅不省略，还要与前面的词分开。

第三节　无词形变化词类

一、特有语气词

柯坪话除了有标准维吾尔语中存在的大部分语气词外，还有一些独有的语气词，如 unkuj ~ køj ~ inkɛj ~ ankaj, jila ~ jola, ʤinimzaqida, aʁajla 等，这些词语都表示对某事或某种情况感到惊讶。其中，unkuj ~ køj ~ inkɛj ~ ankaj 相当于标准维吾尔语的 vejɛj 或 ohoj "噢、喂、哎呀"；ʤinimzaqida, aʁajla 相当于标准维吾尔语的 apla、vajʤan "哎呦、哎呀" 等语气词。unkuj ~ køj 在玉尔其片使用，inkɛj ~ ankaj 在盖孜力克片使用。如：

（A）unkuj ~ køj（或 inkɛj ~ ankaj），nim dəvətitsɛ（喂，你在说啥呢？）

（B）inkɛj ~ ankaj（或 unkuj ~ køj），sɛn qatʃan kigɛn（哎呀，你什么时候进来的？）

（C）dʒinimzaqida, mo tuχi ylɛp qalʁili tas qɛptumɛsma（哎呀，这只鸡差点死掉）。

（D）vaj aʁajla, atam tɛχ kɛlmigɛndɛ, mɛndɛ pul bolməʁanda qandə qetmɛ（哎呀，爸爸还没来，我又没钱，该怎么办呢？）

二、关联成分

（一）词缀式关联成分 {-GandA}

在现代维吾尔语中，行动词过去时形式 {-GAn} 后加上时位格附加成分 {-dA}，构成复合词缀 {-GandA}。这个词缀出现在复合句的前分句中，语义上表达 {-Gan vaqtidA} "…的时候"之意，句法上起时间状语功能，该结构在柯坪话中也存在。如：

tøʰtintʃilɛ kɛlgɛndɛ, sɛn qedidiŋ（第四派人来的时候，你在哪儿？）

但不同的是，{-GandA} 结构还可表达"由于、因为"之意，起因果关系的句法功能，而且这才是这种结构最主要、最常用的意义和功能，即在很多情况下，{-GandA} 表示某一种原因而不是后面分句中动作发生的时间。如：

（A）bi atə vɛlɛ apedin bɛʃaʰltɛ bala tuʁulʁanda, ɛʃniŋkidin andikinzɛ ajnip–ajnip muʃna vulap kɛtkɛn gɛp（由于每一对夫妻都生了5—6个孩子，且一直这样不断地生育，所以现在才有了这么多人）。

（B）imtandin øtɛlmigɛndɛ, jana uχqɛn disɛ ugitamdiki unimajdikin（因为考试没及格，感到羞愧，所以让她再读，她不答应）。

（C）qeriʁanda miŋɛ dʒajida boməʁanda, sɛl øzgirip qasa gɛp, u hɛmmidin jaman（我都老了，要是话说得不妥，那就糟透了）。

（D）taʰpqan pulʁa aʃ sitveli jɛjtmiz, jɛ bolmiʁanda（我们把挣的钱都

买了粮食，因为没有耕地）。

（E）quvandʒinikam tumaʁanda tøpedɛ, midʒitikam andaleni qɯp jygɛndɛ, hazirla kip kɛtmisɛ bolmajtu[因为库尔班江叔叔不在，米吉提叔叔做那样的事情（不管用），所以必须马上进去]。

（F）mo balni mɛn beχvalʁan, ɛm bunuŋ apismu, atismu tygɛp kɛtkɛndɛ, baʃqa uruʁ-tuqqini bolməʁanda, mɛn baχməsam kim baχatu（这个孩子是我收养的，因为他父母亲都已去世了，除了我没有其他亲属，要是我不养，谁来养他呢）。

（二）否定意义的条件关联词 ɛmisɛ ~ imisɛ

在标准维吾尔语和几乎所有方言话中，ɛmisɛ这一连词表达"那么，那样的话"之意，表示根据发生或存在的某种情况，作出相应的决定或采取相应的选择。如：

— ɛmɛtjanniŋ apisi tygɛp ketiptu（艾麦提江的母亲去世了）。

但在柯坪话，此词很少表达这种意义，多数情况下表达ɛgɛr undaq bolmiʁanda"如果不是那样的话"、jaki bolmisa"要不然"之意。而在标准维吾尔语中未见此种意义。如：

（A）jezʁa aχʃamleqqa, ɛmisɛ ketʃɛtʃɛ su keletu（标准维吾尔语：mɛjdandiki jɛrlɛrgɛ aχʃamliqqa, jaki bolmisa ketʃitʃɛ su kelidu；农场的地晚上或者夜间来水）。

（B）bygyn suveʃqa tʃiqeːli, ɛmisɛ sɛrɛmgɛ tʃiqsaχmu boutu（标准维吾尔语：bygyn subeʃiʁa tʃiqajli, jaki bolmisa sɛrɛmgɛ tʃiqsaqmu bolidu；今天咱们去苏贝希那儿吧，要不去塞热木也行）。

（C）aχsiʁa bi barili, aːsaq alamiz, ɛmisɛ jenip kɛlɛmiz（标准维吾尔语：aχsuʁa bir barajli, alsaq alarmiz, ɛgɛr almisaq qajtip kɛlɛmiz；先去阿克苏再说吧，要是想买就买吧，要是不想买就回来吧）。

（D）(ʁoreni) tʃetmaq dɛp qojtmiz ʃuniŋʁa, ɛmisɛ borəʁa saletmiz[标准维吾尔语：yrykni tʃetmaq dɛp qojimiz ʃuniŋʁa, uniŋʁa bolmisa boriʁa jajimiz；我们把杏子摊在马兰花（一种草）上吧，如果没有马兰花，那就摊在席子上]。

（三）其他连词

1.igɛr ~ egɛr ~ igɛrtʃɛndɛ

此词在标准维吾尔语中只表示"如果"之义，而在柯坪话中有时还表示"不然""实在不，绝对"等意义。如：

（A）"不然"：tola kɛjip qalmaŋ biz yʧyn, eger, sizniŋ aldiŋizʁa bamajtmiz[标准维吾尔语：biz yʧyn bɛk avarɛ bolup kɛtmɛŋ, bolmisa øjiŋizge（mihman boluʃqa）barmajmiz；不要为我们做太多准备，不然我们就不去你那儿了]。

（B）"实在不，绝对"：uqatqa maɫtilisam buqatqa qatʃitu，egɛr bu tʃøpni tutalmidim[标准维吾尔语：u janʁa mltilisam bu janʁa qatʃidu, bu tʃøpni zadila tutalmidimdɛ；从（碗）那边盛，（面条）就往这边跑，（就这样）我实在盛不起来这些面条]。

2. likin

likin 一词在标准维吾尔语中表示"但是、不过"，柯坪话中除此意义外，还有"也许""没想到"等意义。如：

（A）"也许"：请看以下对话中使用的句子。

-sɛtta øzniŋ øjdimutu（沙塔尔在家吗？）

-likin øzniŋ øjditu（也许在家）。

-atʃikam saχmutu（姑妈还好吧？）

-likin saχtu（应该是好的吧）。

（B）"没想到"：ɛχmɛtdʒinikamniŋ øjimu kɛŋrikɛn, lekin（没想到，艾合买提江的房子也显得那么宽敞）。

三、本节结语

在无词形变化词类方面，柯坪话最突出的一点是，存在语义功能有别于标准维吾尔语的两个关联成分：词缀式因果关联结构 {-GandA} 和否定意义的条件关联词 ɛmisɛ。

在现代维吾尔语中，形动词过去时形式 {-GAn} 后面缀加时位格附加成分 {-dA} 形成的复合词缀 {-GandA}，表示"某件事情发生的时候"之意，但在柯坪话中它多数情况下表达"由于、因为"之意，起着因果关系的句法功能。

在标准维吾尔语和几乎所有方言话中，ɛmisɛ 一词表达"那么、那样的话"等意义，表示根据发生或存在的某种情况，作出相应的决定或采取相应的选择。但在柯坪话中 ɛmisɛ 往往表达 ɛgɛr undaq bolmiʁanda "如果不是那样的话"、jaki bolmisa "要不然"等意义。另外，柯坪话中除标准维吾尔语中存在的大部分语气词外，还有一些独有的语气词，如 unkuj ~ køj ~ inkɛj ~ ankaj "噢、哎呀、喂"，jila ~ jola "哎呀"，dʒinimzaqida "哎呦"，aʁajla "哎呀"等。

第四节　构词形态

柯坪话构词方式大体上与标准维吾尔语一致，派生法是主要手段，合成法是次要或辅助手段。但在其具体表现形式上存在不同的情形。派生方面有些词缀的构词能力比标准维吾尔语还要强，有些词缀还保留古代式派生功能。另外，柯坪话的合成构词法显得比标准维吾尔语还要明显，具有较丰富的复合词汇。

一、派生构词法

（一）体词的构成

1.柯坪话中构成名词、形容词的两套词缀

柯坪话在派生名词、形容词方面，保留了古代和近代维吾尔语的一个重要特征：现代维吾尔语中有一个具有双重功能，具有 {–luq、–lyk、–liq、–lik} 四种变体的构词词缀 {–lUK}。缀加在名词或数、量词等名词性词后构成词汇意义与该名词相关的形容词；缀加在形容词或名词后则构成词汇意义与该形容词相关的名词。据米尔苏里唐·吾斯满的研究[①]，该词缀在古代和近代维吾尔语中是性质和形态不同的两套词缀：构成名词的词缀 {–lUK}，有 –luq、–lyk、–liq、–lik 四种变体；构成形容词的词缀 {–lUG}，有 –luʁ、–lyg、–liʁ、–lig 四种变体。随语言的演变，两套词缀合为一套，用于构成性质不同的两种词类（名词和形容词）的派生。但在柯坪话中，与和田方言一样，保留了两套词缀的原形。具体地说，在柯坪话中，若派生出来的是由形容词或名词构成的名词，一般以 /q/、/k/ 或 /k/ 的擦化变体 /x/ 结尾；若是由名词构成的形容词，则以 /ʁ/、/g/ 或 /g/ 的擦化变体 /ɣ/ 结尾。见下表 2–33：

2–33 柯坪话构成名词、形容词的两套词缀

构成形容词（N→Adj）			构成名词（Adj/N→N）		
柯坪话	标准维吾尔语	普通话中的意义	柯坪话	标准维吾尔语	普通话中的意义
qanliʁ	qanliq	血性的	aʒliq	aʃliq	饥饿

---

① 米尔苏里唐·吾斯满.现代维吾尔语方言学（维吾尔文）[M].乌鲁木齐：新疆人民出版社，1989.

续表

构成形容词（N→Adj）			构成名词（Adj/N→N）		
柯坪话	标准维吾尔语	普通话中的意义	柯坪话	标准维吾尔语	普通话中的意义
dʒapaliʁ	dʒapaliq	艰苦的	qunaχliq	qonaqliq	玉米地
udʒluʁ ~ uʒluʁ	utʃluq	尖尖的	etisliq	etizliq	田地
kuʃluʁ	kytʃlyk	有力的	Paχtakaliq	kewɛzlik	棉花地
jyzlyg ~ jyzlyɣ	jyzlyk	有名的	atʃazarliq	atʃ-zarliq	饥饿
χutɛnlig ~ χutɛnliɣ	χotɛnlik	和田的	uzunluq	uzunluq	长度
jekɛnlig ~ jekɛnliɣ	jekɛnlik	莎车的	quruʁluq	quruqluq	陆地
qɛliɣ ~ qɛliʁ	qejɛrlik	哪儿的	yzymlyχ	yzymlyk	葡萄园
nɛliɣ ~ nɛliʁ	nɛlik	哪儿的	mɛnlik	mɛnmɛnlik	傲慢
aχelɛʁ	a:qiliq（地名）	阿尔克的	kijitlik	—	嫁妆
jaʃliʁ	—	年纪大的	jaʃliq	jaʃliq	青春
qomuʃluʁ	qomuʃluq	长着芦苇的	qomuʃluq	qomuʃluq	芦苇丛
øjleg ~ øjleɣ	øjlyk	有家的	tojlaq	tojluq	彩礼
qojlɛʁ	qojluq	有羊的			

不难看出，在标准维吾尔语中的同一套词缀，在柯坪话中很规律地分为两套词缀，即名词性词后缀加-luʁ、-lyg、-liʁ、-lig等词缀构成形容词（第一列），形容词或名词后加上-luq、-lyk、-liq、-lik等词缀构成名词（第四列）。以倒数第三、第四行的两个词为例，当词根jaʃ"年龄"和qomuʃ"芦苇"构成形容词时，其形式变为jaʃliʁ"年纪大的"和qomuʃluʁ"长着芦苇的"，而构成名词时则变为jaʃliq"青春"和qomuʃluq"芦苇丛"。此外，从表中也可以看出，柯坪话中构成形容词的词缀{lUG}除上述四种变体外，还有-lɛg、-lɛʁ两种变体；构成名词的词缀{-lUK}也有-laq这一变体。

2. 构成名词的词缀{-(x)K}

在古代维吾尔语中，{-(x)K}曾是由动词构成名词最能派生的词缀，但在现代维吾尔语中，这种词缀除在最初派生的一些词中保留外，都失去了派生新词的能力（陈世明、廖泽余，1987）。不过，我们的调查资料证明，此种词缀在柯坪话中仍较好地保留了派生功能。见下表2-34。

表2-34　柯坪话构成名词词缀 {-（x）K}

派生的词条	词根+词缀变体	标准维吾尔语有否	普通话中的意义
pitʃaq	pitʃ "切" + {-aq}	有	刀子
tʃyʃɛk	tʃyʃɛ "束缚" + {-ɛk}	有	束缚
tepik	tɛp "踢" + {-ik}	有	踢开
iʃlɛk	iʃlɛ "做" + {-k}	无	劳动
tatiʁ	tart "拉" + {-iʁ} ~ {-iq}	无	驮子上放的驮子
atiʁ	art "驮" + {-iʁ} ~ {-iq}	无	驮子
ɛgrɛk	ɛgri "弯" + {-k} ~ {-ɛk}	无	小块田地
jaʃaʁ	jaʃ "年轻" + {-aʁ} ~ {-aq}	无	年轻

表中，pitʃaq "刀子"、tʃyʃɛk "束缚"、tepik "踢开"、iʃlɛk "劳动"、atiʁ "驮子"、tatiʁ "驮子上放的驮子"六词，都是由动词词根和词缀 {-（x）K} 相应的变体而构成的。其中前三个词条标准维吾尔语和柯坪话共有，后三个只存在柯坪话中，标准维吾尔语不存在相应的词汇。另外，ɛgrɛk一词是由形容词ɛgri "弯"和词缀-k或-ɛk构成的名词，jaʃaʁ一词是由形容词jaʃ "年轻"和词缀-aʁ或-aq构成的形容词，在标准维吾尔语中都无对应的词。这五个词的词根都是维吾尔语基本词汇中最常用的词语，但在标准维吾尔语中，词缀 {-（x）K} 不能与这些词语结合派生出类似于柯坪话中的名词，这一方面证明在标准维吾尔语中，派生体词的词缀 {-（x）K} 的构词能力确实很弱或消失，另一方面表明在柯坪话中它仍在发挥其派生功能。

3. 构成名词的其他一些词缀

虽然在柯坪话和标准维吾尔语中绝大多数词缀、词根及其结合形式是相同的，但由于也存在一些词缀空缺、词缀或词根不对应、词缀和词根结合形式不相称等原因，二者间也产生了新词派生上不太对应的情形。具体情况如下：

第一，由动词构成名词的词缀 {-GX}，在标准维吾尔语有 -ʁa、-qa、-gɛ、-kɛ、-ʁu、-qu、-gy、-ky 八种变体，在柯坪话有 -qa、-ʁu、-qu、-gy、-ky、-ʁi、-qi、-ki 八种变体，其中，-qa、-ʁu、-qu、-gy、-ky 五个变体是共同的。-ʁi、-qi、-ki 存在于柯坪话中，标准维吾尔语则没有；而 -ʁa、-gɛ、-kɛ 在标准维吾尔语中存在，柯坪话中则没有。如：

表 2-35　柯坪话成名词词缀 {-GX} 的体现实例

柯坪话		标准维吾尔语		普通话中的意义
词条	结构：词根+（使动态）+词缀	词条	结构：词根+（使动态）+词缀	
toŋlatqu	toŋla "冻" +t（使动态）+qu	toŋlatqu	toŋla "冻" +t（使动态）+qu	冰箱
terilʁu	teri "种" +l（使动态）+ʁu	terilʁu	teri "种" +l（使动态）+ʁu	耕地
soqqa	soq "碰，打" +qa	soqqa	soq "碰，打" +qa	研钵
sɛzgy	sɛz "感" +gy	sɛzgy	sɛz "感" +gy	感觉
tɛpky	tɛp "踢" +ky	tɛpky	tɛp "踢" +ky	扣板
ilʁi	il "挂" +ʁi	ilʁa	il "挂" +ʁa	挂钩
sypygi	sypy "扫" +gi	sypyrgɛ	sypyr "扫" +gɛ	扫把
kylki	kyl "笑" +ki	kylkɛ	kyl "笑" +kɛ	笑容
kø:sytki	kør "看" +syt（使动态）+ki	—		婚礼时男方给女方家的活的家畜
tʃiqatqi	tʃiqa "拨" +t（使动态）+qi	—		父母给出嫁女儿的财物

表中看出，与动词il"挂"、sypyr"扫"、kyl"笑"结合的词缀，在标准维吾尔语中分别是-ʁa、-gɛ、-kɛ，而在柯坪话中是-ʁi、-gi、-ki。最下面的kø:sytki、tʃiqatqi两词在标准维吾尔语中无对应的词。可见，这套词缀在柯坪话中以高元音/i/结尾的变体为主。另外，不仅是动词词根，还有名词也能够与这套词缀结合而构成新名词。

第二，有些派生词的词缀与标准维吾尔语相同，但其缀加的词根则不同。见表2-36。

表2-36 柯坪话名词构成中与标准维吾尔语词根不同、词缀相同的情形

词缀	柯坪话：词根+词缀	标准维吾尔语：词根+词缀	形成词的普通话中的意义
-mɛs	eri"溶化"+mɛs→erimɛs	tygɛ"完"+mɛs→tygimɛs	无尽的
-qu	art"挂"+qu→a:tqu	as"吊"+qu→asqu	衣架
-daʃ	aʁa"兄弟"+daʃ→aʁadʃ	qerin"胃"+daʃ→qerindaʃ	兄弟关系
-tʃi	postek"獣皮"+tʃi→postektʃi	—	
-χana	sigylyk"撒尿"+χana→sigylykχana	tɛrɛt"方便"+χana→tɛrɛtχana	厕所
-mɛtʃ	tʃøryl"转"+mɛtʃ→tʃørylmɛtʃ	tʃørgilɛ"转"+mɛtʃ→tʃørgilimɛtʃ	圈儿

否定词缀-mɛs与两个不同的动词eri-"溶化"和tygɛ"完"结合，构成意义相同的erimɛs、tygimɛs两个形容词。-daʃ附加在两个不同的名词aʁa"兄弟"、qerin"胃"后面，构成意义相同的aʁadʃ、qerindaʃ两个名词[①]。

第三，有些派生词的词根与标准维吾尔语对应词的词根相同，但词缀不同。如：

---

① 其实，由-daʃ构成的词具有名词、形容词双重性质。

表 2-37

词根	柯坪话：词根+词缀	标准维吾尔语：词根+词缀	形成词的普通话中的意义
dʒan "生命"	dʒan + dar	dʒan + var	生物
tɛp "踢"	tɛp + mɛ	tɛp + kyʧ	毽子

第四，有些派生词词根和词缀的结合只存在于柯坪话中，在标准维吾尔语和多数方言话中则不存在。如：

表 2-38 柯坪话名词构成上独有的词根 —— 词缀结合情形

词缀	柯坪话：词根+词缀	标准维吾尔语：词根+词缀	形成词的普通话中的意义
-daq	dʒiriŋ "丁零零" + daq	qoŋʁuraq	铃
	χam "湿的羊毛" + daq	—	打毡时用于将喷湿的羊毛反复滚动的工具
{-mA}	qoj "放" + ma	toj "结婚" + luq	彩礼
	kɛs "坎" + mɛ	—	砍好的木柴
	art "挂" + ma	as "挂" + qu	衣架
-ʁaq	besil "压" + ʁaq	—	一种山草
-ʧyk	sɛmɛn "塞门" + ʧyk	sɛgy "乘凉" + ʧɛk	吊床

其实，-daq、{-mA}、-ʁaq、-ʧyk 这些词缀在标准维吾尔语中也常用，只是在上述名词的构成中未被使用。

另外，标准维吾尔语中还有附加在名词后指小表爱的词缀 {-ʧAK}，有 -ʧaq、ʧɛk 两种变体。在柯坪话中，该词缀除 -ʧaq、-ʧɛk 外，还有 -lɛk、-nɛk 形式。其中 -ʧɛk 的派生功能较强。如：

表2-39 柯坪话指小表爱的词缀 {-tʃAK} 的体现实例

派生的词条	词根+词缀变体	标准维吾尔语有否	普通话中的意义
tajtʃaq	taj "马" + tʃaq	有	小马
køltʃɛk	køl "湖" + tʃɛk	有	池子
søkytʃɛk	søkɛ "土台" + tʃɛk	无	小土台
køtmitʃɛk	køtmɛ "墩或根" + tʃɛk	无	玉米根
køptʃyk	kørpɛ "褥子" + tʃyk	无	（小）褥子
mondelɛk	mondɛk "疙瘩" + lɛk	无	玉米饺子
baʃkinɛk	baʃka "幼鸽" + nɛk	无	（可爱的）幼鸽

（二）动词的构成

柯坪话动词的派生也与标准维吾尔语基本相同，语料中未发现某种特殊的动词词缀。但由于词根不同等原因，也存在一些差异。如：

表2-40 柯坪话动词的构成

词缀	柯坪话的构成：词根+词缀	标准维吾尔语的构成：词根+词缀	构成词的普通话中的意义
{-lA}	gɛz "丈" +lɛ→gɛzlɛ	øltʃɛ	测量
	pɛjzi "美好" + lɛ→	jaχʃi "好" +la→jaχʃila	变得美好，改善
	dʒilta "包" +la→dʒiltila	muqava "封面" +la→muqavila	加封面
	jɛl "牲口乳房" +lɛ→jɛllɛ	jelin "牲口乳房" +lɛ→jelinlɛ	临产前乳房胀大
{-lA}	ygytʃ "手抓" (←ugutʃ) +lɛ→ygytʃlɛ	tʃaŋgal "手抓" +la→tʃaŋgalla	用手抓
	sɛjjah "穿过者" +la→（sajahla→）sajχala	ara "中间" +la→arila	走遍，穿过
	ʁumut "希望" (←ymyd) +la→ʁumutla	ymyd "希望" +lɛn→ymydlɛn	指望

续表

词缀	柯坪话的构成：词根+词缀	标准维吾尔语的构成：词根+词缀	构成词的普通话中的意义
{-lAʃ}	ataq "名气" +la→ataʁlaʃ	—	说着父母或亲戚的名字互相诅骂
	hal "情况" +la→hallaʃ	dɛrd "痛苦" +lɛʃ→dɛrdlɛʃ	倾诉衷肠
	mɛz13+lɛ→mɛzlɛʃ	keliʃ "来" +iʃ→keliʃiʃ	做交易
{-lAn}	qiŋʁas "斜着" +lan→qiŋʁaslan	qiŋʁas "斜着" +la→qiŋʁasla	一瘸一拐地走
{-dA}	hava "天气" +da→(havida→)hapida	demiq "闷" +iʃ→demiqiʃ	闷
	dʒaŋ "感冒" +da→dʒaŋda	zokam "感冒" +daʃ→Zokamdaʃ	感冒
	qizil "红" +da→qizilda	ʧɛʃ "打完场堆成堆的麦子" +lɛ→ʧɛʃlɛʃ	把碾好扬净的粮食堆起来
{-daʃ}	qarim "阿訇" +daʃ→qarimdaʃ	hesab "运算" +la→hesablaʃ	算账

由表内例子可以看出三种情形：

第一，有些词缀派生新词的能力较标准维吾尔语强。如 gɛz "丈"、pɛjzi "美好"、dʒilta "包"、ataʁ "名气"、hal "情况" 等词根在二语中都存在，但柯坪话中其可以与词缀 {-l A} 或 {-l Aʃ} 结合成 gɛzlɛ "测量"、pɛjzilɛ "变得美好"①、dʒiltila "加封面"、ataʁlaʃ "提起父母或亲戚名字互相诅骂"、hallaʃ "倾诉衷肠" 等新词，而标准维吾尔语则使用其他词根来构成相应的词汇，如 ølʧɛ、muqavila 等，或是出现空缺，如 ataʁlaʃ。

第二，有些差异是由于柯坪话中不少词根在标准维吾尔语中不存在而造成的，如 jɛl "牲口的乳房"、uguʧ "手抓"、esɛ "鬼缠的人"、dʒaŋ "感冒" 等词均是柯坪话独有的特殊词汇，在标准维吾尔语中其对应的词是 jelin、ʧaŋgal、dʒin、zokam 等。这是柯坪话与标准维吾尔语派生动词方面产生差异的重要原因之一。

---

① 此词还有"看病下药"之意。

第三，标准维吾尔语和柯坪话有些词在用法上存在时态的差异，如构成有些动词，在标准维吾尔语中使用主动形式的词缀，而在柯坪话中使用被动形式的词缀同样表示主动意义，如表示"一瘸一拐地走"，在柯坪话中使用由被动态词缀构成的形式 qiŋʁaslan，而在标准维吾尔语中使用由主动态词缀构成的形式 qiŋʁasla。有些动词恰好相反，表示"指望"，柯坪话使用由主动态词缀构成的形式 ʁumutla，而标准维吾尔语使用由被动态构成的形式 ymydlɛn。有些动词在标准维吾尔语和柯坪话中使用不同的式标记。如标准维吾尔语 tʃɛʃle "把碾好扬净的粮食堆起来"，由词根 tʃɛʃ "打完场堆成的麦子"后附加祈使式词缀 -lɛ 构成，而柯坪话中的词 qizilda "把碾好扬净的粮食堆起来"，由词根 qizil "红"后缀加另一种祈使式词缀 -da 构成。

二、合成构词法

（一）复合词的构成

柯坪话有不少偏正结构的复合体词，在标准维吾尔语中基本上不存在。这些词可分以下两类：

第一，有些复合体词与标准维吾尔语的对应词意义相同，但其所包含的语素部分或完全不同。如：

表 2-41 柯坪话中与标准维吾尔语意义相同语素不同的复合词

柯坪话		标准维吾尔语		普通话中的意义
柯坪话	构成语素	标准维吾尔语	构成语素	
toveʃi ~ topa veʃi	topa "土"+baʃ "头"+i	tupraq beʃi	tupraq "土壤"+baʃ "头"+i	坟墓
køkøtʃatʃ	kokola ""+tʃatʃ "头发"	maŋlajtʃatʃ	maŋlaj "前额"+tʃatʃ "头发"	刘海儿

续表

柯坪话		标准维吾尔语		普通话中的意义
柯坪话	构成语素	标准维吾尔语	构成语素	
arajaʃ	ara "中"+jaʃ "年纪"	ottira jaʃ	attira "中"+jaʃ "年纪"	中年的
tʃotpajpaq	tʃot "坎子"+pajpaq "袜子"	pijma	—	毡筒
jɛʃva	jaʃ "年纪"+i+ba "有"	tʃoŋ jaʃliq	tʃoŋ "大"+jaʃ "年纪"+liq	老年的
aʁalɛjlɛʃ	aʁa "兄弟"+lɛjlɛ "飘浮"+ʃ	hɛmdɛmχijal	hɛmdɛm "不稳定"+χijal "想法"	乱想的

以上复合体词中，toveʃi "坟墓"、køkøtʃaʃ "刘海儿"、tʃotpajpaq "毡筒" 是名词，arajaʃ "中年的"、jɛʃva "老年的"、aʁalɛjlɛʃ "胡思乱想的" 是形容词。其中，toveʃi、køkøtʃaʃ、arajaʃ 等复合词的前一个语素，与标准维吾尔语中对应的复合词不同，而后一个语素则相同。jɛʃva、aʁalɛjlɛʃ 两词的两个语素都与标准维吾尔语不同。tʃotpajpaq 在标准维吾尔语中的对应词不是复合词。

第二，柯坪话存在的一些名词性复合词及其构成法，在标准维吾尔语和多数方言话中都不存在，其对应的意义或由其他词语形式表达，或出现空缺。如：

表2-42 柯坪话独有的复合词及其构成

柯坪话		标准维吾尔语		普通话中的意义
词条	构成语素	对应词	构成语素	
nantaʃ	nan "馕"+taʃ "石头"	—	—	做大薄饼时用于擀开生面的石头
ɛskɛnt	ɛski "旧、老"+kɛnt "村"	—	—	叶斯克勘特（老村的音译）
tɛrkisalat	tɛrk "抛弃"+salat "和解"	mutihɛm	单纯词	好斗
tynhɛssɛ	tyn "夜晚"+hɛssɛ "倍加"	yerim ketʃɛ	yerim '半'+ketʃɛ '夜'	半夜三更
tøtkotʃa	tøt "四"+kotʃa "街道"	doqmuʃ	单纯词	十字路口

续表

柯坪话		标准维吾尔语		普通话中的意义
词条	构成语素	对应词	构成语素	
ynygjɛ	ynymlyk "肥沃" +jɛ "土地"	munbɛt jɛr	munbɛt '肥沃' +jɛr '土地' （非固定词组）	肥沃的土地
muʃtak	muʃ "拳头" +tak "嗒嗒声音"	muʃta	单纯词	用于弹毛的木槌
ʁodʒaka	ʁodʒa "老板" +aka "哥哥"	taʁa	taʁa	叔叔
aglaχʃam	agal "前面" +aχʃam "晚上"	tyn pɛrdisi	tyn "夜晚" +pɛrdisi "帘幕"	傍晚
tɛŋlɛtɛ	taŋla "天亮" +ɛtɛ "明天"	ɛtisi ɛtigɛn	ɛtisi "第二天" +ɛtigɛn "早晨" （非固定词组）	第二天黎明
tɛŋlaχʃam	taŋla "天亮" +aχʃam "晚上"	ɛtisi aχʃimi	ɛtisi "第二天" +aχʃimi "晚上" （非固定词组）	第二天晚上
køgiʃi ~ køʃi	køk "蓝" +beʃi "头儿"	køk beʃi	与柯坪话相同	过去管农耕的官员
jyzigi ~ zygi	jyz "百" +begi "头儿"	jyz begi	与柯坪话相同	百户长
ʧadʒup	ʧat "联在一起" +dʒup "双"	bojunturuq	bojun "脖子" +turuq "站"	牛轭
simtaraʧ	sim "铁丝" +taraʧ "削"	—	—	用于剔掉马蹄过长部分的工具
dʒɛvennan	dʒɛven "抽屉" +nan "馕"	—	—	白面和玉米面的混合馕
lataquzuq ~ latakiriʃ	lata "布料" +quzuq "桩"	jaramsiz	派生词	无能力的人
qoqanqɛʁɛz	qoqan "浩瀚" +qɛʁɛz "纸张"	nepiz qɛʁɛz	nepiz "薄" +qɛʁɛz "纸" （非固定词组）	薄纸

以上例子中的tɛrkisalat"好斗"、lataquzuq ~ latakiriʃ"无能力"是形容词，其他都是名词。

从以上对应情况可看出以下特征：有些复合词与标准维吾尔语中的单纯词相对应，如tɛrkisalat、tøtkotʃa"十字路口"、muʃtak"用于弹毛的木槌"等词，意义上相当于标准维吾尔语的mutihɛm、doqmuʃ、muʃta等单词；有些复合词则与标准维吾尔语中的非固定句法短语相对应，如ynygjɛ"肥沃的土地"、tɛŋlɛtɛ"第二天黎明"、tɛŋlaχʃam"第二天晚上"、qoqanqɛʁɛz"薄纸"等复合词的对应词在标准维吾尔语中都是句法短语；有些复合词在标准维吾尔语中完全没有对应的词或词组，如dʒɛvɛnnan"白面和玉米面的混合馕"、simtaraʃ"用于剔掉马蹄过长部分的工具"、ɛskɛnt"叶斯克勘特（老村的音译）"、nantaʃ"做大薄饼时用于擀开生面的石头"等；有些词的构成语素虽与标准维吾尔语相同，但由于发生语音变化而形成一定的差异，如køgiʃi ~ køʃi"过去管农耕的官员"、jyzigi ~ zygi"百户长"等。

从结构看，以上基本上都是偏正式复合词，但也有个别主谓、动宾结构的复合词，如tynhɛssɛ由名词tyn"夜晚"和动词性特征的词hɛssɛ"倍加"，通过主谓关系组合而成。simtaraʃ也是由名词sim"铁丝"和动词性词taraʃ"削"，通过主谓关系组合而成。至于tɛrkisalat一词，由动词tɛrk"抛弃"和名词sala"和解"，由动宾关系组合而成，当然也发生了语音变化（词末增加了/t/音）。

（二）双部词的构成

柯坪话中还有一些双部词与标准维吾尔语有所区别。如：

表2-43 柯坪话的一些双部词

柯坪话	标准维吾尔语	普通话中的意义
ulaʁ-qara	ulaʁ	牲畜
tʃarvi-tʃanat	tʃarva	牲畜

续表

柯坪话	标准维吾尔语	普通话中的意义
dʒiʁ-dʒiʁi	tutruq, issiq	引火柴，热能
qara-qara	u jɛr-bu jɛr	这里、那里
dʒiki-dʒiki	dʒaji-dʒaji	恰到好处
iʃ-kyʃ	iʃ-piʃ	事物
aʰltɛ-bɛʃ	bɛʃ-altɛ	五六个
pɛs-kɛŋ	Igiz-pɛs	高低
kɛlsɛ-kɛlmɛs	kɛlsɛ-kɛlmɛs	闲事，闲人

由上表可见，柯坪话有些双部词在标准维吾尔语的对应词不是合成词而是单纯词。如表示"牲畜"的词语在柯坪话中是ulaʁ-qara或tʃarvi-tʃanat，而在标准维吾尔语中是ulaʁ或tʃarva；dʒiʁ-dʒiʁi在柯坪话中，表示"引火柴，热能"等意思，而在标准维吾尔语中与它对应的是tutruq，issiq等单词。有些双部词的构成语素与标准维吾尔语是完全不同的。如柯坪话中的qara-qara、dʒiki-dʒiki，在标准维吾尔语中分别对应于u jɛr-bu jɛr、dʒaji-dʒaji。另一些双部词的某一个组构成分与标准维吾尔语不同。如柯坪话中的iʃ-kyʃ对应于标准维吾尔语中的iʃ-piʃ。还有组合成分的排列顺序与标准维吾尔语不同的双部词，如aʰltɛ-bɛʃ（标准维吾尔语是bɛʃ-altɛ）。

三、柯坪话动词、名词变位形式的词汇化（名词化）

在柯坪话中，还存在一种构成名词的特殊方式，那就是动、名词变位形式的名词化，即一些名词和动词的变位形式在长时间的使用过程中发生词汇化，变成意义相关的新名词。

（一）动词变位形式的词汇化

据所获取的语言材料，柯坪话中存在的动词变位形式的名词化情况如下：

soqum 由动词 soq "碰"结合第一人称单数词缀 {-um} 构成，通过词汇化和词义延伸，变成新名词，表示"为了做冬肉而准备宰的牲畜"之意，而不再表示"我的碰击"。

tojlaŋ 由动词 tojla "结婚"结合第二人称单数词缀 {-ŋ} 构成，通过词汇化，变成表示婚礼中一种习俗的名称。

hagan baʃlan 是动词 hagan baʃla "把客人请到前廊"结合被动态附加成分 {-n} 构成，通过词汇化变成婚礼当中通过唱歌把客人请到前廊这一习俗的名称。

alasɛn ~ alasin 由动词 al "拿"先结合副动词附加成分 {-ar}，然后再加第二人称单数附加成分 {sɛn} 构成，通过词汇化变成内容与其相关的游戏名称。

tur ~ tura 由动词 tur "站"结合第二人称祈使式附加成分 {-a} 构成，通过词汇化变成表示地名的独立名词。

qisil 由动词 qis "加紧"结合被动态附加成分 {-il} 构成，通过词汇化变成表示地名的独立名词。

qalma 由动词 qal "留着"结合否定附加成分 {-ma} 构成，通过词汇化变成表示地名的独立名词。

jajdi 由动词 jaj "展开"结合一般过去时附加成分 {-di} 构成，通过词汇化变成表示地名的独立名词。

sa:liʃ 由动词 sajlaʃ "小支流会合"结合动名词附加成分 {-iʃ} 构成，这个结构先发生语音脱落变成 sa:liʃiʃ，然后通过词汇化变成表示地名的独立名词。

（二）名词变位形式的名词化

柯坪话中还存在名词变位形式的词汇化情形，但数量不大，主要有：

sɛram ～ sɛrɛm 由 sɛːra "乡下"一词结合第一人称单数词缀 {–m} 构成，通过词汇化，此词变成一个小队的专有名称，而不再表示"我的乡下"。

podijum 由普通话借词 podi "坡地"结合第一人称单数词缀 {–um} 构成。按维吾尔语的语素结合规则，有两个元音相邻时，中间加上了半元音 /j/，然后通过词汇化，此词变成表示"坡地"的独立名词，而不再表示"我的坡地"。

四、本节结语

与标准维吾尔语相比，柯坪话构词上比较显著的特征是，体词的构成无论是派生法还是合成法都表现出较强的构词能力，最重要的是它仍然保留了一些古代构词词缀。另外，由于柯坪话具有丰富的语音变化，不少构词成分的具体形式与标准维吾尔语有所不同。需要强调的一点是，柯坪话中存在一定数量的动、名词变位形式的词汇化现象。

第三章　词汇

与标准维吾尔语和其他方言土话相比，柯坪话的词汇特征主要表现在几个方面：

（1）亲属称谓词的语音形式及种类与标准维吾尔语有所不同，如直亲称谓词面称和背称使用不同词语形式。

（2）常用颜色词的义项与标准维吾尔语形成一定的差异。

（3）独特的生产和社会生活方式，形成了意义和语音形式不同于标准维吾尔语的很多地方词汇。比如恶劣的自然环境迫使柯坪人长期进入沙漠打柴以维持生活，因此，此土话中产生了很多关于木柴的特有词汇。此外，还有不少农业、林业、饮食、穿着、婚姻习俗等方面的特有词汇，在标准维吾尔语都没有对应词。

（4）柯坪话中保留着标准维吾尔语不存在的很多古代词汇。

（5）由于各种历史和地理因素，柯坪话中存在很多借词，而其相当一部分在标准维吾尔语中也不存在。

第一节　柯坪话词汇的文化内涵

一、颜色词

柯坪话颜色词的意义与标准维吾尔语有所不同。具体如下：

（1）aq：除具有标准维吾尔语的义项外，还有两个义项。(1) 优质的，如 aq utun（优质的木柴）；(2) 乳，如 aqliʁ saqliʁ（多乳的母羊）、aqsiz inɛk（缺乳的母牛）。

（2）qara：除具有标准维吾尔语的所有义项外，还有四个义项。(1) 牲畜，指大畜，如 ulaʁ-qara（牲畜）；(2) 浓密的，茂密的，如 qara køl（有茂密森林的地方）；(3) 休息，如 qara qalmaj（不休息）；(4) 这儿或那儿，如 qara-qarada（这儿那儿）。

（3）køk：除具有标准维吾尔语的意义外，还有两项意义。(1) 没完没了的，如 køk jeʁin（蒙蒙细雨）；(2) 剃过绒毛的皮革，如 burun køktin tʃoqaj tikip kijittuq（过去我们用剃过绒毛的皮革做鞋子穿）。①

（4）qizil：除具有标准维吾尔语的意义之外，还有扬净麦子的意思，如 biz hazir buʁdaj qizildajtmiz（我们现在要扬净麦子）。

二、亲属称谓词

柯坪话有如下亲属称谓词：

---

① 准确地说，表示第二项意义的 køk 应是与前者同音异义词。

表3-1　柯坪话的亲属称谓词

柯坪话	标准维吾尔语	普通话中的意义
a:pa ~ a:pi	apa、ana	妈妈
a:ta ~ a:ti	dada、ata	爸爸
a:na ~ a:ni	tʃoŋana、moma	奶奶，姥姥
da:da ~ da:di	tʃoŋdada、bova	爷爷，外祖父
a:tʃa ~ a:tʃi	a:tʃa	姐姐
a:ka ~ a:ki	aka	哥哥
u̯ka	u̯ka、siŋil	弟弟
apatʃa ~ apətʃa	atʃa、hɛdɛ	大姐，阿姨
atʃaka ~ atʃəka	atʃa、hɛdɛ	大姐，阿姨
ajlaka	qejin ana，	岳母
siŋil	siŋil	妹妹
qɛjnana	qejin ana	岳母
qɛjnata	qejin ata	岳父

柯坪话亲属称谓词有以下特征：

第一，直亲称谓词不但具有独特的韵律特征（相关内容见第一章第四节第一点），表达的意义也与标准维吾尔语有所区别。如 da:da 在柯坪话中表示"爷爷、外祖父"，而在标准维吾尔语中表示"父亲"；a:na 在柯坪话中表示"奶奶、姥姥"，而在标准维吾尔语中表示"母亲"。

第二，直亲称谓词面称和背称有时使用不同的语音形式①：一般面称词以 i 结尾，如 a:ti、a:ki 等；背称词以 a 结尾，如 a:ta、a:ka 等。

第三，不同亲属的两个称谓词合并而成复合称谓词，指其中一个亲属。如 apatʃa ~ apetʃa 由 apa "妈妈"和 atʃa "姐姐"构成，指"姐姐"之意；

---

① 这种用法主要出现在小孩与年轻人口语中。

aʃaka 由 aʃa "姐姐" 和 aka "哥哥" 构成，指"姐姐，阿姨"之意。

第四，亲属称谓词汇系统较为简单，种类不多，一般不用 bowa "爷爷、外祖父"；moma "奶奶、姥姥"；taʁa "叔叔、伯伯"；hamma "姑妈、姨妈"；jeznɛ "姐夫"；dʒijɛn "侄女、侄子"等称谓词。

三、地方文化词汇

柯坪县水源缺乏，灌溉和生活用水全靠泉水。县内有二十来口泉，但出水量都很少，且人均耕地只有0.5亩（约300平方米），无开荒扩地的可能性。东北和西南两边的山腰下，有规模不大的小片草场可以放牧。不过，干旱的天气以及草原恶化状况严重，限制畜牧业的发展规模。柯坪县东南部与塔克拉玛干大沙漠接壤，沙漠边缘有茂密的胡杨林，这是自然界恩赐柯坪人的资源。他们一年四季都去那里砍伐胡杨或红柳，用于烧火做饭、盖房建圈等。总之，在很有限的地理资源条件下，柯坪人一直过着以农业为主、手工业和畜牧业为辅的自给自足的经济生活。这样的生活方式和地方文化，在他们的语言中有相应的体现。

（一）与打柴有关的词语

柯坪人为了维持日常生活，长期从事打柴、运柴的劳动，柯坪话中与打柴相关的词汇很多。

（1）aːtiʁ：驮子，即让驴驮的成捆的柴禾。标准维吾尔语和其他方言话中无此词。

（2）taːtiʁ：驮子或用毛驴车装运的成捆的柴禾。标准维吾尔语和其他方言话中无此词。

（3）yzilik：驮子上加放的较轻的柴禾捆。标准维吾尔语和其他方言话中无此词。

（4）daːχi：大而腐朽的木柴。标准维吾尔语和其他方言话中无此词，喀什话有 daːqi 一词，但意思是"很瘦"。

（5）dam ~ daŋ：稍微腐朽的大红柳柴。标准维吾尔语有这两个词，但前者意为"夸张"，后者意为"名气"，没有任何与木柴有关的意义。

（6）qaʁanaq：特别干且质量很好的木柴。标准维吾尔语和其他方言话无此词。

（7）kɛsmɛ：春季砍好的木柴。标准维吾尔语有 kɛsmɛ 一词，意为"切的、剪的、砍的"，形容词，与木柴无关。

（8）qetʃin：特别干的木柴。标准维吾尔语和其他方言话无此词。

（9）tɛ:mɛtʃ：专指洪水冲来的、停水时人们去捡来的木柴。标准维吾尔语有 tɛrmɛtʃ 一词，指"路上或砍柴地捡到的木柴"之意，与洪水无关。

（10）aqutun：此词由 aq "白色"和 utun "木柴"构成的复合词，意为"优质木柴"。标准维吾尔语意为"白色的木柴"。

（11）kynynutun：由 kyn "天"和 utun "木柴"构成，指一天内可运来的木柴。标准维吾尔语和其他方言话无此词。

（12）gøreqinniŋutuni：由 gør "坟墓"、eqin "支流"和 utun "木柴"三词构成，指一种木柴，即表示很长时间埋在沙堆之下快要变成煤炭的红柳大根。标准维吾尔语和其他方言话无此词。

（13）kɛsmilik：可以砍或已砍好的春季木柴。此词是 kɛsmɛ "春季砍的木柴"的派生名词，标准维吾尔语和其他方言话中未见此词。

（14）tɛjlɛʃ：把木柴垒平展。标准维吾尔语和其他方言话无此词。

（15）toχunaq ~ tuχunaq：标准维吾尔语有 toqunaq 一词，意为"装货后用来拉紧绳子的木钩"，但柯坪话的 toχunaq ~ tuχunaq，专指驴背上驮木柴时用来拉紧绳子的木钩。

（16）dʒiʁ-dʒiʁ：有两个义项。①用来引火的小干柴；②烧木柴时发的热能。标准维吾尔语和其他方言话无此词。

（二）与农业生产有关的词语

（1）qizilda-：由 qizil "红"和派生动词的词缀 -da 构成，意为"把脱粒的粮食扬净并堆起来"，相当于标准维吾尔语中 tʃɛʃlɛ-。标准维吾尔语无此词。例：bugun buʁdajni qizildap ussujtmiz（标准维吾尔语：bygyn buʁdajni ʧɛʃlɛp ussujmiz. 我们今天要把麦子扬净并装麻袋）。

（2）kirini al-：由 kir"污秽"和 al-"除掉"构成，表示打麦场时用木叉把溢出麦场周围的麦秆往里边退掉。标准维吾尔语有与此相同的词，但无此意思，而指"洗掉、除掉污秽"之意。如 χamanniŋ kirini alʁanni kømɛgɛnmu？（标准维吾尔语：χaːmanniŋ ʧørisini iʧigɛ taʃliʁanni kørmigɛnmu？你没见把麦场周围溢出来的麦秆往里边堆回的事情吗？）

（3）aral ʧiqar-：由 aral"岛"和动词 ʧiq-"出"的使动态形式 ʧiqar- 构成，表示把碾好的麦秆往麦场中间堆起来以便扬净。标准维吾尔语无此词。需要表达此意时，使用相关的句子。如 χaman jumʃaʁandinkin hɛnnivani oʰttirʁa dowolajtmiz, aral ʧiχeːriʃ digɛn muʃugu。（标准维吾尔语：χaːman jumʃiʁandin kejin hɛmmini ottiriʁa døwlɛjmiz, aral ʧiqiriʃ degɛn ʃu. 碾完麦子后把带有麦粒的麦秆往中间堆起来，这就叫作"aral ʧiqiriʃ"）

（4）laχsa ~ kuʃuk：放在驴车或马车上运麦草或落叶的网子，用茭茭草、绳子或布料碎片制成。标准维吾尔语无此词，也无相关的词语。

（5）tymbylyk：麦场上拴牲口的套具或铁圈。标准维吾尔语无此词。

（6）alliχida：使谷粒脱壳的石头，臼的木制道具。标准维吾尔语无此词。

（7）sojpaq：谷物粒的外壳，标准维吾尔语无此词，与此意相对应的是 ʧanaq。柯坪话也使用 ʧanaq，但使用率不如 sojpaq 高。

（8）monʧɛk ~ molʧɛk ~ køtmiʧɛk：玉米楂子。此词在柯坪话内部有三个地域变体，均不存在于标准维吾尔语。不过，其中第三种变体与标准维吾尔语相对应的 køtiʧɛk 接近。据至今所见资料，前两种变体未见于其他方言话中。

（9）pataq ~ pasa：两个词都指高粱壳，而标准维吾尔语的 pasar 指玉米秆上的皮和叶；pataq 指"高粱壳"。

（10）ʃada：玉米秆，标准维吾尔语的相应词是 qonaq pajisi。标准维吾尔语中虽有此词，但只有"栅栏"之意。

（11）ʃamba：棉花秆，标准维吾尔语无此词，与此意义相对应的是 kevεz pajisi。

（12）sajman：犁，意思与标准维吾尔语的 soqa 或 sapan 相对应。而在标准维吾尔语中，sajman 表示"工具"。

（13）tʃadʒup：牛轭，标准维吾尔语无此词，与此意相对应的是 bojunturuq。

（14）to:ma：坝、堤坝，标准维吾尔语有此词，但喀什、和田等地方语言则没有。柯坪话中还有由 to:ma "堤坝" 和 eriq "水渠" 构成的 tomeriq 这一复合词，指过去"分水闸的水渠"。

（15）utaʁ：田地头上的小屋。标准维吾尔语有与此相近的 otaq 一词，但意思稍有区别，即表示"窝棚"之意。

（三）与手工业有关的词语

（1）atalʁa：专门用于制做木勺的车刀。标准维吾尔语无此词，需要表达此意时，使用 qirʁutʃ 之类的普通名词。

（2）kaʃkat：车木勺时能把勺车得更深的车刀。标准维吾尔语无此词，需要表达此意时，还是使用上述普通名词 qirʁutʃ。

（3）kalligir：鞋后跟，标准维吾尔语无此词，与此意义对应的词是 paʃna。

（4）χamti ~ χamdaq：用于将喷湿的羊毛反复滚动的器具。标准维吾尔语有 χamdaq 一词，意思也相同，但没有 χamti。

（5）maχtaq：用于加工皮革的大木桶，标准维吾尔语无此词。

（6）εdrεmkεʃ：鞋匠使用的两头有针鼻的大针，标准维吾尔语无此词。

（7）mulʁuj：鞋匠用于制鞋的胶水，或像那种胶水的其他液体。标准维吾尔语无此词，与此对应的词是 siradʒ。

（8）ytʃεlgεk：纺线妇女使用的小工具箱，标准维吾尔语无此词。

（9）ulaq：鞋匠用于加工皮革的大木盆，与标准维吾尔语的 maltaq 一词相对应，maltaq 也在柯坪话中与 ulaq 并用。标准维吾尔语的 ulaq 表示"嫁接"，而在柯坪话中表示"嫁接"的词是 ulaʁ。

（10）bøʒʃ ~ bodʒɛʃ ~ bødʒɛʃ：刺绣、装修，相当于标准维吾尔语的 bezɛʃ、tømɛʃ 等词。

（11）mata：燥，烤木头使其改变形状，标准维吾尔语使用句子来表达此词义。

（12）namatman：毡匠，标准维吾尔语无此词，有与此词意义对应的 kigizt͡ʃi 一词。

（13）puradʒ ~ poradʒ：有两种意思。一是装调料或食盐的木盒，二是为了让小女孩撒娇而使用的词。标准维吾尔语无此词。

（四）饮食方面的词汇

（1）t͡ʃepit ~ t͡ʃapata：大薄馕，标准维吾尔语和其他方言话无此词。标准维吾尔语有 kakt͡ʃa 或 hɛmɛk 等词，也指薄馕，但二者并不相同，kakt͡ʃa 或 hɛmɛk 可以作为一般的馕类干吃或就茶水吃，柯坪人把它叫作 issiʁ nan。而 t͡ʃepit ~ t͡ʃapata 只用于包起肉块，体现柯坪地区独有的饮食文化。

（2）supurut͡ʃ：不带汤的玉米饺子，标准维吾尔语无此词，一般只用 dʒuvava 或 bɛnʃir 一词来表示各种饺子，需要表达此意时，使用说明性短语 syji joq qonaq dʒuvavisi "没有汤的玉米饺子"。

（3）gova：用炒面做的糊糊，这也是柯坪人的饭菜之一，标准维吾尔语和其他方言中无此词。

（4）tykyt͡ʃ：往馕上扎花纹的馕戳，标准维吾尔语使用 tykt͡ʃɛ。

（5）molokop：用玉米面捏成的面疙瘩汤饭，相当于标准维吾尔语的 siqmaq。

（6）tygmɛ ~ tygynt͡ʃɛ：不带汤的馄饨，相当于标准维吾尔语的 t͡ʃøt͡ʃørɛ。柯坪话中不带汤和带汤的馄饨有不同的名称，带汤的馄饨或这种饭的名称才是 t͡ʃøt͡ʃørɛ，但标准维吾尔语和其他方言话不区分二者。

（7）montɛlɛk：带汤的玉米饺子。与上相同，标准维吾尔语只用

dʒuvava 或 bɛnʃir 一词来表示各种饺子。

（五）衣裳方面的词汇

（1）goja：女人辫子上缀的银头饰。

（2）tʃotpajpaq：毡筒，相当于标准维吾尔语的 pijma。

（3）tatma：用牛皮做的、类似套鞋的鞋子，标准维吾尔语无此词。标准维吾尔语中有读音与此相似的 tartma 一词，表示"抽屉"之意，与鞋子无关。

（4）χirit：布料，也许由于语音换位的原因，标准维吾尔语和多数地方话中存在的 rɛχt ~ rɛχit 一词，在柯坪话被读作 χirit。

（5）dʒɛʒmɛk：坎肩的一种，但与坎肩有所不同。标准维吾尔语只有 dʒilitkɛ 一词，意为"坎肩"。

（6）køkøtʃatʃ：刘海儿，相当于标准维吾尔语的 maŋlaj tʃatʃ。

（7）tʃoqaj：皮窝子，相当于标准维吾尔语的 tʃoruq。

（六）礼仪方面的词汇

（1）hagan baʃlan：由 hagan "前廊" 和 baʃla "领进""请进"构成。表示婚礼中将新娘送到男方家门口时唱的歌曲，歌词的主要内容是催促男方家人尽快将媳妇和女方家人请到前廊，好好招待。此习惯只存在柯坪，因此，标准维吾尔语和其他地方话无此词条。

（2）tojlaŋ：在柯坪，婚礼当中人们将新娘送到男方家时反复喊叫"tojlaŋ, tojlaŋ"，意为"你结婚吧，你结婚吧"。其他地方无此习惯，标准维吾尔语和其他方言话无此词。

（3）tʃiqatqi：父母给出嫁女儿的财物，嫁妆。相当于标准维吾尔语的 tojluq。

（4）ilik qepi：由 ilik "手" 和 qap "袋子" 构成。指葬礼中擦洗尸体时戴的手套，是专用名词，标准维吾尔语无此词。标准维吾尔语有 jujʁutʃ "洗具" 一词，表示用于洗任何东西的手套或类似的东西，是普通名词。

（5）ilik tɛllisi：蓖梳包。女人提着的化妆包。由 ilik"手"和 tɛllɛ"袋子"构成，相当于标准维吾尔语的 ajallar somkisi"女式手提包"。

（七）杏子和沙枣名称

1. 杏树

（1）moroʃo：莫罗休，一种大杏。

（2）molavi：毛拉维，杏子品种之一，果实大小与 moroʃo 差不多。

（3）tʃɛndɛktʃi：产代可齐（音译），杏子品种之一，果实较小。

（4）qaraʁazaŋ：黑叶子，杏子品种之一，较为晚熟。

（5）χuvɛjni：胡外纳，杏子品种之一，很适合做杏干。

（6）χomitʃi：霍马奇（音译），杏子品种之一，鲜果很好吃。

以上均是柯坪县境内杏子种类的名称，原先均不存在于标准维吾尔语中，但最近都被标准维吾尔语吸收。

2. 沙枣

（1）χoma dʒigdɛ：豪玛沙枣。优品的沙枣，果实有甜枣那么大，作为食品来食用。

（2）aq dʒigdɛ：白沙枣。果实不太大，作为药品来使用，可治腹泻。

（3）paq-paq dʒigdɛ：啪啪沙枣。不太好吃，一旦下雨，果皮就发出啪啪声且烂掉。

（4）kumut dʒigdɛ：库木特沙枣。一种空心沙枣。

（5）qaʁa dʒigdɛ：乌鸦沙枣。果实最小的沙枣，乌鸦等鸟类喜食。

（6）qapaq dʒigdɛ：葫芦沙枣。果实白而小，形状很像葫芦。

第二节　柯坪话特色词汇的来源分析

柯坪话地方词汇的来源应有三种：一是在柯坪地区的地理环境和文化生活中产生的，如上述地方文化词汇；二是保留了相当一部分古代词语；三是从其他语言借用的词。

一、柯坪话中保留的古代词语（OW）

柯坪话中保留了标准维吾尔语不存在的很多古代词语。从获取的资料来看，柯坪话中目前存在的古代词如下：

（1）sitiʁ：线索。《突厥语大辞典》第一卷第347页，读音是sirtiʁ，意思相同。

（2）tykytʃ：馕戳。《突厥语大辞典》第一卷第466页，读音是tikytʃ，意思相同。

（3）ilɛntʃ：责怪。《突厥语大辞典》第一卷第179页，读音是ilentʃ，意为"奚落"。

（4）ingɛn：母骆驼。《突厥语大辞典》第一卷第163页，读音和意思完全相同。

（5）jɛz：解开。《突厥语大辞典》第三卷第79页，读音和意思完全相同。

（6）ilik：手。《突厥语大辞典》第一卷第98页，读音是elik，意思相同。

（7）mantʃi ~ mantʃa：工钱。《突厥语大辞典》第一卷第545页，读音是mantʃu，意思相同。

（8）suq ~ suχ：藏起来。《突厥语大辞典》第一卷第435页，读音和意思完全相同。

（9）sytʃyk：酸。《突厥语大辞典》第一卷第531页，读音是suʃik，意思相同。

（10）qaq：干水潭，干水洼。《突厥语大辞典》第二卷第367页，读音相同，意思为"积累"，第二卷第411页，意为"干涸的湖"。

（11）qat：侧边，边。《突厥语大辞典》第一卷第420页，读音和意思完全相同。

（12）sepɛ：次，趟。《突厥语大辞典》第三卷第198页，读音是sɛp～sap，意思相同。

（13）søg：吻。《突厥语大辞典》第二卷第20页和第三卷第336页分别出现sɛv、soj，意为"接吻"。

（14）tʃikit：一种像麻雀的小鸟，《突厥语大辞典》第二卷第106页，读音是tʃɛkik，意为"山鸟"。

（15）tul：《突厥语大辞典》第二卷第270页，读音是toli，意思相同。

（16）ɛskent：ɛski指"旧"。《突厥语大辞典》第三卷第27页，读音和意思相同。kɛnd《突厥语大辞典》第一卷第270页出现。

（17）tyvɛk：嫁接头的一种，《突厥语大辞典》中出现，读音相同，意为"用木头剜制的玩具枪"。

（18）baldi：以前、过去。《突厥语大辞典》第一卷第342页，读音是baldir，意思相同。

（19）myn：骑。《突厥语大辞典》第三卷第40页，读音和意思完全相同。

（20）søkytʃɛk：土台子。《突厥语大辞典》第三卷第318页，读音是søkɛ，意思相同。

（21）soqa～soqqa：研钵。《突厥语大辞典》第一卷第312页，读音是soqu，意思相同。

（22）tʃimɛli：蚂蚁。《突厥语大辞典》第一卷第584页，读音是

tʃymɛli，意思相同。

（23）sypygi：扫帚。《突厥语大辞典》第一卷第638页，读音是sypyrgy，意思相同。

（24）eriʁ：干净，一切，小渠。《突厥语大辞典》第一卷第120页，读音是ariʁ，意为"干净"。

（25）gyli：杏干。《突厥语大辞典》第一卷第322页，读音和意思相同。

（26）tɛzɛk：粪便。《突厥语大辞典》第一卷第296页，读音和意思相同。

（27）kɛ:piʃ：土块。《突厥语大辞典》第一卷第342页出现，读音是kɛrpiʃ，意思相同。

（28）qijiq：调皮。《突厥语大辞典》第三卷第226页，读音相同，意为"不守信"。

（29）tʃo:li ~ tʃo:la：笊篱。《突厥语大辞典》第二卷第376页，读音是tʃowli，意思相同。

（29）tiŋla：听。《突厥语大辞典》第二卷第357页，读音和意思相同。

（30）køptʃyk：褥子。《突厥语大辞典》第一卷第356页，读音和意思相同。

（31）tʃava：臭名，丑闻。《突厥语大辞典》第一卷第45页，读音是tʃa:va，意思本来是"名声"，后来多指"不好的名声"。

（32）tʃilɛ：沤粪、沤肥。《突厥语大辞典》第二卷第270页，读音和意思相同。

（33）køŋlɛk：衬衣。《突厥语大辞典》第二卷第346页，读音和意思相同。

（34）jintʃigɛ：细长。《突厥语大辞典》第二卷第344页，读音和意思相同。

（35）toŋra：污秽。《突厥语大辞典》第二卷第343页，读音和意思相同。

（36）mulʁuj：鞋匠用于制鞋的胶水。《突厥语大辞典》第二卷第275页，读音是minʁuj，意思相同。

（37）qitʃi：芥菜。《突厥语大辞典》第二卷第273页，读音和意思相同。

（38）kɛpɛz：棉花。《突厥语大辞典》第一卷第298页，读音和意思相同。

另外，以下地方词也是此话中至今一直被使用的古代词汇。

（39）ol：那。如ol vaχta "那时候"。

（40）ʃol：那。如ʃol vaχta "当时"。

（41）kɛz ~ gɛz：次、趟、回。如ma kɛz "这次"。

（42）orta：中间。如orta mɛχtɛp "中学"。

（43）kijitlik：婚礼中女方给男方家人送的衣物。

（44）oziʁi jili：三年前。

（45）tapiʃ ~ taptyʃ ~ tapatyʃ：突然发生的。

（46）sijan：方向、边。如juqir sijan "上边"、tyvɛn sijan "下边"。

二、柯坪话中的借词

由于历史、政治、地理、文化等方面的共同性，普通话对维吾尔语的历史发展产生了很深的影响，从目前的调查资料来看，柯坪话的词汇体系也体现同样的特点。另外，也受到一定的蒙古语和柯尔克孜语影响。

（一）普通话借词

调查资料表明，尽管柯坪处于偏僻山区，柯坪话中的普通话借词却很多。以下是调查中出现的普通话借词：

表 3-2　柯坪话中的普通话借词

柯坪话	标准维吾尔语	普通话中的意义	柯坪话	标准维吾尔语	普通话中的意义
paŋsiŋ	siŋmɛs	防渗	podijum	jantuluq	坡地
dʒuminden	ahalilɛr nuqtisi	居民点	tiʃaŋ	gyrdʒɛk	铁锨
gɛnzɛ	aʃχana	馆子	χoj	buzuʃ	毁
ʃapitʃu	—	沙皮球	tuteri	baʃliqi	头头儿
gadaŋ	isil	高档	tʃekedʒi	toʁraʃ maʃinisi	切割机
guχa/gyχɛ/gujχa	pilanlaʃ	规划	χɛjdi、χɛjdyj	bir χil qonaq	玉米的品种
dɛŋgɛŋχor	bojtaq	单身汉	dʒo:to	otiʁuʧ	锄头
liŋdɛj	ormanbɛlvɛʁi	林带	mitɛn	dʒotu	镐
ʃopuk ~ ʃopɛk ~ ʃopuk tulladʒi	qol tiraktur	手扶拖拉机	dɛnʃi	telivozor	电视机
miŋbɛn	puqravi	民办	lojoŋ	unalʁu	录音机
pɛ:zɛ	veviska	牌子	sako	—	插口
bindi	jɛrlik	本地	dʒiχir	tibirkiljoz	结核
dʒosɛj	kydɛ	韭菜	dɛŋχɛŋdʒi	kɛpʃer	电焊机
sɛntʃɛj	topa ussuʃ maʃinisi	铲车	diŋ-diŋza	tirigytʃi	顶棍
paŋjizɛn	juqumluq kisɛlliknin aldini eliʃ ponkiti	防疫站	gilijɛn	baʃquruʧi	管理员
sɛnliŋ	yʧ tʃaqliq motsiklit	三轮车	moto	motsiklit	摩托车
χɛj	lata(rɛχ) kɛʃ	鞋	poʃi-	tʃirimɛk	破朽
so:bo	qumbolaq	沙包	tʃo:li	tʃojla	笊篱
pɛ:zilɛ- /pɛjzilɛ	rɛtlɛ-，pɛmilɛ-	整理，仔细观察	dadi	kɛnt	大队
χuŋla qil-	qizar-，χapa bol-	脸红，生气	ʃodi	mɛhɛllɛ	小队

续表

柯坪话	标准维吾尔语	普通话中的意义	柯坪话	标准维吾尔语	普通话中的意义
doben	ismina almaʃmaq	道班	gunʃi	jeza	公社
ʃen	nahijɛ	县	tʃɛnze	ʃina, quzuq	钎子
ʃeŋmɛn	buʁdaj uni	香面	ko:dʒi	kassir	会计
dibo	tøwɛn kapalɛt	低保	gujduŋ	bɛlgilimɛ	规定
jidʒɛn paŋza	jalʁuz øj	一间房子			

可见，柯坪话中的普通话借词中有当代引进的新借词，也有古代引进的老借词（gɛnzɛ，dʒosɛj，podijum等），表现出我国各民族人民自古以来的共同生活和共性特点。

（二）柯尔克孜语借词

柯坪县地理上与克孜勒苏柯尔克孜自治州的阿合奇县接壤，因此，历史上柯坪人和阿合奇柯尔克孜人有过长期的交往，其结果是柯坪话中引进了不少柯尔克孜语借词。如：

（1）to：山。读音和意思与柯尔克孜语完全相同。

（2）ti～tigu～tɛgu：那、它。柯尔克孜语中的读音是te、tegu，意思相同。

（3）qajmal：母骆驼。读音和意思与柯尔克孜语完全相同。

（4）azo：未经驯服的，野生的。读音和意思与柯尔克孜语完全相同。

（5）tɛjlɛ-：叠平展。读音与柯尔克孜语相同，意为"整理"、"管理"。

（6）tɛqlɛ：追究，追问。柯尔克孜语中的读音是taqta，意为"看管"、"照顾"。

（7）topaz：牦牛。柯尔克孜语的读音是topoz，意思相同。

（8）izal boluʃ：拉肚子。柯尔克孜语的读音是iz bol-，意思相同。

（9）køzniŋ dijimi：夜视力。柯尔克孜语的读音是køzniŋ demi，可意思完全相同。

（10）tʃambul：花色的。柯尔克孜语中的读音是 tʃambɪl，意思完全相同。

（11）altʃuq：小毡房，简单搭建的毡房。柯尔克孜语中的读音是 alatʃʁq，意思完全相同。

（12）tʃaʁil：花色的。柯尔克孜语中的读音是 tʃaʁir，意思完全相同。

（13）mojnaq：山腰。柯尔克孜语中的读音是 mojnoq，意思完全相同。

（三）蒙古语借词

柯坪话中除了有维吾尔标准语存在的蒙古语借词外，还有此土话中独有的以下借词：

（1）ajmaq：大队，村。读音与蒙古语相同，意为"集体""地方""堡垒"等。

（2）døligɛ ~ dølgɛ：小瀑布。蒙古语的读音是 dølgən，意为"慢流的河水"。

（3）qamar：鼻子。蒙古语的读音是 χamar，意思完全相同。

（4）nijot：差，坏。蒙古语中的读音是 neʰlt，意思相同。

（5）moχijt：毛病。蒙古语中的读音是 mohte，意思相同。

（6）mølɛ：驴鞍。读音和意思与蒙古语基本相同。

（7）mata-：燥木使其改变形状。蒙古语中意为"拉紧"，可读音完全相同。

（8）ragana ~ raganimaq：旧事重提，说闲话。蒙古语中的读音是 jagena，意为"唠叨"。

（9）dʒavalʁa tatiʃ：给别人添麻烦。蒙古语中的读音是 dʒovo:la，意为"让别人劳累"。

（10）dɛpsi：踩。蒙古语中的读音是 depis，意为"使劲地踩"。

（11）duruʃluq：教训。蒙古语的读音是 duriʃliq，意为"经验"。

（12）gidik：小狗。蒙古语中的读音是 gylyk，意思完全相同。

（13）ikʃi-：结结巴巴。蒙古语中的读音是 ikʃix，意为"抽打"。

（14）tymbylyk：麦场上栓牲口的圈形套具。蒙古语的读音是 tyŋgelik ~ tyŋxelik，意为"铁圈"。

（15）tulʁa：牧民用的三腿铁炉子。蒙古语中的读音是 toləq，意思一样。

另外，柯坪话 aʁadaʃ "兄弟般的关系"、aʁajnɛ（←aʁa-inɛ）"朋友、兄弟"等词与古代维吾尔语和蒙古语相同。

第三节 柯坪话词汇与标准维吾尔语的比较

与标准维吾尔语相比，柯坪话的词汇系统呈现一些特性。有些词语是柯坪话特有的，标准维吾尔语不存在其音义对应形式，我们将这些词叫作特有词。有些词表示的意思与标准维吾尔语相同或相似，但语音有差异，我们把这些词叫作异形同义词。还有一些词的语音形式与标准维吾尔语相同，但其表达的意义范围与标准维吾尔语不尽相同。

一、特有词汇

据已获取的维吾尔语方言描写资料，柯坪话有不少地方词汇是特有的。见表3-3：（以下表中KA代表喀什话，SU代表标准维吾尔语）

表3-3 柯坪话特有词汇

KA	SU	普通话中的意义	KA	SU	普通话中的意义
atiʁ	—	把柴火捆成驮子	aʁadaʃ	—	兄弟般的关系
biʃlɛm	—	一点，稍微	dam	—	稍微腐朽的大红柳柴
dʒɛʒmek	—	坎肩的一种	tɛjlɛʃ	—	叠平展
gova	—	用炒面做的糊糊	esɛ	—	鬼缠身的人
jivitmaq	—	剃头前的洗头	puradʒ	—	盛调料或盐的木盒
kɛsmɛ	—	砍好的木柴	yʧɛlgɛk	—	纺线妇女用的小工具箱
kijitlik	—	婚礼中女方给男方送的衣物	kusuk	—	发情的
køsytki	—	婚礼时男方给女方家的活的家畜	molokop	—	用玉米面做的面疙瘩汤饭
kuʃuk ~ laχsa	—	放在驴车或马车上运麦草或落叶的，用芨芨草或布料碎片编织的网子	sana	—	你看（语气词）
mataʃ	—	燎木使改变形状	vaqaʧur	—	小孩子晚上玩的一种游戏
montelek	—	带汤的玉米饺子	tyvɛk	—	嫁接头的一种
pokan	—	晒成半干的杏子	tatiʁ	—	适合装毛驴车的捆成的木柴
poliʃiʃ	—	说剪刀、石头、布	tulʁa	—	牧民用的三腿铁炉子
qeʧin	—	特别干的木柴	ataʁliʃiʃ	—	提起父母或亲戚名字互相诅骂
soqum	—	准备冬宰的牲畜	køtlɛk	—	驴轭
supuruʧ	—	不带汤的玉米饺子	ɛgrek	—	小块田地
tatma	—	用牛皮做的像套鞋的鞋子	tɛmɛnɛ	—	打针
tɛmɛʧ	—	洪水停后捡起的木柴			
ʧepit	—	用于裹肉吃的大薄馕	isɛŋɛ	—	第三年

续表

KA	SU	普通话中的意义	KA	SU	普通话中的意义
ʧiŋgirt	—	两腿交叉地打（球）	raganimaq	—	旧事重提，说闲话
tojlaŋ	—	婚礼中人们把新娘送到时喊叫的话	ɛdrɛmkɛʃ	—	鞋匠用的两头有针鼻的大针
yzilik	—	驮子上加放的木柴捆子	yltylɛʃ	—	发胖并发光泽
χamti	—	将喷湿的羊毛反复滚动的器具	dʒul	—	没有鞍头的软鞍子
utaʁ	—	路边或田地上的住房	atalʁa	—	用于做木勺的车刀

另外，以下复合词和固定短语在标准维吾尔语中也缺乏对应的形式。如：

表3-4 柯坪话特有的复合词和固定短语

KA	SU	普通话中的意义	KA	SU	普通话中的意义
tɛŋlɛtɛ	—	第二天早上	kirini eliʃ	—	打场时用木叉子把溢出麦场周围的麦秆往里边退掉
nantaʃ	—	打馕时做馕剂子用的扁形石头	hagan baʃlan	—	专门在婚礼上唱的歌曲
dʒɛvɛnnan	—	白面和玉米面的混合馕	yzyp ketiʃ	—	水流冲走堤坝
køz dijimi	—	夜视力	baʃ vaχti	—	婚前未来婆婆请还未进门的媳妇来给自己按摩并了解一下她是否手巧
is tygisi	—	墙壁炉子中的集烟处	vɛʃʃɛmsi towlaʃ	—	守夜时唱的歌谣
ilik qepi	—	擦洗尸体时手上戴的手套	ʃip salduruʃ	—	把脸上的绒毛弄干净
ilik tɛllisi	—	装苣梳的袋子	suni ʃiriŋɛ eliʃ	—	把水流弄到一块

续表

KA	SU	普通话中的意义	KA	SU	普通话中的意义
hɛlmɛk teʃi	—	在柯斯勒挡住水流的大石	dasqan tʃivini	—	喜欢到处吃白饭的人

这些词汇或短语与柯坪人独特的生活方式有关。从以上两表可知，大部分特有词涉及打柴、饮食生活，也与农业生产、生活有关。

二、异形同义词和短语

柯坪话与标准维吾尔语形成的异形同义词和短语如下表3-5和3-6。

表3-5 柯坪话中与标准维吾尔语异形同义词

柯坪话	标准维吾尔语	普通话中的意义	柯坪话	标准维吾尔语	普通话中的意义
ajmaq	kɛnt	大队，村	jɛksurun	pytynlɛj	完全
azo	tosun	不未驯服的	kalligir	paʃna	鞋后跟
bodʒek	toʃqanʃaq	兔崽子	katra	pitʃaq	刀子
bøʒɛ-	tømɛ-	刺绣	mølɛ	utʃuluq	驴鞍
boralʁu	jat	陌生	montʃɛk	køtiʃɛk	玉米根
byk-	Jap-	盖	moχijt	kaʃla	毛病
dɛk	taʃ-tɛmɛk	抓石子游戏	ømsɛ	ʁɛlitɛ	古怪
dilχa	zerɛk	精灵	nijot	naʃar	差，坏
dʒiʁ-dʒiʁ	tutruq	引火柴	qanta	aldiraŋʁu	急性子
døligɛ	ʃaqiratma	小瀑布	qijan	kɛlkyn	洪水
doppa	top	球	ʁɛtʃʃɛj	tʃar ot	大戟
ʃiʃi	mata	粗布	ʁomsa	bodɛk	胖乎乎

柯坪话	标准维吾尔语	普通话中的意义	柯坪话	标准维吾尔语	普通话中的意义
ɛmɛrɛχman	qalajmiqan	乱七八糟	sapaq	zirɛ	耳坠
kɛz	qetim	次，趟	sɛqɛvi	tɛmsil	谚语
sipɛ	qetim	次，趟	suχuʃ	joʃuruʃ	藏起来
kissɛ	ʁɛjvɛt	闲话	tagiti	ɛtibari	尊严
dʒaŋ	zokam	感冒			

在我们所调查出来的655条地方词汇中，这类的词有213条，约占全部地方词汇的30%，是比例最大的一类。

表3-6 柯坪话中与标准维吾尔语异形同义短语

柯坪话	标准维吾尔语	不同的类别	普通话中的意义
bølɛk tʃiqiriʃ	øj ajriʃ	完全	分家
ɛmzɛk ʃiʃi	katɛktʃilik mata	完全	方格布
bittɛ taʃlaʃ	bijit oquʃ	部分	唱民谣
køk jeʁin	aq jeʁin	部分	蒙蒙雨
paqa quliqi	paqa jopurmiqi	部分	车前草
boldama manta	boluq manta	部分	薄皮包子
syji joq	diti joq	部分	笨拙
tʃiŋgirt uruʃ	almap uruʃ	部分	两腿交叉地打（球）
su salmaq	su qujmaq	部分	浇水
（etis）bol	（etiz）tol	部分	给地浇满水
kigiz quj	kigiz ɛt	部分	做毡子

三、柯坪话与标准维吾尔语词汇意义范围的区别

有些词的意义范围与标准维吾尔语中的对应词有区别，主要有三种情况：（1）意义范围比标准维吾尔语广；（2）意义范围比标准维吾尔语窄；（3）地方词指的是A事物，而标准维吾尔语指的是B事物。

（一）意义范围比标准维吾尔语广

柯坪话中有很多词语表达的意思除与标准维吾尔语相同外，还可以表示标准维吾尔语中没有的一项或几项意义。如：

表3-7 柯坪话意义范围比标准维吾尔语广的词汇

词项	标准维吾尔语的意义	柯坪话的意义
ara	①中间	①中间②中年。如ara ɛdɛm "中年人"
aral	①岛屿	①岛屿②麦场中间堆麦秆的部分。如aral tʃiqiriʃ "把麦秆堆到中间"
baʃkinɛk	①幼鸽	①幼鸽②皮帽子
diχantʃiliq	①农业	①农业②庄稼。如diχantʃiliqinlɛ bulatumu?"庄稼长得好吗？"
jez	①农村	①农村②田野
iɲiʃ	①弯腰	①弯腰②上下坡
iz	①脚印，路线	①位置 kona tamniŋ izi "老房子的位置"②脚印，路线
jantaχ	①骆驼刺	①骆驼刺②树木的刺
tuvaq	①锅盖	①锅盖②家畜的蹄
køtɛk	①树桩	①树桩②顶着驴车轴的木头
eriʁ	①干净	①干净②水渠③完全
zɛjpanɛ	①娘娘腔	①娘娘腔②女人穿的一种鞋子
tygmɛ	①纽扣	①纽扣②馄饨

续表

词项	标准维吾尔语的意义	柯坪话的意义
tʃoq	①山顶	①山顶②高处③十字路口
tʃiŋ	①结实，紧	①结实，紧②非常。如 tʃiŋ jaχʃi "非常好"
tam	①墙	①房子②墙
tʃalma	①土坯	①土块②土坯
taʃ	①石头，外面	①高山②石头，外面
sapaq	①串	①耳坠②串
syji joq	①没有水分	①笨拙②没有水分
ʁuli	①（树）干	①究竟②（树）干
ʁora	①青杏	①（熟的）杏子②青杏
ʁom	①仇恨	①奇怪②粗糙③仇恨
qɛslɛʃ	①谋害	①即将发生②谋害
qat	①层，叠	①边，旁边②层，叠
qaq	①果干	①桃干②山上的干水潭
pajlaʃ	①撑住②偷窥	①够用②偷窥③撑住
ilim	①科学	①生意②科学
tʃɛχiʃ	①咬，蜇	①咬，蜇②磨破
øtɛk	①靴子	①靴子②衣襟
katɛk	①鸡窝	①羊圈②鸡窝
tʃopgɛz	①木匠或抹灰工使用的木尺	①锉刀②木匠或抹灰工使用的木尺

（二）意义范围比标准维吾尔语窄

柯坪话中有少部分词的意义范围比标准维吾尔语窄。如：

表3-8 柯坪话意义范围比标准维吾尔语窄的词汇

词项	标准维吾尔语的意义	柯坪话的意义
aʃ	饭	多指面条
tʃimɛn	花草	红柳的花及叶子
qomuʃ	芦苇	只指高大的芦苇

（三）地方词指的是A事物，而标准维吾尔语指的是B事物

柯坪话中有不少词表示的意思与标准维吾尔语完全不同。如：

表3-9 柯坪话中与标准维吾尔语异义的词语

词项	标准维吾尔语的意义	柯坪话的意义
byk	隐藏	盖（房子）
ʃiʃi	瓶子	土布
kyp	坛子	用于养羔羊的方形地窖
zaka	襁褓	多嘴
tʃot	锛子	坎子
erimɛs	不熔化的	无尽
tɛqlɛʃ	准备	追问
tatma	抽屉	用牛皮做的像套鞋的鞋子
tapan	脚跟	外轮胎
pitʃan	马兰花，马蔺	芦苇
qamliʃiʃ	办成	说好
poliʃ	（树的）腐朽	小孩玩游戏前的组过程
tavliniʃ	熔炼，锻炼	达到最适合使用的状态
erimɛʃ	不熔化的	没完没了的

从以上三表可知，柯坪话地方词的语义范围大部分情况下比标准维吾尔语要广，意义范围比标准维吾尔语小的词语较少，还有一部分词语表示的意义与标准维吾尔语有所区别。

第四节　柯坪话地方词汇表

表3–10

a:tma ~ atqu	木衣架	bɛka	闲着
a:tuʁ	驮子	bɛkɛm	痴
aʃ	面条，饭	besilʁaq	薪荑
aʃqina ~ aʃχina	饭馆	biʃlɛm	一口
aglaχʃam	黄昏	bindi	本地
ajavan boluʃ	轻松，清除	biøzɛ	无理
ajindu-	增多	birvaraqi	一个一个的
ajlaka	阿姨，公公，叔叔	bittɛ taʃlaʃ	唱对歌的前半部分
ajmaq	地方，堡垒（M）	bodʒɛk	兔崽（Ki）
alaŋ	忙乱	bøksi	山坡
alliχida	使谷粒脱壳用的石头，臼的木制捣具	boldama manta	发面包子
alʃuq	小蒙古包（Ki）	bølɛk tʃiqiriʃ	分家，让另立门户
ankaj ~ enkej ~ inkij ~ inkaj ~ unkuj ~ ønikøj ~ køj	哎呀	boralʁu	陌生人

续表

aqutun	优质木柴	bøʒɛ- ~ bodʒɛ-	刺绣，装修
aqan	眼睛不正常的人	buqa dʒyryn ~ vaqatʃur	小孩晚上玩的一种游戏
aqine ~ inɛ	奶奶（Ki）	bykmɛk	盖房
aqliʁ ~ aχliʁ	多乳的	daga	红柳籽
aχsiz	缺乳的	dʒandar	生物
ara ɛdɛm	中年人	daŋ ~ dam	稍微腐朽的大红柳柴
aʁa lɛjlɛʃ	胡思乱想的	dʒaŋdaʃ	感冒
aʁadaʃ	兄弟般的关系（Ki）	daraz	家族外号
arajaʃ	中年	dasqan tʃivini	不速之客
aʁajla	哎呀	dʒavalʁa tatiʃ	麻烦（M）
aʁajnɛ	朋友	dʒavʁaj	杏树下垂的枝条
aral	麦场中间堆麦秆的部分，岛屿	daχi	大而朽的木柴
aral tʃiqar-	把碾好的麦秆往麦场中间堆起来以便扬净	dɛk	抓石子游戏
atalʁa	用于做木勺的车刀	dʒɛllɛ ~ dʒɛlgɛ ~ tʃɛlgɛ	屋棚
ataʁliʃiʃ	提起父母或亲戚名字互相诅骂	dʒenimzaqida	哎呀（语气词，表示奇怪）
atʃeka	姐姐，大姐	dɛŋgɛŋχor	单身汉（H）
avaqan	稗子	dɛŋχɛŋdʒi	电焊机（H）
avdʒijip kɛt-	增多	dɛpsi-	踩（M）
azo	未经驯服的，野生的（Ki）	dʒɛvɛnnan	白面和玉米面的混合馕
aχa ~ aːqa	后面，地名	dʒɛʒmɛk	坎肩的一种

续表

aχʃar	单侧花	digɛlɛʃ	计算，盘算
baʃ vaχti qil-	婚前，未来的婆婆首先要请未进门的媳妇给自己按摩，用这办法来考验媳妇是否手轻巧、认真	dʒiki-dʒiki	恰到好处
baʃkinɛk	幼鸽，皮帽	dʒiltilaʃ	加封面
bajliqdan	谷物	dilχa	机灵
baldi	过去	diŋ-diŋza køtɛk	驴车下面顶住车轴的木头（H）
baʁtʃuq	溪里水停留的低洼处	dʒiʁ-dʒiʁi	引火柴
bede ~ bɛdɛ	苜蓿	dʒiriŋdaq	铃
diχanʃiliq	农业，庄稼	ɛmise ~ ɛmɛsɛ	要不然
dʒo（baʁliq）	靶子	emzɛk	奶嘴
døgøltiʃ	翻滚	emzɛk ʃiʃi	带格的粗布
dølige ~ dølgɛ	小瀑布	ɛn	又宽又深
dølitiʃ	使着急	ɛndu	奇怪，粗糙
dønɛ	地名	ɛɲiʃ	坡地
dop	人群	ɛɲil	衣物
doppa	球	ʃol	那
dʒosɛj	韭菜	ʃonda ~ ʃolda	那时
dova	土堆	ʃopuk ~ ʃopuk tulladʒi ~ ʃopɛk ~ sopɛk ~ soptuladʒ	手扶拖拉机
duʃqaliq bɛrmɛk	打击	ɛr	男人，人
dʒul	没有鞍头的软鞍子	erimɛs	无尽的
dumbuʃqa etiʃ	翻跟头，绊倒	eriʁ	干净，一切，小渠
dʒumindɛn	居民点（H）	eʁiztʃiʃ	门牙

续表

duruʃluq beriʃ	教训（M）	esɛ	鬼缠身的人
dut	烟囱	esɛliniʃ	鬼缠身
dʒuvab ketiʃ	太麻烦	ɛskɛnt	旧堡垒
ɛ	那	ɛt	身体，肉
ʃada	玉米秆	ʃuntʃiki	稍微
ʃada	秆儿	gadaŋ	高档（H）
ʃada	玉米根	garaʒ	车管所
ʃamba	棉花秆	gastaŋ	向日葵的花盘，葵花头
ʃana	手织机的综框	gelɛ ~ kelɛ	蛤蚧
ʃaŋmɛn	香面	gɛnzɛ	饭馆（H）
ʃapaq	白帽	gɛz	次，遍
ʃɑpitʃu	沙皮球（H）	gɛzlɛʃ	测量
ɛbi ~ ɛvi	珍贵的饮用水（AP）	gidik	小狗崽（M）
ɛdrɛmkɛʃ	鞋匠用的两头有空的大针	goja	辫子上缀的银头饰
ʃɛ	那里	gombaj	胖乎乎的
ʃɛjtan tʃiraʁ	油灯	gova	用炒面做的糊糊
ʃɛpɛq	瓜皮	gula	（手织机上的）经线轴
ʃɛtlɛŋɛ	带格的布	gundu	粗大的
ɛgrɛk	一块地	gusuruq	红花
ʃiʃi	粗布	gydrɛk	怀疑
ʃiʃitaz	一种小鸟	gyli	杏干（OW）
ʃigit	徒弟	hagan baʃlan	婚礼当中将新娘送到男方家门口时唱的歌曲
ʃip saldurmaq	弄脸上的绒毛干净	hagul ~ hogul	院子
ʃipqaʃ	挤，压紧，压实	hajvantʃa	研钵，碾子

续表

ɛksiʃ/ɛktʃiʃ	恢复	halliʃiʃ	倾诉衷肠
ɛmɛrɛχman	乱七八糟	hɛdʒituŋ	陶瓷坛子
hɛgɛzlɛʃmɛk	成交	jɛl	牲畜的乳房
hɛlɛ	过会儿，刚才	jɛllɛ	贿赂
hɛlɛjχisi	子孙	jɛllɛʃ	临产前乳房胀大
hɛlmɛt tɛʃi	在柯斯勒那里挡着水流的大石头	jɛz ~ ʃɛʃ	解开，松开（OW）
heqislimaq	呜咽，抽搭	jiktʃir	地名
hɛrɛdʒ ~ hɛdʒ	困苦	jimiʃ	水果
hɛrɛŋ	奇怪	jintʃigɛ ~ jintʃikɛ	细（OW）
hodud	极限	jiʁit-	摇（树）
hodudiʁa jɛtkyzyʃ	非常到位（AP）	jivitmaq	剃头前洗头
høpøp	笨蛋，无知（M）	jola ~ jila	哎呀
iʃqina ~ iʃχina	办公室	joʁa ~ ojaʁ	放碗的土台子
igin	衣物	joʁon ~ joʁan	大
ikʃimɛk	结结巴巴（M）	jyzigi ~ zygi	百户长
ilɛntʃi qiliʃ	责怪（OW）	kaʃkat	车木勺的专用车刀
iliʃiʃ	接触	kalligir	鞋后跟
ilig qepi	清洗尸体时戴的手套	kama	内胎
ilik tɛllisi	装蓖梳的袋子	kamunna	公社
ilik ~ ilig	手，不怕（OW）	kantʃila	冬灌
ilim	科学，交易	kariz	坑
ilʁi	木钩	katɛk	羊圈，鸡窝
ingɛn	母骆驼（OW）	katra	刀子
iŋɛk	下巴	kɛbɛk	麸子（OW）
iŋiʃ	弯腰，坡路	kɛbɛz	棉花（OW）

续表

is tygi:si	墙壁炉子中的烟集处	kɛʃkin	木梨的把子
isɛŋgɛ (jili)	第三年	kɛlsɛ-kɛlmɛs	技术不高的
issiʁnan	大馕	kɛmɛ	船
iz	位置，脚印	kɛntyr	桌子
izal boluʃ	便秘	kɛp:iʃ	土块，土坯
iχil-	摔倒	kɛpʃɛ	鞋子
jaʃaʁ	玩游戏时计算赢输次数的单位	kɛpɛrɛʒ ~ kɛpɛrɛdʒ	轻粉
jaʃlaŋ ~ jaʃalaŋ	年轻	kɛpkyr	漏铲
jaʃliʁ	老年	kɛsmɛ	砍好的木柴
jaʰltuŋ	坡地	kɛsmilik	树林中适合砍柴或砍完柴的地方
jajni ~ hani	以来	kɛz ~ gɛz	次，遍
jantaχ	骆驼刺	kiʃmiʃ	杏子品种之一
jaʁatʃaq	手推的磨，碾子	kijitlik	婚礼中女方给男方送的衣物
jazutʃi	作家	kiriʃ	上下坡
jɛ tavliniʃ	达到最适合使用的状态	kirini eliʃ	打卖场时用木叉子把溢出卖场周围的麦秆往里边退掉
jɛʃiva	老年	kissɛ	坏话，闲话
jɛksurun	完全	kø:sytki	婚礼时男方给女方家的活的家畜
ko:da	一种山草	mɛjlis	会议
kø:dɛ	山或戈壁上长出的一种草	mɛkɛn	母鸡
kø:ryk	盐穗木，皮风箱 专门用于木柴来烧	mɛkltyk	哑巴
køgiʃi ~ køweʃi ~ køʃi	过去管农事的官员	mɛllɛ	社区

续表

kogul ~ koːla	水磨下的水渠	mɛtɛ	蛀虫
køk jeʁin	蒙蒙细雨	mɛzliʃiʃ	做交易
køk kɛsmɛ	从长有茂密树叶的树上砍下的柴火	miŋben（uχutquʧi）	民办教师
køkøʧaʧ	刘海儿，发辫	mo	这
køpʧyk	褥子	møːgɛ	（modu）水果
kørimɛnliki joʁan	傲慢	mogu	这个
kort	库尔特（家族名称）	mojdoŋza	铆钉（H）
køsøj	火把	mojnaq	山腰（Ki）
koʧɛk	玩具	moki	梭子
køtɛk	可作木柴的红柳树墩	moldigoʃ	老实，慢性子
køtlɛk ~ tuluq	驴扼	mølɛ	驴鞍（M）
køtmiʧɛk	玉米根	mollavi	杏子品种之一
kovok	孔隙	molokop	用玉米面做的面疙瘩汤饭
køwrɛk ~ køwryk	桥梁	moɫʧɛk	玉米根
køzniŋ dijimi	眼睛的本能（Ki）	mondelɛk ~ mlokp	玉米饺子
kuspuruʧ	小子	mondo	家族名称
kusuk	发情的	monʧɛk	玉米根
kyːʧɛk	木锨	montelɛk	带汤的玉米饺子
kynyn utun	一天之内可以运来的木柴	moroʃo	莫罗休，杏子的一种
kyp	用于养羔羊的方形地窖	moχijt	毛病（M）
kytygi	多嘴的	muʃtak	弹毛用的木槌
lataquzuq ~ latakiriʃ	无能的人	mulʁuj	鞋匠用于制鞋的胶水，像那种胶水的其他液体

续表

laχsa	放在驴车或马车上运麦草或落叶的，用芨芨草或布料碎片做的网子	munak	面疙瘩
lɛjlɛʃmɛk	融洽、和谐	munaqqa ʧyʃyʃ	复位，恢复
lɛjluŋ	胡思乱想的	myn-	骑（OW）
liŋ	满满的	nakas/natɛs	卑鄙的，下流的
liŋdɛj	林带	namatman	擀毡子的
liŋgiʧaq	夹夹鞍	nantɛʃi	做大薄饼时用于擀开生面的石头
lipaŋ	立方米（m³）	nazimɛt	美女
logul ~ loli	大叶藜	nɛka	婚姻
maltaq	大木桶（Ki）	nijot	差，笨，不好（M）
manʧa	工钱（OW）	nimtaq ~ limtaq	梁子
mataʃ	燥木使改变形状（M）	nok	木锁
maʒʁimaq	绞、揉	nok vɛriʃ	玩游戏时给别人玩的机会
maχtaq	大木桶	oːlap	想
ol	那，他（OW）	odʒun ~ oʒun	菜草
olpaŋ	老房子的位置	qaːn	肚子
olpaq ~ moza	帽子	qaːryk	黑莓
ømsɛ	奇怪	qaʃa	用木头架建的简单畜圈
øŋgilɛ	奇怪的	qaj qil	发愁
øpʧyl	到处	qajmal	母骆驼（K）
oran ~ uran	被子	qala	看
ørɛk ~ ɛgrɛk	小块田地	qaldiliri	剩下的
oro	裹脚布	qamar	鼻腔（M）

续表

orta ~ oʰttir	中间（OW）	qamliʃiʃ	成交
øtɛk	衣襟	qamʁaq	大叶藜（OW）
øtyk	靴子	qaŋriq	说话带鼻音的（OT）
ozoʁi jil	三年前（OW）	qaŋta	急性子，好斗
pajlaʃ	够用，经得起，偷窥	qaptal	怀抱
pajsiniʃ ~ pajsunuʃ	退缩，经不起	qaq	干水潭，干水洼（OW）
palaŋ	玉米叶子	qara	牲畜
panɛ	像洋葱的一种草	qara køl	茂密的森林
paŋsiŋ	防渗	qara qalmaj	一点也不休息
pasa ~ pataq	高粱壳	qara qil	舍得，忘记
pataq（qumluq）	玉米根	qara ʁazaŋ	沙枣的品种
pɛːzɛ	牌子	qaʁanaq	干燥优质的木柴
pɛj-pɛj	单腿跳行	qara-qara	这儿那儿
pɛjzilɛʃ	看病下药	qaʁat	白骆驼刺籽
pɛn uruʃ	谋害	qaravɛʁi	卡刺百格（家族名称）
pɛskɛŋ	高低不平的	qarimdiʃiʃ	算账
pɛvɛn tʃiqiriʃ	找茬儿	qat	方面（OW）
piʃaŋ	杠杆	qɛ	哪儿
piʃʃiʁ tʃiʁ laχsa	用芨芨草编的大筐子	qɛlij	锡
piʧan	芦苇	qɛslɛʃ	即将发生，谋害
plaŋ	草	qɛtʃin	特别干的木柴
podijum	坡地	qɛvɛt	非常
pokan	晒得半干的杏子	qij	田埂，界限
poliʃiʃ	说剪刀、石头、布	qijan	洪水
popaj	珀帕伊（家族外号）	qijiq	调皮（OW）

续表

porad͡ʒ	盛调料和盐的木盒	qiŋʁaslanmaq	一瘸一拐地走
porɛkt͡ʃi	吹牛的	qisil	峡谷，地名
postɛkt͡ʃi	拍马屁的人	qit͡ʃi	菜籽（OW）
pymɛ	小孩戴的棉帽子	qit͡ʃi-	叫，请
pyrgɛ ~ pyːgɛ ~ pyri	线卷	qitiʁi	调皮
qaːliq	积雪的地方	qizilda͡ʃ	把碾好的粮食扬净并堆起来
qo͡ʃ	木梨	qizilpa͡ʃaq ~ simizot	马齿苋，长寿菜
qo͡ʃ teri͡ʃ	翻地	sava	完好无损的地方
qo͡ʃam ~ qu͡ʃam	栅栏	sɛːgaz	带花土布，印花的粗布
qojma	聘礼	sɛːram-sɛːrɛm	地名
qomu͡ʃ	竹子	sɛmɛnt͡ʃyk	小吊床
qonʁaq	栖架	sɛnloŋ	三轮车
qoqanqɛʁɛz	薄纸	sɛnt͡ʃej	铲车（H）
qoʁan	碎麦草	sɛqɛːvi ~ sɛqimɛ	谚语
qot	忙	sɛqiːma	无聊的，臭话
quruʁ	田野	sijan ~ sajan	边，某一边
qut	虫子	sijgylykxana	厕所
raganimaq	旧事重提（M）	simtara͡ʃ	用于剔掉马蹄过长部分的工具
ʁalis	了不起的	sipɛ	次（OW）
ʁalvir	筛子	sitiʁ	线索（OW）
rɑmbotla͡ʃ	做游戏前两方头儿轮流要人的方法	sobo	草包
rɛllɛ volmaq ~ rɛːlɛ volmaq	着急，发脾气	søg-	爱，吻（OW）

续表

ʁɛtʃtʃɛj/tʃatmaq, tʃarot	大戟	sojpaq	外壳
ril，ril eliʃ	佩服	søkytʃɛk	土台子，墙台
ʁiltejliʃ	滑动，滑走	soqa/sajman	犁
riptɛ	打馕用的手套，馕托	soqma	柱子
ʁizman ~ ʁiʒman	爱哭的	soqqa	研钵（OW）
ʁodʒaka	老大哥	soqum ~ soqam	冬肉，用于冬宰的牲畜
rojatʃiliq	不公平	soqur	瞎子（Ki）
ʁom	粗略的，古怪的	soʁan	风疹块
ʁomsa	胖	sørɛ	小鹏
ʁora	青杏	sulaq	冰窟窿
ʁorigil	简单，不丰硕	suni ʃiringɛ eliʃ	把多个水流汇集在一起
ʁulda	湿木棍	suŋgutʃ	墙根的水洞，鹌鸪
ʁuli	究竟，树干	suŋlimatʃ	打碗花，缠绕草
ʁumutlaʃ	指望	suputrutʃ	不带汤的玉米饺子
ʁunudʒun	一岁的母牛	suquʃup qalmaq	传染
sajɛ tosuʃ	遮阳，投下影子	suqunuʃ	隐藏
sajman	犁	suχuʃ	藏起来（OW）
sajχalaʃ	走遍，穿过	syji joq	无能，没脑子
saltaŋ harva	双轮自行车	syji tʃalmaq	水土不服
sana	看，语气词	sylgytʃ	笸子
sanatʃ	皮袋子（OW）	sypyrgi	扫帚（OW）
sapaq	耳坠	sytʃyk	酸的（OW）
saqaldiman	老年人	tʃa	荐头（扬场时从谷物堆上掠出的，未打尽的穗和秕谷）

续表

saʁan	高芦苇	taːtiʁ	捆成适合装毛驴车的样子的木柴
tʃadʒup	牛轭	tʃaːtmaq	马兰花
taʃ	高山	tɛmetʃ	抓石子游戏
taʃa	外地	tʃɛndɛktʃi	千代可齐，杏子品种之一
taʃmɛt	爱打扮的人	tʃɛnpɛn	语无伦次的
tagiti	尊严，价值	tɛŋlɛtɛ	第二天早上
tajtaŋ	轻浮，瘸子似的走路姿势	tʃepit/tʃapita	打薄馕
takaraŋ	陈旧的，老掉牙的	tɛpmɛ	踢毽子游戏
tʃalma	土坯	tɛqɛj	柯尔克孜人的帽子
tam	房子	tʃeqiʃ ~ tʃeχiʃ	伤破
tʃam eliʃ	怀疑	tɛqlɛʃ	追究（Ki）
tʃambul	花色的（Ki）	tʃeʁiva	也许
sojpaq ~ tʃanaq	谷物粒的外壳	tɛrkɛp	花销和气力
tʃaŋqurun	忙碌的	tɛrkisalat	好斗
tapan	外胎	tʃɛsni	奇怪
tapiʃ ~ taptyʃ ~ tapatyʃ	突然	tɛti	反
tapsa	下首，下脚地（炕与门槛之间的空地）	tɛzɛk	粪（OW）
taqla-	跳	ti	那
taʁa ~ taʁaliq	量词	tʃiːmɛn	红柳叶子
tariʃa	瘦人，木板子	tiʃaŋ	铁锨
tʃaʁil	花色的（Ki）	tigu	那
tarkaŋ seliʃ	嘚嘚地跑	tikɛltʃuq	山腰

续表

tʃaʁlaʃ	估计	tʃikit ~ tʃikittaz	像麻雀的一种小鸟（OW）
taʁ-taʃ	山野	tʃilɛ	沤粪，沤肥（OW）
tʃarvi-tʃanat	畜牧	tilɛ qilmaq	提了（H）
tʃas	方形	tʃilɛk	桶，纺车的摇把
tatma	用牛皮做的像套鞋的鞋子	tindʒiʃ	闷
tʃattan quruʃ/tʃadaŋ quruʃ	盘腿	tʃiŋ	结实，硬硬的，很
tava	属于	tʃiŋgirt uruʃ	两腿交叉地打（球）
tʃava	坏名气（OW）	tiɲiʃiʃ	交换
tɛɣva	整经机	tiŋla	听了（OW）
tɛjlɛʃ	叠，叠平展	tipo	初次
tʃɛk syji	给小麦第一次浇的水	tʃiqatqi	父母给出嫁女儿的财物，嫁妆
tɛkɛ	公山羊（OW）	tʃiʁi kitʃik	身体瘦小的
tɛkɛ ~ tɛky	圆枕头	to	山（Ki）
tʃekedʒi	切割机	tʃo:dʒa ~ tʃojdʒa	小鸡
tʃɛlgɛ	棚子，草棚	tø:gɛ qatmaq	养大
tɛllɛ	袋子，套子	tʃo:li ~ tʃo:la	笊篱（OW）
tʃɛlpək	薄油饼	tʃodʒej ~ dʒodʒej qoχaq	泡子
tɛmɛnɛ	大针（OW）	tøʃlyg ~ tøʃyk	案板
tola	很，多	tojlaŋ	婚礼中人们把新娘送到时喊叫的话，意思"你结婚吧"
tolʁa	牧民用的三腿铁炉子（M）	ulaq	鞋匠用于加工皮革的大木盆

第三章　词汇

续表

tom nan	白面馕	ulaʁ-qara	牲口
toma	坝，堤坝	uruʁ	家族
toŋra	脏	usajna	跳舞
topa veʃi	坟墓	usqan	身体，躯体
topaz	牦牛（Ki）	utaʁ	路边或田地上的住房
ʧopgɛz	锉刀，木匠或抹灰工使用的一种木尺	uziʁil	三年（OW）
ʧøpʧil	简单	vaqaʧur	小孩晚上玩的一种游戏
ʧoq	山顶，十字路口，高处	vasa/gasa	拐杖
ʧoqat	簸箕	vazketiʃ	受不了
ʧoqiliq	顶绑驴车轴的木头	vɛdʒ	东西，财务
toqonaq ~ toχonaq ~ toqonaχ	装货后用来拉紧绳子的木钩	vɛdiʃ	习惯
tørikiʃ	头晕	yʃmɛk	尿管
ʧoʁodʒi	家族名称	yʃtyp kɛtmɛk ~ ʃytyp kɛtmɛk	丢失
toʁurʁa	一种木柴	ygyʧ	手抓状，把，木枢（门上的转轴）（OW）
ʧøryl-	与标准维吾尔语主动态相同	ygyʧlɛ-	用手抓
ʧørylmɛʃ	圈儿	yk ~ ʃyk	要拉的货物
ʧot	砍刀	ykɛnt	隔壁村
		ykʧi	杏核
ʧotpajpaq	毡筒	yltylɛp ketiʃ	发胖并发光泽
toveʃi	坟墓	ynygɛ ~ inigja	肥沃的土地
tunuk ~ tuŋluk	天窗	ypʧyl	所有

续表

tʃupbat	拆掉	yt ʃɛlgɛk ~ yt ʃɛlɛk	纺线妇女用的小工具箱
tuʁ	给田地浇水的缺口	yzilik	驮子上放的木柴捆子
tura	地名	yzyp ketiʃ	（水）把田埂冲走
tuʁaq	锅盖	zakiliq qilmaq	管闲事
ʃuʃaŋ	剪羊毛的剪刀	zaqa	痛苦
tuteri	头，老大	zɛjpanɛ	女性化的
tuvaq ~ tuʁaq	蹄，锅盖	ziriq	树名，木头很结实
tyːgɛ	织布机的织轴，缝纫机的绕线器	χamdaʃ	擀毡前将喷湿的羊毛反复踩实
tygmɛ ~ tygyntʃɛ	不带汤的馄饨	χamdaq	将喷湿的羊毛反复滚动的器具
tykytʃ	馕戳	χamti	将喷湿的羊毛反复滚动的器具
tymbylyk	麦场上拴牲口的套具（M）	χanlirim	魔鬼
tymyzɛ ~ tomuzɛ	大纺线锤	χaŋtu ~ χanto	解放前的官衔名
tynhɛssɛ	三更半夜	χapidaʃ	闷了
tyrimɛk	卷，绕	χarɛk	大梁
tyvɛk	嫁接头的一种（OW）	χɛlɛ	相当，还
udum	遗传	χɛpimɛtʃ	面布
uguʃ	研碎，碾碎	χɛsɛm	亲爱的，誓言
χirit	布料	χuŋla qilmaq	生气（H）
χoj(bol)	毁了（H）	χuvɛjni	胡外纳杏，杏子品种之一
χomitʃi	霍马奇，杏子品种之一	jɛpsiri	所有

第二部分

柯坪土语长篇话语材料

1.1 在玉尔其（jyrtʃi）村录取的语料

1.1.1 miniŋ ailεm

(1)gεpniŋ beːʃni sεl tʃyʃεnmisε, εdεm ajiʁəʁa yzyp tʃiqalmajdutʃu, jεkynsigε. (2)bɨːz muʃunda dəχan ailisi velε kilip tʃiqqan χεχ. (3)ɦaːzɨrqi turmuʃimiz, ɦaːzɨrqi dʒεmijεtiniŋ εχiʃi, burunqi εχiʃ, uni ojlesaq, bɨz εmdi aʃu bovemɨzniŋ bovestin taːtip kεtmεn bilε øtεp, (4)kilip, ɦaːzɨrmu, ʃεχsi yzεmniŋki toniʃdiki, manda gεpni sεl jolaʁa sεp qeːlɨ. (5)yzεmniŋki toniʃdiki iʃni desεm, nεtʃʃε veʃ bovemɨzdin kεtmεn bilε kelip, maŋa kεgεndɨma, iʃki balaʁitʃε kεtmεntʃi woldaq. (6)kεjni-kεjnidin, tøʰt oʁal wolap ytʃintʃiskε kεgεndε, ma inimiz biliːtu, bi baːzaːda bɨrɨ va, qulaŋni kisvεtimε meʃεːdin oχmasaŋ, kεlvintʃi disεm, qulaŋni kisvetitmε, (7)iʃkintʃi jillɨqqa tʃiqqitʃε, jigim jεttigε vaʁitʃε sanaʃni yginiptikεnduq, (8)anda bosa sεnmu kεtmεntʃi wolmaqtʃikεnsε, qulaŋni kisiplavatitmε meʃεːdin, εgεr saqɨlɨŋʁa aq kip kεtkytʃε wosɨma oχutup, (9)kisvetεtmε digεn mεzmuni, muʃunda tiriʃsaŋ, qandaːla qisaŋ pajdiːsi saŋa woldo, (10)likin kεtmεntʃi wolmaslɨqɨŋ ʃεrt astida, yzεŋ niʃanni εʃεːgε toʁrɨlap, εʃinda oχəsaŋ yzεŋgε bolutuju, biznɨŋmu jyzimiz, (11)bu χεχ balɨdin balaʁa muʃu ɦεjvandεʁ iʃleʃtin baʃqini uχmajtkεn digen aːttin bɨzmu qutulsaq dεp, bi balani oχutup, u qutuldi. (12)kεjnidin bu dəχan degεn nadan kelitqan gεpkεn εmdi, u inimiz jenε dəχan boldi. (13)u mεχtεptε oquʁɨli unimidi. qoj vεχiʃ velε, kala vεχiʃ, kεtmεn tʃεviv jydi. (14)unɨmu bilitmε. χoʃ, unuŋʁa kεgεndinkin ɦεmminiŋ tʃoŋi woʁan bilε mεn balaniŋki, εj ajɨqqa vεrip, (15)mεn ɦεmmini baʃtin køʧɛːgɛndikin, jaliŋjax qojvaxɢan kynˈlermiz va, ······ (16)øjgɛ qaləsa onombɛʃ miŋ kojlaq oːqɛt vadɛɣ, øjdɛ jyz koj pul joq. (17)ɛʃu ɦɛmmini kørɛp ʧoŋ woʁandikin, muʃunda dɛjli, bir eʁiz gɛpkɛ jiʁip, (18)ɦɛttaːki ajiʁ uʧida taza inlɛrim ʧoŋwoldi, ɛmdi ɦɛmmigɛ bozɛk wolmajmɛ dɛgɛn vaxtida iʃ-ɛmgɛkniŋ, miniŋ gipimgɛ kiːmɛj balla, (19)ɛn aːʧiʁɯmda øjni taʃlap iʃkki qetim ʧixip kiːtip, muj nurʁun iʃlini kørɛp kɛldyk kiʃniŋ jurtləda. (20)aj on jil yrymʧidɛ kɛtti, ykyʃ jil axsida kɛtti. (21)miniŋla iʃimni dəvətetmɛ, u atimizniŋ, ɛ bowimizniŋ vaxtlerdiki u iʃla kɛtti. (22)ɛʃinda kilip ɛmdi yʃ bala va mɛndɛ ɛmdi, yʧilisni uxuttum. (23)alaːhidɛ ɛmdi ʧoŋ bir daːʃøːsiŋ wolap kɛtmisima, biriːsi jɛttidɛ uxuwatitʊ, biri sɛkkiʃni pyttyryp ʧixti, biri ombijdɛ uxvatitu, mana, bu miniŋ gipim bojiʧɛ oxvatidu.

1.1.1 我的家庭

（1）谈话开始时人如果不太明白（对方的意思），就无法顺利地讲下去，做不出（正确的）结论。（2）我们就是这样，在农民家庭出生的人。（3）我们现在的生活，当今社会的趋势，以前的趋势，要是想起这些，我们从爷爷的爷爷起，就靠坎土曼过日子，（4）到现在也一样，要说我个人的认识，这个，让我把话说得有点理吧，（5）要是说我自己所意识到的事情，从前几代起到我这一代，一直靠着坎土曼过日子，一直到我们家两个男孩为止。（6）我们是先后出生的四个男孩，到了第三个男孩，这个弟弟认识他，现在在县城，我就对那个弟弟说："如果不上学，我就把你的手从这儿砍断，如果用柯坪口音说，我把你的手从这儿割断"，（7）他上二年级，才学会数到27，（8）（所以我说）"看来你也想当靠坎土曼过日子的人，那好，我把你的手砍断就算了，我一定让你上学上到胡子变白为止。"（9）我说砍断他的手的目的就是想说，如果你这样努力，将来得到的好处不管多少都是你自己的，（10）你如果再不能靠坎土曼过日子这一条件下，朝着这个方向努力的话，这对你有好处的，同时，也会给我们增光。(11) 人家都说，我们这家人除了像牲畜一样干活以外什么都不会，我们要摆脱这样的恶名。我这样说了以后，一个弟弟就是通过上学摆脱了（用坎土曼干活的日子）。(12) 但是后来，(你知道吗) 这农民呀，真实是个愚昧的，他又当了农民。(13) 他不愿意上学，于是做了那些养牛羊、抡坎土曼之类的活儿。(14) 我也知道这些，至于他…，因我是家里的老大，到后来，(15) 因为我都亲身经历过……，我曾赤着脚去放羊。(16)(当时表面上）看起来，家里好像有上万块钱的财富，其实家里没钱。(17) 因为我在长大过程中什么事都见过，(让我) 用一句话总结，就这样说吧，(18) 甚至到后来，等到弟弟们都长大了，任何人再也不敢欺负我们的时候，他们（弟弟们）竟然没听我的话，(19) 于是我生气地离家出走了两次，在外地经历了很多事情后回来了。(20) 在乌鲁木齐待了10年，在阿克苏市待了两三年。(21) 我说的只是自己的事，父亲、爷爷他们那个年代的事情已经过去了。(22) 就这样，(到了我这一代) 我有了三个孩子，都在上学，(23) 虽然还不是大学生，一个在上初二，一个刚刚初中毕业，另一个在上高二，他的学习达到了我的要求。

1.1.2 ilim bolməsa bolmajtkɛn

(1)ɛm məndaʁ dʒemijettɛ bolvatqan iʃlini, u døwlɛt, bu døwlɛttɛ bolvatqan iʃlini ilʁaʃ, millɛtniŋ sypiti, mɛdnijti yʧyn, gøɦɛrniŋ gøɦiri ilimkɛn. (2)ilim bo:sa, dɛp maŋʁan gɛplɛ jolda boldimo?ilim bo:sa ʃu mɛllimu avat wolɛtkɛn, ʃu millɛtmu avat wolɛtkɛn, (3)kiliʃigi obdan bolɛtkɛn, ʃuniŋ velɛn balini mujunda oχtuvatɛtmiz. (4)ɛm kɛlpinniŋ ɛva:lini aʁanda ɛmdi tariχtin eʃi joq, eʃi joq dɛp kɛ:gɛn jɛ:kin bu ɛmdi, syji qis dɛp, jɛ: qismu dejdikɛnmiz, syji qus dejdikɛnmiz. (5)høkymɛtniŋ ɦa:zirqɛ iʃleri bɛk jaχʃi ɛmdi. bir patman pulni adʒritip ɛ amba:mu qiptu. (6)bi qiʃniŋ sujini wosimu jiʁvɛlip jazinʧɛ qoʃumʧɛ qisun dɛp. (7)ɛʃinda tʃiqiʃniŋ joliʁəma jɛnɛ ilmi kɛtitkɛn, jɛna dɛsmajɛ kɛtitkɛn. (8)ʃu iʃləʁa kɛ:gɛndɛ ɛm bundin burunqəlere kɛtti ɛmdi, buniŋki miŋ dəsɛkmu. (9)kɛlpindimu tojaʃniŋ joli bɛjkɛn, ɦa:zir ɦɛtta:ki ja vɛqi aʃlɨqni dɛp, jɛ az dɛp aʃlɨq tɛrijkɛnmiz iʃtig, (10)pulʁa jyzlɛnsɛk tø^ht mo jɛ:din tʃiqɛtqan aʃlini, bij mo jɛ:din pulʁa wolɛtqan vɛdʒni tɛrip a:ʁɯlmu wolɛtkɛn. (11)ʃu iʃlərma, ɦøkymɛtma dʒɨq izdənvetiptu wuniŋda, umu bolɛtkɛn. (12)ɛm muʃu, mɛsɛlɛn bɨzniŋ ajmaqni asaq, jɛnɛ ilməʁa atajtmɛ, unɨmu ilməʁa iʃtivatsaχ wolitɯ. (13)øzimiz niʃanlap tʃiqipma, bir gy:χɛ qɛdim dɛp bir ajmaχta a^hltɛ jil bika jatti, bɛʃ jil,ajiʁəni yzyp tʃiqammaj. (14)bi qɨsa bi iʃ putlɨʃiva:ʁan, bi qɨsa bi rɛŋdɛ, tʃuwultʃaq tʃiqqan. (15)uma bi jɛ:gɛ tygynyp kɛldi, asa:sɛn ɛmdi ajiʁ utʃi qaldi uniŋ, ɛʃniŋʁimu ilmɛ kirɛkkin. (16)χoʃ, ilmɛ obdan bosa ju^htniŋ nijitimu billɛ kɛlɨtkɛn, ɦɛmmɛ ɛdɛm uχumluʁ woldi dɛgɛn gɛpkɛn. ɦɛmmɛ ɛdɛm ilmilɨɣ wo:sa.

1.1.2 没有知识是不行的

（1）为了识别社会上正在发生的事情，为了识别在这个或那个国家发生的事情，也为了提高一个民族的素质和发展文化，宝石中的宝石就是知识。（2）没有知识，我说这些话是不是合理的？有知识，社区也会繁荣，民族也会繁荣。（3）（一个人的）未来会好的，于是我们抱着这样的希望供孩子读书。（4）就柯坪的情况来说，历来都说这里缺乏粮食、缺乏用水、缺乏耕地。（5）我们的政府目前为我们老百姓所做的事情是非常好的，拨出了一大笔款修建了水库，（6）目的就是把一个冬季的降水汇集起来，等到夏天让我们多用一些水。（7）就那样，为了找一个出路需要知识，还需要本钱。（8）至于那些事，以前的事都过去了，再说也没用。（9）柯坪也有温饱的条件，现在甚至那个，因为地少为了粮食，我们一般倾向于种庄稼。（10）如果要赚钱，一亩地种的东西卖了钱可以买到四亩地种的粮食。（11）在这些方面，我们的政府在不断地探索，这都挺好。（12）比如说我们村，我还是跟知识挂钩，把它也可以归功于知识。（13）以前我们自己定了目标，想做耕地规划，但在一个村里呆了五六年也没干完这件事，浪费了不少时间。（14）（因为）才搞了一阵子就遇到了什么阻碍，一会儿一个样，搞得比较乱。（15）但现在这事也差不多结束了，就剩最后部分了，（我才明白原来）干这事也需要知识。（16）这个，有足够的知识，家乡的事业也会好的，所有人都有学问的话，那所有人都会讲道理的。

1.1.3 jytʃidiki ajmaq isimlirniŋ kip tʃiqiʃi (1)

(1)biz ɛmdi nɛtʃtʃintʃi ɛvlat woʁanda, uneŋki ta:rɨχqa bi pytyn nemɛ bemɛ dɛp bɛrɛlmɛjmɛ. (2)ma zaʁra tilda tʃyʃynyʃmiztʃe qum eriq, arajmaq dɨgɛn gɛpkɛ qalaʁanda, juqɨrɛs, (3)juqɨrɛs dɨgɛn mɛ:na ɛmdi ajmaqnɨŋ bɛʃ tɛrividiki kɛnti dɨgɛn gɛp boldkɛn ɛmdi. (4)ɛmdi qum eriq dejmiz, 'tʃɛttɛ, mo gunʃini aʁanda 'tʃɛttɛ. (5)'tʃɛttɛ woʁanda u jɛ:ni veqi, mɛsɛlɛn, bu kɛlpin bɨr dʑilʁa tʃɛʁivejkɛn burun. (6)qijan bijil ijɨnʁa eχip mɛjɛ:gɛ laj taʃlap, bijil mejenʁa eχip mejenʁa laj taʃlap quʁanda, (7)turup iʃki o:tʃi kɨlip, muʃundaʁ miʃɛ:din baka maŋʁan sukɛn, jut wolsa qanda wolɨtu dɛp myjynda turup qaʁan dejtkɛn qerila ɛmdi. (8)ɛʃnɨŋʁa qalaʁanda, qumeriq dɨgɛn gɛpkɛ qalaʁanda mo jurtʃi, arajmaqla, (9)arajmaq dɨgɛn oterdɨkɨ ajmaq dɨgɛn gɛp bolidu ɛmdi mɛnda ojlasam. (10)ajmaq ɛmdi ujʁurtʃɛ desɛkmu kɛnti dɨgɛn gɛplɛ, ujʁurtʃi qum eriq dɛgɛn gɛp asta-asta jɛ:ni kɛŋejtip, (11)ɛjnni jɛr ɛtʃip, ɛjɨnʁɨma mɛnda bɨr kɛnti tɨzʁanda ko:tʃa tʃiqe:rip, (12)bi ko:tʃa ɛdɛm oʰltaʁanda, u ala:hidɛ veqi da:di kɛnt woʁanda, (13)qum tinip jɛŋi aʃqan jɛ:gɛ benam sɨ̞ qojap ɦeqi javasu, kɛlkyntʃu, (14)qijanni qojap nəmɛ quʁanda, u qijan dɨgɛnnɨŋki sɛʁɨz tindi dejtmiz, tolɨsqa qumni sørɛp kɛltu. (15)nime yt͡ʃyn digɛndɛ taʁ-bajavan, tʃøl ɦɛmmisnɨŋ jyzidɛ bo:randa ut͡ʃup kɛ:gɛn qum bolotʊ. (16)qumni ɛχitip kɛgɛndɛ, bu ɛ: tʃɛttɛ javasu maŋətqan e:χinnɨŋ bojidiki ajmaq woʁanda, qum tinʁandikin e:riqqa, qum eriq dɨgɛn mɛ:na wosa kerɛk.

1.1.3 玉尔其各村名称的由来（1）

（1）我们是第几代后人，这个历史我说不清。（2）用土话来理解的话，从库木艾日克、阿热阿伊玛克等这些词来看，尤库日斯，（3）尤库日斯的意思应该是前边的村。（4）这个库木艾日克呢，它在边上，对这个公社来说它算是在边上。（5）说这个地方在边上的原因呢，比如说，柯坪以前好像是个山谷。（6）听老人说，（以前年年发洪水），而这洪水在这边流了一年并把泥沙沉淀在这里，到下一年则往那个方向流去并把泥沙沉淀在那里。（7）某一天来了两位猎人，一看这里有水流着，他们想着"（我们）在这儿定居应该没问题"，于是留在了这里。（8）从这话来看，从库木艾日克这个词的意思来看，还有这玉尔其、阿热阿伊玛克等这些……（9）我想阿热阿伊玛克是中间的村落之意，（10）阿伊玛克这个词在标准维吾尔语中表示村落之意。至于库木艾日克这个词，（人们定居了以后）渐渐地扩大范围，（11）不断开垦新地，并在开垦的土地上新建村落和街道，（12）沿街居住的人数增多慢慢变成大队，（13）人们给那些泥沙沉淀的土地引来了洪水，也就是野水，（14）那洪水呢，把红色泥土或泥沙冲过来，（15）为什么呢，因为山丘和戈壁滩上都有大风吹过来的沙子。（16）（总之）洪水把泥沙冲过来，而库木艾日克恰好是洪水河道边上的村子，当洪水流过时那些泥沙沉淀在了这一段的水道，我想库木艾日克（意思是沙子沉淀的水渠）应该就是这个意思。

1.1.4 jytʃidiki ajmaq isimlirniŋ kip tʃiqiʃi（2）

(1)χoʃ, tom eriq dejtkɛnmiz ɛmdi, ja ɛm jutniŋ ajiʁidiki kɛnt woʁandikin, bizniŋ kɛnttin ʧoŋraq bolmasa, bi jerim kelidu. (2)bu aʃu eːriqqa ʧilap turup pulni tom elip hɛqi, (3)syji ɛn aqitqan ajeʁda woʁan bilɛ, χɛχlɛ itʃɛmmɛjtqan eriqqa dɛmdiki dɛp ojlajtmɛ. (4)qanda digɛndɛ tom eriqniniŋ syji jaman ɛnditʃu, ma jurtʃiʁa aralap maŋitti.（旁边的媳妇插话）(5)toma eriq degɛn tomani asas qilip elinʁan eriq degɛn mɛnidɛ dɛp ojlajmɛnʁu. (6)toma dɛjttuq, burun toma vɛjdiʁu, ɦɛlqi, jaʁatʃni, tom χɛni ɛp kilvɛlip, (7)siniŋ normaŋ muŋtʃilik su normaŋ va dɛp kɛntlıgɛ ileʃtygɛn. (8)radijolda hɛmmɛ gɛpni muʃ kɛlvin tilda søzlɛp, (9)bolitu, ɛtitu, qılıtu, qılmajdu, ɛʃ gɛp oχʃimajtkɛn, bolməsa eɣɛr mənda na:jɛ na:jiniŋ gepi oχʃaʃmajdumɛsma?(10)vasa, ɦasa bigɛp, ɦɛ mo avat tɛrɛplidɛ gasa dɛjtu. (11)jyrtʃi digɛn gɛp ɛmdi, jeŋdin qurulʁan ajmaq digɛn gɛpmiki dɛjtmɛ. (12)qanda digɛndɛ, ja: joruq ajmaq digɛn gɛpmiki. (13)qanda digɛndɛ, ajmaqniŋ kitʃiglikkɛ qalaʁanda jeŋdin qurulʁan ajmaqmiki dɛjtmɛ, e:ti tʃoŋ mo goŋʃi wojintʃɛ, (14)ajmaqliniŋ bɛ:ziliri tʃeʃlaŋʁu, bɛ:zleriniŋ itipa:qi ɦøm, χɛχkɛ ani wolmajtqan, veqi mo tuqqan bolmaʁandikin dimɛjla. (15)jyriʃi bi:χil digɛn gɛpmikimu dɛjtmɛ, bolməsa mənda optʃi paraŋ tʃikitip qasa, (16)ɛm ɦaziʁu ɛdɛm naji nɛpsiχo wolap kɛttuq, bolmasa gipi ɦøm je:din tʃiqitti. (17)jyrtʃiniŋ notʃiliri dɛp qojdkɛn, beŋgile:rmu dɛp qojtʊ burun, nɛʃɛ qotola tʃiχitu bu ajmaqtin dɛp. (18)ɛʃma likin baʃqa ajmaqtin oni wosa ma ajmaqtin iʃkisi wosa, jana buniŋ nami tʃiχip turʁan gɛp, (19)ɛm qara kyttɛ:ki ɛdɛmliniŋ tole:si qaraqaʃ, ja bi byrkyttɛɣ bimɛ uwulajtqan dʒaŋgalliqmidiki.

1.1.4 玉尔其各村名称的来源（2）

（1）那么，至于托木艾日克（村），或许是因为在乡的尾部，它比我们村大一点，有1.5倍大。(2) 意思好像是这个，他们有一大把一大把的钱，（喜欢把钱）浸到河水里……(3) 虽然处于尾部，但水流量很大，人们不敢去喝，我是这样想的。(4) 为什么这么说呢，因为托木艾日克的水渠从我们玉尔其穿过，那流量确实很大。(5)（旁边的媳妇插话说）我想，托木艾日克的意思就是利用托马（堤坝之意）修建的水渠。（6）以前有个叫托马的东西，就是一个粗大的木梁，（7）一般把它当作标准把水流分给各村用。（8）收音机上所说的话都跟柯坪话一样，（9）就那些"可以、做、干、不做"等词不一样，不然的话……，一个县的话不是跟另一个县不同嘛?（10）vasa（橡子）和ɦasa（橡子）是一个意思。在阿瓦提县那边还说gasa（橡子）。（11）我想"玉尔其"的意思应该是新建的村。（12）怎么这么说呢，也许是光亮的村落之意。（13）为什么呢，因为这个村比较小，所以我觉得这是新建的村之意，可它的名气在全公社是最大的，（14）这里有些村的人比较懒散，而有些村的人则比较团结，不会被他人欺负，不会因为不是自己的亲戚而不愿意帮忙。（15）我想"玉尔其"应该是大家都一个样的意思，因为他们说话是一致的，（16）不过现在呢，我们都变得很贪婪，不然的话，以前他们所说的话都是一致的。（17）以前听说过"玉尔其的老大"这种说法，也听说过"玉尔其的烟鬼"的说法，因为这里也有抽大麻的人。（18）其实，就算其他村抽大烟的人有十个，而这个村只有两个，但背着骂名的还是这个村。（19）喀拉库提人的眉毛几乎都是黑的，所以我想那里以前也许是老鹰等鸟类栖息的没人住的地方。

1.1.5 miniŋ atam

(1)atamni ma mɛllidɛ jɛʃiva dɛp atamni izdɛp tʃyʃypsilɛ, atam bir χodʒun pul aʰtip bɛsɛ, on vaza tʃiχip bi tuχa alammaj tʃyʃitu baza:din. (2)kɛ:tmɛnni on tɛrɛkturdin jaman. kɛ:tmɛn tʃafsa ʒigimɛ ɛdɛmniŋ kɛtminni tʃavitu tʃyʃ woʁitʃɛ. (3) ɦaziɾmu owdanla kɛtmɛn tʃavitu. (4)toχsandin aʃti disɛkmu bolitu, toχsanda kitibaritu ɦa:zir. (5)jyzgɛ ki:dim dɛp qojtu, jyzgɛ kimidi, bi aʁajnisi ba jaman piʃʃiʁ ɛdɛm, aptiqa:di kaʃal dɛp qojmiz, ɛ: najidɛ iʃ ɦɛrkɛt qutqan ɛdɛm. (6) atam ɛmdi ɛhtip bɛsɛqqu kɛtʃ woʁitʃɛ ɛkipmu woʁili wolutu. (7)atam ha:zir kɛp bolammajdu.

itipaq kɛntidɛ, itipaq kɛntiniŋ iʃkintʃi kɛntidɛ ɦazɨr, ytʃin ʃøːdyjdɛ, ɛʃɛgɛ kɛtti bi inim ʃijɛːdɛ. (8)qiʃtin, jaːzdin qojni atam bodap birip, qojni jɛjdɯʁan vaχta mɛn, atam kɛlvindɛ wopqaldi dɛp, (9)minima apirip bi qojni øʰɬtɛrɛp, andin iʃkkyn turuw jenip kɛgɛn. (10)ɛm mo gɛplini, gɛpniŋ mɛzmunidin qalaʁanda, toχtaptu, (11)jutniŋki kelip tʃɨχiʃni biliʃ ytʃyn isa turdi beka ɦazɨr pinsijdɛmɛsmu, (孩子：unda ɛdɛm bolmajtu dɛjtu, qara dəχan bolɛtkɛn), toχtaptujuŋ anda wosa. (12)aptiqaːdɨr ustima sɛl kallisi otʃuq ɛdɛm, aptiqaːdɨr ustiniŋ jɛʃi atamdin tʃoŋ kɛsɛ kelidu bi iʃki jaʃ, bir iʃki jaʃ tʃoŋmiki dɛjtmɛ. (13)uma qerip kɛtti, ɦɛm toːpqa iliʃitqan ɛdɛm awu. (14)ɛmisɛ a arajmaqtiɣi pazɨl mɛmmɛttɛɣ ɛdɛmlɛ wosa jezip taʃvətitu. (15)bamitu, yrymtʃi tɛrɛptimitu, yrymtʃidɛ balliri va, ɦɛm jɛʃi tʃoŋ ɦɛm maːriptʃi ɛdɛm ɛwu. (16)u atimiz digɛn tyrk ɛdɛm u, jɛʃi tʃoŋ wolap qaldi. (17)iʰtipaq jolniŋ boji, ɦojt dɛsɛ aŋlajtu taʃjoldin. (18)ja abdirʃit χudaːvɛdiniŋ øji qaːsi dɛvla kigɛndikin, (19)a χudaːvɛdi køʃ digɛn ɛdɛm qeni disɛ, barat ɛgɛzva jɛʃi tʃoŋɛːdin. (20)ɦɛmmidin baʁu atamniŋ jɛʃi tʃoŋlap qɛlib, najide ziriksɛ abdirimniŋ øjigɛ tʃɨχip. (21)ɦɛlqi bu atam qeri ɛdɛm boʁan bilɛ kadirlɛniŋ qɛʃqa verip, (22)bu atʃalʁa χizmit iʃlɛp baːʁan dɛp kona kadirla gɛpkɛ sɛliv ojnap, qeri ɛdɛmni kitʃiɣ valini gɛpkɛ salʁandɛk. (23)atam χɛχ miʃitkɛ vaːsa, atam qɛrt ojnaʁan jɛgɛ kirivalidkɛn dɛŋa mɛχtɛp balisdɛɣ. (24)nimɛ ytʃyn kirtlɛ disɛ dadisi, χudaːvɛdi køʃ dɛp ɛdɛm bejkɛn ʃuni ɛvalliʃittim disɛ tygɛjtu, jezvɛliŋa aʃni. (25)jaχup barat dɛjtmiz, tɛpberitu, daːdiniŋ χuŋdɨla ɛʃu øj. (26)qandaːla wosa birɛ tʃiʃlɛm tɛʃkil etʃip, jurtke elɛʃkɛn ɛdɛm ɛʃu. (27)ɛŋ kɛtmɛntʃi ɛdɛmlini ɛʃindin tapqɨlɨ woltu. kɛlpindɛ kɛtmɛn tʃafttuq digɛn bilɛ tajinlɨʁ.

1.1.5 我的父亲

（1）因为我爸是这社区里年纪较大的人，所以你们来找他，我爸（其实）背着一个褡裢去巴扎，但什么都没买（空手）回来了。（2）若是抡坎土曼，他比十个拖拉机还厉害，一个上午他用坎土曼可以干完二十个人的活。（3）现在还可以很好地使用坎土曼。（4）说他年纪已过90了，现在就是90岁。（5）他说他有一百岁，但实际上不是100岁，他有个特别吝啬的朋友，我们叫他阿卜杜卡迪尔惹事精，他是在城里谋生的人。（6）我父亲现在（不能回来），要是真需要他的话，今天傍晚之前也可以把他接回来。（7）我爸现在不能回来，他现在在团结村里，在团结村第三队，他去那里了，我有个弟弟在那里。（8）是我爸整年在肥育羊，但现在吃羊肉时他人却在柯坪县城里。（9）我也过去宰了一只羊，待了两天然后就回来了。（10）这些话呀，从话的内容来看，等一下，（11）要想知道家乡的历史，（你们可以去找）伊萨图尔迪，他现在闲着呢，他不是退休了嘛？（孩子插话）说是那种人不行，有没上过学的农民才行。那么，等一等。（12）阿卜杜卡迪尔师傅是头脑清醒的人，我想他的年纪应该比我父亲大一两岁。（13）他也老了，他可是跟大家接触多的人。（14）要是能找到像那个阿热阿伊马克的帕兹力买买提一样的人，那都可以搞定，（15）不知他在不在，也许在乌鲁木齐，他在那儿有孩子，他既是上了年纪又是从事教育的人。（16）我们父亲是个没上过学的人，人也老了。（17）在团结路上喊一下就能听到。（18）或者，（你可以问问）阿卜杜热西提胡大外的房子在哪里，然后直接进去。（19）你可以问："那个叫胡大外地阔西的人在哪儿"，哦，对了，还有巴拉提艾格孜也算是年纪大的人。（20）主要是父亲的年纪比较大，在县上觉得无聊才去了阿卜杜热依木家，（21）我父亲虽然是老人，（但喜欢）跟干部聊天，（22）因为我爸去阿恰勒乡工作过，所以老干部们以逗他说话为乐，就像逗小孩一样逗他。（23）别人去清真寺，可我爸却去打扑克的地方，就像个小学生，（24）如果他爸问你为什么来，你说有个叫胡大外地阔西的人，我想跟他聊聊就行了，请你写一下。（25）有个叫雅库夫巴拉提的人能给你找到你需要找的人，他家就在大队后面。（26）他毕竟在政府工作过，参与过民间各类活动。（27）全柯坪最会用坎土曼的人可以在那里找到，在柯坪不少人认为自己能用坎土曼干活，其实能干这种活儿的不多。

1.1.6 tɛrɛqqijatimiz ʧoŋ

(1)ɛm a kijin ɛ tuluq taʃ kɛldi, tuluq taʃni tɛʃkil ɛpkijpɛːsɛ χɛχ tɛpkilɪ unɨmaj, nemɛ u buniŋda palaŋ joʁan ʧĭχip qalitkin, oʰt qara-qaradin kɛsmɛptu dɛp. (2)kɛjnidin ɦaj muʃ jaχʃikɛn dɛv uniŋʁa køndɛk. (3)tɛrɛkturdema, suputuladʒi dɛv ɦɛlqi kiʧiɣ tɛrɛktur ʧɨχsa, bu on kaliniŋ χizmitini bɪr saɛt, jerim saɛttɛ, (4)taza: obdan ɛnʧɛ wosa, qurusa, tipboːsa, buniŋki mɛji saːχup iʃɛk jimɛjtkɛn dɛp turvɛlip. (5)mana ɛmdi taza pajda-zijanni køgɛndɛ uniŋʁa køndɛk. (6)ɦaːzir ɛlliɣ vɛʃkɛ kidim, køgɛnni ojləsaq iʃkyz jaʃqa kidim ɦaːzɪr. (7)a jurt̪ nɛʧʧɛ jaŋza wolap kɛtti. ɛj bi aʧalda jaʃaʁan jɛːdɛ bɪr øjdin bɪr øjgɛ vaːʁɪʃɛ jol vɛlɛ maŋməsa, ɛdɛm ʧapinni ɛp qalətu jantaχ. (8)mundo qalajtqan toʁraq, qarakøl vɛlɛ oχʃaʃ ɛmdi, ɦɛr øjniŋ aldɪʁa yzym qojap, java jantaχ, toʁraq ɛʃundaʁ, (9)ɦɛr tikɛn, ɛdɛmdin igiz, aχ tikɛn. (10)ɛm ɦaːzir ʃɛːlɪdimu qɨj-qaʃ appaq, ʃɛːgɛ etis̪-eriχdɛɣ bi nɛːsɛ qilip, u iʃla dʒiq asanlaʃti. (11)ɛm ʃu unuŋdin qutulduq, kejin tɛrɛkturliʃip, ɛm ɦazir kompajinliʃip. (12)ɛm aʧalʁa bi ɛdɛm miʃɛːdɛ kɛsɛl wolap qaːsa, ylɛp qaːsa, iʃɛkni mynyp bɪr kyndɛ χɛvɛ qip keliːti ʃol vaχta. (13)vaj desɛk, øzimiz oʰᴵteravla ɦazir yrymʧidɛ ɛdɛm bosimu søzlɛʃkilɪ tuduq.

1.1.6 我们的发展很大

（1）这个，后来有了石磙，石磙是组织提供给我们的，（起初）有些人还觉得用石磙打麦场打得不太好，打出来的麦草有点大（不够细软），所以他们不愿使用石磙。（2）后来都知道它的好处，我们也习惯用它了。

（3）至于拖拉机，出来了叫做手扶拖拉机的那个小拖拉机时，它在一小时或半小时内（可以干完）10头牛的活，（4）如果是干得很好的麦秆，（在这么点时间内）打完麦场，（但还是有些人）说这东西滴了油，毛驴不吃它打出来的麦草，就不愿使用。（5）而现在呢，看清这里面的利害关系后，我们都习惯用它了。（6）我现在50岁了，但想到那些经历过的事，我觉得我好像200岁了。（7）现在家乡有很多变化，以前在阿恰勒，要从一家到另一家，如果不走大路，小路上骆驼刺很多，走路人的衣服会被骆驼刺钩住的。（8）那里烧火用的胡杨，跟卡拉湖一样，每家跟前种葡萄，还（长着）野生骆驼刺、胡杨之类的（东西）。（9）那荆棘长得很高，跟人一样高，都是白色的荆棘。（10）但现在那里的田埂也光秃秃的（没有草），都修了引水渠之类的东西，现在事情变得很简单。（11）就是摆脱了那些（困难），后来我用了拖拉机，现在用的都是收割机。（12）当时如果这里有人生病或去世，骑着毛驴花一天时间才能把消息传到阿恰勒。（13）可是现在我们可以坐着跟乌鲁木齐人聊天。

1.1.7 χa:man

(1)gaŋ e:tiṣ-eriχni taʃləvetip tʃarəv vaχqan kyn joq, lekin tʃarvidin jerim ja:ta yzylgɛn iʃmu joq. (2)øzemez ihtijadʒiʁa kɛŋ jityʃkydɛɣ tʃarvədin yzylmɛj. (3)amma kɛ:tmɛn degɛn oqɛtni tɛqdir ɦɛlqɨ puχta jezivetiptikɛn bizniŋ piʃa:nimizgɛ, (4)ɛj bovimizniŋ bovisidin ta:tip kɛtmɛn bilɛnla dʒan bɛχip kɛgɛn χɛχ. (5)ulaʁda jomʃatqan χamanni a:saq, ɛntʃisi eŋiz sunduduq dɛjtmiz, bir dɛpsidi birkyn, iŋ avallerda ɛʃunda:di. (6)kejin mo buʁdaj øzgirip kɛtti, bi tɛpsɛ jomʃajtqan boldi. (7)ɛ: burunqi qarakyzgi dɛjttyk, sɛkkiṣiɲtʃajda tersa sɛkkiṣiɲtʃajda piʃi:ti, ɦazir aʰltindʒajda piʃivatitu buʁdaj. (8)uniŋdin kejin ɛ: qara kyzkigini χaman vaχtidiki vaχta eŋiz sundurtqan gɛp. (9)kɛjnidin e kirini alduq dɛp ɦɛmmisni jana aʃu, aral dɛjmiz ɛmdi, tøʰt tʃøriskɛ tʃiqɨrɨp qaʃa qilip, (10)kirini alduq dεp eʰtip ʧiqirip, jεnε εnʧidεk ʧiqirip, jεna ajaʁ salıtqan gεp, ʧala qa:ʁan jeri dεpsilidu dεp. (11)εm buni sorujtqan gεp, sorəʁandin kin pεjχan qilduq dεp jεnε εʃu χεli obdan buʁdaj bolap qaltqan gεp. (12)εʃni jεnε dεpsεjtqan gεp, iʃεk jεnε sijitu εʃniŋda, jεnε dεpsi:tip, an uni sorəʁandin kijin uni obdan dεpsijεlisε, (13)uni ʃol kyni ɦεjdigεndε jamʁu jaʁmasa, ɦεmmidin obdan aftap ʧiqipεsε, ʃuniŋ velεn pytyp ʧiχitu sorəsaq, (14)bolmasa qizildiduq dεp uni so:rup, qipqizil buʁdajni jεnε dεpsititqan gεp. (15)qalasa qizil buʁdaj, soreʁanʁa ada volmajtqan iʧi:dε buʁdiji va kyrmεk, (16)ʧa u dʒiqraq ʧikεtkεndikin buni dumbalap tεŋ kεlεlmεjtmiz dεp kaləni qoʃap qizildiduq dεv jεnε dεpsεjtqan gεp. (17)jεnε sijitqan gεp, an soriʁandinkijin an a:ʃiq(aʃliq)vulap a:rildʁan gεp. (18)qarasamanni bi soriduq, pεjχanni bi soriduq, qizildiʁanda bi soriduq, yʃ qεtim sorujtqangεp. (19)εŋiz sunduduq, kirini alduq, pεjχandiduq, qizildiduq tøʰt qεtim χaman qoʃitqan gεp. (20)ɦa:zi(r) bırla, εŋiz sundurup jomʃiʁandin kijin er(eriʁ)bi qata sirtiʁa ʧiqiritqan gεp χamanni, (21)εnʧini εŋiz taʃliduq digεndε jumʃi:ʁni jumʃap, bεziliri mεnda qεp qa:ʁandikin ɦεmmisni jεnε birʧiqirip, jεnε bi saʁandikin uni bajiqidεk, (22)uzun, jumʃi:qı jumʃaq bolap qalmaj, ɦεmmisi tε:giʃip bolıtqan gεp. εniŋ velε χaman pytyp ʧiqi:tu ʃolda.

1.1.7 麦场

（1）我们没有完全放弃种地去放牧的时候，但也没有不放牧或不养牲畜的情况。（2）我们放牧是根据自己的需求，够用就行了。（3）但是坎土曼这个玩意儿命中注定是我们家族的专用工具，（4）我们祖祖辈辈都靠坎土曼过日子。（5）就拿用牲畜压碎的麦场来说，牲畜先踩一天，把麦秆初步踩碎，最初就是这样的。（6）后来这麦子的品种变了，变得一打就可以碾碎。（7）以前有种叫做"卡拉库孜格（深秋之意）"的小麦，今年8月份耕种，第二年8月份才熟，现在的小麦6月份就熟了。(8)然后，打麦子的时候，先要初步踩碎那个卡拉库孜格的麦秆，(9)然后是叫做"去渍"的环节，就是再把所有的那个，（哦对了）先是"做岛"，就是把正在被踩碎、压碎的麦秆扔到四周做梗，(10)然后在"去渍"环节，把那些初步压碎的麦秆再堆到中间，重新把它一点一点地扔到牲畜脚下，以便再踩还未踩碎的麦秆。(11)然后就是打扬，扬完后是叫做"派航"的环节，就是（用木叉）把麦子（麦秸秆和麦粒的混合）重新堆到中间，然后再一下一下地扔到牲畜脚下让它们再踩一遍，（其实这时）麦子被打得已经差不多了，(12)但还得踩一遍，这样毛驴在那个上面还会尿的，如果这次牲畜踩得好，(13)打场那天又不下雨而阳光好的话，那么这天再次扬完后就可以结束了，(14)不然的话，还要走叫做"弄红"的环节，就是发红的麦子（但还是麦秸和麦粒的混合）再让牲畜踩一遍。(15)（有些东西）看起来是红色的麦粒，但扬起来时不与麦秸分开，这就是瘪麦子。(16)（有时候）因为"茬"（其实这里的"麦茬"是指还未脱壳的麦粒）比较多，用棍子打碎比较难，所以让牛等牲畜再踩一遍。(17)这样的话，牲畜又会尿的，再次打扬后这粮食（麦粒）会彻底分离出来。(18)（这样下来）把初步踩碎的麦子扬一次，把那个未被彻底踩碎的麦子经过"派航"后再扬一次，在"弄红"环节让牲畜再来踩一次，然后再扬一次，（这样下来）一共得扬三次。(19)初次踩碎麦秆、"去渍"、"派航"和"弄红"四个环节都得打场，即打四次麦场（让牲畜踩碎），现在一次性搞完。(20)初次踩压完后得把变软的麦秆一点一点地铺在麦场周边。(21)初次踩压麦秆时有些部分会变软，还有些部分则不会被踩碎，所以把所有麦子再堆起后重新在麦场铺开（让牲畜踩碎），(22)（这样）就不会再有那样长长的麦秆，也不会有一些麦秆被打得很细很软而另一些麦秆不够细软的情况，就这样，麦场就算是打完了。

1.1.8 qoʃ

(1)qoʃ ɦɛjdisɛkmu mynda bi ʁiriʃtin jɛːni iʃɛkni ja kalini qoʃvɛlip aʃunda, tɛχi bi ɛdɛm jøtølɛp kɛtʃ voʁɪtʃi, (2)buquːsi, kona sapal, jeŋi sapal dɛp qojtmiz ma soqəni, ɦaːzɪr tʃiχqan soqeni. (3)burunqi buqusi ɦazɪrma ɛː iʃkɛːki ølkilɪdɛ bejkin, tynygyn dɛnʃidɛ køsitti, aχʃam kɛʃtɛ. (4)jaʁatʃtin qɪlɪp, muʃu baj tɛrɛptɛ tolikɛnduq, menda qɪsaq qantʃɛ qol qinɪʁa tʃoŋqu wosun dejtu. (5)buqusini tʃiʃ dejtuq, ɛʃni veqi mənda jaʁatʃqa kɛjdyryp, (6)am buni mənda wolovalmaslɪqqa mijɛːgɛ manda vi jaʁatʃni tejɛp qojap, køʰtlɛk dejtmiz, myjinda qɯtuq. (7)ɛdɛmnɪŋ miʃ jergɛ tɛŋ kɛːgɛn igizligi, mujunda hɛjdɛp/b tiriktʃiliɣ qɪlɪtqan vaχlɪkin. (8)iʃqɪp tompaj qəʁan iʃla.

1.1.8 犁

（1）套犁翻地时即便是一拃长的这么一块小地，我们也给驴或牛脖上套上个犁去翻的，还让一个人整天牵着牲口走，（2）木犁、老式铁犁，这个新出来的犁呢，我们叫做新式铁犁。（3）以前的木犁，内地有些地方现在还有，昨天晚上在电视上播放了。（4）用木头做的，这个拜城县那边有很多，当时（翻地）应该有多少多少手指那么深这样的说法。（5）我们把木犁叫做"牙齿"，把它套到木头上，（6）然后用一个木头从这儿把它撑起来，以免让它变成这样（不能用的样子），用来撑着的那木头叫做"阔提来克"，当时我们就是这样做的。（7）翻地翻的深度有到人的这部位那么深，那时就是这样谋生的。（8）反正做的都是粗糙的（质量低、不精致）。

1.1.9 bɯznɨŋ uruʁ

(1)ehtɨş-eriqni taʃlıwetipla ʧarwa waqqan waχtimiz joq.（妻子插话：
(2)øzima ɛ:wu taʁ-taʃlıdin neʧʃɛ jil ɛmdi qoj tuʃup, mənda tidʒarɛtʧilık qɯtmɛ
dɛp qılʁan iʃlır ba, (3)unıŋʁa minda dɛsmi pul joq, ma kɛlvingɛ kɛlgɛnnıŋjan
toχtotup qojdaq) (4)asaslıqɨ kɛtmɛn, amma øzimiz ihtija:dʒıʁa ʧyʃluq ʧarwıni
χɛχnıŋ yjidɛ biqoj bolmaʁandimu，jigimɛ ottus qoj yzmɛjtyk. (5)burunqɨ
zamanda miʃɛ:dɛ χa:lıq ʃu:dʒi dɛjtmiz, ʃu ɛdɛmnıŋ boveleri taʁda jajdo tutup
turup, top mal vɛχip qɨptikɛn. (6)uləmu atam bilɛ badʒa kelitu, biznıŋ ajmaqnıŋ
iʧidin ʧiqqan kona ʧarvɛʧila aʃu. (7)ɛ tusun sopinıŋ vallıri dɛp qoj(itu), ulə
kona ʧarwiʧi, unıŋ iʧidin ɛmdi qa:si va ukimɛj bi ʧoŋraq ɛrlı:din, aqja:ʁimu
ʧikitiptukɛn bɛziliri. (8)ɛʃla mana taʁda ʧarvıʧilıq qılıp qɨrʁızdin ajalmu elip,
jurʧigɛ nisbɛtɛn, (9)biznıŋ mo uruʁ ɛvla:dimiz jɛ: kølimi jamanmɛskɛn ajmaqta.
(10)tolisi aχsu tɛrɛpkɛ ʧiqɨp qonoq yzyp baj vulap, (11)fiɛlqɨ yʃ-tøjyzmo, bɛʃ-
aʰlte jyzmo teriʁan ɛdɛmnıŋ yjidɛ iʃeknıŋ dymbɨstɛ tøʰt ʧɛrɛk, bɛʃ ʧɛrɛktin
aʃliqni ahtip kilip, (12)ɛllig-aʰtmiʃ kilonıŋ gipi ɛmdi, ɛʃinda qɛtkɛn. (13)kijin
diχanʧiliqnıʧu, ʃol vaχlıdımu bɯznıŋ uruʁ-ɛvladimiz ʧiχmajtkɛn, jɛ ɛmdi miʃɛ:
dɛ tojtkɛn qosaq. (14)ɛ: aʧal kɛlvin, aʧal sɛra:di dimidimmu, ɛʃɛ:din jɛ tutuʃtiki
mɛχsɛtma ɛrkuʧi dʒiχkɛn, χilkɛn, taliv uruʁi dɛp na:mi bɛjkɛn. (15)baʁandikin
kuʧimiz boʁandikin ɛʃɛ:din bɛnɛm jɛlɛ woʁandikin, bɛka su woʁandikin terisaq
wommamtu dɛp berip, (16)an biri berip iʃkisi berip an neʧʃɛ vɛʃ uruʁdin neʧʃɛ
vɛʃ qɛbilidin bibi jigimɛ oʰttus ajilɛ berip, (17)ɛʃɛdima jyrʧi mɛllisi dɛp mɛllɛ
wolap, bi eriʁ/χ syji wolap, bara-bara jurtlaʃqanʧɛ toməsi wolap, sinıŋ munʧiliγ
syjyŋ va dɛp.

1.1.9 我们的家族

(1)我们没有抛弃耕地而去放牧的时候。(2)(妻子插话:)他自己也为了做生意,好几年从那个山上运来羊卖,他做过这样的事儿,(3)但做那个(生意)我们没有本金,来到柯坪后就不做了。)(4)主要是依靠坎土曼,但是根据自己的需要,即便别人家里没有牲畜的时候,我们家历来也有不少于二三十只羊。(5)以前,这里有个叫哈力克书记的人,他的祖先在山上修建羊圈养过成群的牲畜。(6)他那个人跟我爸算是连襟,我们村最早出来的牧民就是他们。(7)图孙索皮的孩子们是老牧人,唉,他们家族目前年龄大点的还有谁呀兄弟?听说好像他们当中有些人去了阿克亚。(8)对玉尔其来说,他们就是在山上从事畜牧业、娶过柯尔克孜媳妇的人。(9)我们家族在这个村里占有的耕地还可以(不少)。(10)别人多数去阿克苏那边,摘玉米赚钱致富,(11)那些有三四百亩、四五百亩耕地的人家,驴背上驮有四五恰热克(重量单位,一恰热克等于10—12公斤左右)的粮食,(12)这就是五六十公斤的东西,就那样做。(13)我们家族那时没出去打工,要么在这儿(想办法赚钱)吃饱肚子。(14)那个阿恰勒,我不是说那儿以前是乡下嘛,在那儿占有耕地的目的也是因为我们家族男性劳动力较多、较强,我们塔力甫家族当时是很有名气的。(15)因为我们家有劳动力,那里又有可开垦的土地和免费的用水,所以我们就想去那儿种地,(16)(先)去了一个、两个,然后几个家族都去了,就这样去了二三十家,(17)那里形成了叫玉尔其的社区,(先)有了一条溪,(后来)随着乡村的渐渐形成,就用水闸专门分水用了。

1.1.10 toma

(1)toma digɛn ɛʃniŋɑ ølʧɛp qijpertqan bir ølʧɛmkɛn suniŋki. (2)mɛʃtin joʁan χeni ʧaslap qattuʁ usta jaʁaʧʧini ɛpkelip qetqan nɛsɛ. (3)ɦazi hykømɛt igi woldi, jɛ vɛlɛ su døwlɛtniŋ dɛp, bi dadyniŋ jɪri dʒiqraq wolap syji azraqwolap qaːsa, baʃqalagɛ tɛŋʃɛp mɛŋvatitu. (4)ɦaːzir bir jɛːdɛ bolməsa bir jɛːdikin jøtkɛp iʃlɪtiʃ, ɦɛmmisi bi ailɛ dɛvla tunojdu ɦaːzir.

1.1.10 托马（用来分配河水的木梁/水闸/堤坝）

（1）托马是用来分水的东西。（2）就是手艺很高的木匠用比铁炉还要粗的木头做成的东西。（3）现在政府做主了，因为地和水是国家的。如果一个村的地多，但用水量少的话，（我们政府就会对用水量）进行重新调整。（4）现在可以把别的地方的用水调到另外一个地方用，因为大家都是一家人。

1.1.11 døniniŋ syji

(1)beːʃta sɛl tenɛp qaldim, quruʁ gɛpkɛ mɛnmuʁu ustidim. (2)mɛn mɛχtɛpkɛ tyryk, qulaq mollisʧu, aŋləʁanla gɛp isimdɛ turup qalitu. (3)mo gɛpni ɛsli mɛzmuni nemu, buniŋ mujum jeri jutniŋ kelip ʧiqiʃ tariχini nemɛ qɪlmaqʧikɛn hɛ? (4)ɦɛ qum eriqniŋ jajlɪsta bi dønɛ dɛp jɛːwa, majmaq sygɛt, qoram digɛn jɛːdɛ, (5)iʃki kɛntniŋ syjidɛɣ su ʧiqip tøʰt yn ʧaqɪrim, yʧ yn ʧaqɪrim berip joqap ketip, jɛnɛ bi iʃki yn ʧaqɪrim, bi yn ʧaqɪrim berip uniŋdinmu dʒiq awup jene ʧiqip, (6)u su iŋ ajiʁida toŋguz orun dɛjtmiz, ɛʃɛːgɛ kɛgɛndɛ, u suni an jygɛnlɛp ɦykømitimiz ɦazir ɦojlɪdin ʧiqirip bɛdi .

1.1.11 多奈（地名）的水

（1）开始时我有点紧张，不然我也会说很多废话。（2）我没上过学，但我耳朵很灵，只要是听到的事情我都会记得清楚。（3）你们在这里要问的重点内容原来是关于家乡的历史，对不对？（4）库木艾日克的上边有个叫多奈的地方，就在那个叫做"歪柳"、"阔热木（大石头之意）"的地方，（5）那里有两个村够用的水，流到了三四个喊声里（这是此方言特有的衡量距离的单位，一个喊声里是喊叫声能传到的一段距离，两个喊声里是前面那个距离的两倍，以此类推）的地方它就消失了，（在地下）流一两个喊声里后又会出现，而且水量也变大了。（6）这水最后流到叫通古斯乌龙的地方，我们政府把它拦住了（改成自来水）并让它流进我们的院子里（供我们用）。

1.1.12 bu jɛːdiki tiriktʃilik

(1)mɛnmu bi dʒiχ oχmaʁan, tøʰtinsinipta oχɢan. (2)bɨz burun mo ɦazirqɨ, mo buʁdajlerɨmutʃu aʰltintʃajniŋ onleri piʃqan buʁdajla. (3)burun muʃu sɛhkizintʃajniŋki onnetʃʃilerdɛ piʃitti. tigini teriʁ terijtuq, tʃamʁu terijtuq. (4)teriʁ dɛp bi nemɨmiz vɛjdi, məndaʁ boːza tʃiqɨtti, atʃtʃiʁ etʃitqu tʃiqɨrɨtqan bi nemɛ. (5)ɛm uni zaʁra dɛp qojtuq, u zaʁralənemu jeχip jejtuq ɛmdi aʒliq qusaqniŋki nemistɛ aʃqenniŋ vaχtəda. (6)aʃqənida bi vaχlɨqɯmɨzʁa muʃundaːdin bidin qunaq neni verɨttɨ. ɛhtisi ja umatʃ ja bi nemɛ berɨtti. (8) oʰlteraːvɛːsilɛ, køwɛ saːsam bulaptikin, køpəmu seppɛmɛpmɛ tɛglirɢɛ. (9)jala køpɛdinʁu tula nemɛ joχti, muʃdaːla oʰlterap qɛpmiz. (10)ɦɛ an ɛmdi ununɢdin kijin bara-bara mo buʁdajlerimizmu jeŋi sortla jeŋgyʃlinipmo aʰltindʒajda piʃitqan boldɨ, ɛm arpadɛj. (11)piʃip unəŋ tekka aːna mindaʁ qunaχ salətmɨz, u piʃitu. χamanni ep boldaq, (12)buʁdajniŋ onəʁa qunaχ teriduq, χɛjdyj qunaq dɛp qojtmiz. uni toqqɯzintʃaj-onəntʃajləda orɨtmiz, uniŋ tekkɛ jɛnɛ buʁdaj terijtmiz. (13)dʒiq oqɛtma joq qetqan, katɛklermizdɛ mal baχɛtmiz bɛʃ-ondin mal, pulʁa χidʒaːlɛt wosaq uni satetmiz. (14)qoj, kala baχɛtmiz ɛmdi, qojni ɛm qijintʃilɛq taʰtqanliri, (15)bi qɨsɨmlɨri tidʒaːrɛtniŋ julni uχmaj oʰltarap qaʁanlɨri ʃu qoj seːtip, ɛʃnəŋ velɛ qosəːqi assa aʃ-tylyɣ ɛv jɛp. (16)ɛm ɦazir yʃ-tø jil woldɪ, avatlɪʁa,siritləʁa paxta tɛgɪlɪ tʃiqitqan boldi dəxanla erix. (17)nurʁunraq tʃiqqanliri bi bɪʃ-aʰɫtɛ miŋkoj, ɦidʒimɛ taʰpməʁanliri iʃk-kyʃ mən koj pul tehfip kelip, qosaq aʒliri aʃ ɛv jɛjtu, tidʒaːrɛtlergɛ iʃliːtip. (18)kala, iʃek soləʁan jɛːni ɛʁil dejtmiz, qojni, tuxuni soləʁan jɛni katɛk dejtmiz, tuxuni solapma ajvaʃqa kɛːgɪlɪ bolmajtkɛn.

1.1.12 这里人的谋生

（1）我没怎么上过学，只上到小学三年级。（2）我们以前现在的这个，这些麦子是6月10号左右成熟的。（3）这个以前8月10几号才成熟，麦收完了后再种小米或恰玛古。（4）那时有个叫小米的东西，用来做"波扎"，是一种做发酵粉的苦味的东西。（5）然后那个，还有包谷馕，在有集体食堂（公社的大食堂）的时候，因为饥饿，我们还打那种馕来吃。（6）作为每个人的一顿饭，集体食堂发给一个这样的馕，早上给玉米粥或其他东西。（7）你别起来，应该铺个褥子坐，我却没给你铺上褥子。（8）哎呀，（其实我们家）褥子很多，（不知不觉）就这么坐了。（9）后来这麦子也渐渐换成了新品种，变成6月份就熟了，像青稞一样。（10）在收完麦子后再种玉米，也会熟的。（11）我们刚打完麦场，在种过麦子的地上我种了玉米，是一种叫做海堆的玉米，等到九十月份我们收割玉米，然后再种小麦。（12）我们要干的活不多，圈里养着5—10个牲口，需要钱时拿出去卖掉。（13）养的就是牛和羊，这个羊呢，一些有困难的人，（14）就是那些不会做生意也不知干什么的人，用卖羊的钱去买些粮食解决自己的吃饭问题。（15）这三四年来，不少农民去阿瓦提县那边摘棉花。（16）经常去的那些人挣了五六千块钱，挣得少的也有两三千，回来后肚子饿了（缺粮食）就去买粮食吃，不然都用在生意上。（17）我们把养牛、驴的地方叫做"艾格里"（标准语中表牛羊圈之意），关羊、鸡的地方叫做"卡泰克"（标准语中表鸡窝之意）。（18）这鸡啊，关进鸡窝里也无法驯服。

1.1.13 buʁdajni mənda qetmiz

(1)buʁdajni mənda tuluq taʃ dɛp qojtmiz, taʃva, aːni tɛrɛkturʁa sørɪːtip uni jumʃetɪtmiz. (2)jumʃetip ʃamal ʧiχsa, minda bølɛ jaretmiz, iʃkki bølɛ jerip, ʃamal ʧiqɯp qaːsa arɪda ateʰtmiz, samini bijan, buʁdɪji bijan bolotu. (3)ʃamal ʧiqmaj qaːsa haːzir ʃamalʧi pɛjda woldi eriʁ. (4)χaman aʃna wolitu, taʃta tevitmiz, saminni øjgɛ ɛʰp kirip samanlɪqɪmɪz va, unəŋʁa qujetmiz, buʁdajni saŋʁa øʰtkezitmiz, (5)bizgɛ minda:bi kiniʃkɛ veretu, bi χaʰlta jɛmmiz, iʃki χaʰlta jɛmmiz, (6)qoseqmɪz utturi aʧqanda ihtijaːʤimɪzʁa ʧuʃluq aʃɛːdin ɛp kirip jɛjtmiz. (7)kiniʃkeni ɛʰp ʧiqetmiz, kepekɪnɪ ɛʰp kiritmiz unəŋ baʃqa ba kiniʃkɪʃi. (8)qojʁa samanni jup ɦɛlɛp etiperitmiz. kɛpɛk lazɪm bosa uni, un lazim bosa uni ɛʰp keritmiz.

1.1.13 小麦，我们是这样弄的

（1）说到小麦，有这样的石头，叫做石磙，由拖拉机拉着把麦子碾碎。（2）碾碎后，如果吹着自然风，这样就分成两堆，如有风，用木叉扬起来，麦秸和麦粒就会分开，（3）如不起风，现在已有专用吹风机。（4）打麦场就这样，就是用石头碾碎，把麦秸运过来，家家都有麦秸房，把它放进麦秸房里，把麦粒交给（乡里的大型）粮仓。（5）（粮站）发给我们这么点的证件，要吃一袋或两袋，（6）我们根据自己的需求，从粮仓那儿拿来吃。（7）（去的时候）要带上证件，麸皮也可拿来用，但需要另外一个证件。（8）把麦秸洗干净后做成草料（是指麦秸被弄湿后与少量麸皮搅拌做成的草料）给羊吃。需要麸皮我们就把麸皮要来用，需要面粉就要面粉。

1.1.14 ailimizniŋ igiligi

(1)øzemizni eʰtsaq, bɨz fia:zɨr onbij-oniʃkki jil boldi, muʃu quʁun-ta:wuz velɛn ʃuʁullenetmiz. (2)birjilda qɨriχ ɛllig mo quʁun-ta:wuz ɛp kelip setip qilitmiz ɛmdi, seriʁwuja, dolan, (3)pɛjzivat qaʃqa:niŋ aʃɛ:ligɛ berip maʃinni kira qɨlɨp ɛp kilip ʧyʃyryp, mo bɨznəŋ øjniŋ e aqa jɛ:dɛ sø:rimiz vɛjdi, (4)lɛmpɛ muʃna jaʰpqan, fia:zɨ nemɛ qetmiz dɛp elvaʰtti. (5)elivaʰtqandikin baza:ʁa ʃɛ:gɛ ʧyʃy:duq, bygyn kɛʰtti, ɛhtɛ ʧiqətu, aznigɛ satetmiz. (6)bi maʃina vɛ:ʤɛ tygymɨsimu az qalɨtu, a jana azna meŋip jɛχʃenbɛ vaza:ʁa ɛp ʧiqip aʃnaʁ. (7)joldaʃim ɛʰp ʧiqɨtu, ballerim bilɛ satetʊ. (8)joldiʃim buʰltu aʁrip doχturχanda uzun jehtip, buʰltu barammǝʁan. (9)ɛm bujil, jaχʃi wulaptikin øjdɛ zikip, iʃ qip øgønyp qalʁan ɛdɛm jaʰtquʃi kɛlmɛjtu. (10)øzi ɛʰp ʧiqip berivatitu, balla setivatitu. jildabi jɛv-iʧip ɛmdi jetti-sɛʰkkiʃ məŋ koj, bɛʃ-aʰltɛ məŋ koj pajda aletmiz. (11)a mo kelnim bɛjdi, yʃ jil wolaptu paχta tegɨli ʧiqti, diχan bolʁandikin, øjdɛ ʤiqmu iʃ wolmaʁanda. (12)quli iʃtiχ momniŋki, yʃ-tø məŋkoj, tø-vɛʃ məŋkoj. (13)ujɛ-din ɛm iʃɨkkaj terɨtʊ ɛmu paχteni, tunuʃleriva, neʧʃɛ jedin tele:pun kɛldi, ɛmdi bu vahqəva χɛli dɛwatettu, uni qɨɨp kelɨtu.

1.1.14 我们家的经济情况

（1）拿我们自己来说，我们一直从事买卖甜瓜和西瓜，现在有11—12年了。（2）一年买四五十亩地的甜瓜和西瓜在这儿卖，（3）租车去喀什的色力布亚、刀郎、伽师等地方买瓜运到这儿卸下，（4）我们这房子后面有个大棚，是用大块布料搭建的，现在已被拆掉。（5）拆掉后我们把瓜卸在集市上，今天去，明天回来，星期五就可以卖。（6）一车瓜就算全部卖不完，绝大部分也能卖完，到了星期五还可以去买，星期六回来卖，一直卖下去。（7）我爱人自己去买来瓜，跟孩子们一起卖。（8）我爱人去年生病住院住了很长时间,所以去年没去成。(9)今年身体好了,在家里闲着无聊,因为是个干活干惯了的人,不想在家闲着。(10)目前呢,他去把瓜买来,孩子们卖。一年下来,除了吃喝,还可挣个七八千、五六千元的利润。(11)我有个儿媳妇,三年来都去摘棉花,农民嘛,家里也没多少活儿可干。(12)她这媳妇儿啊手很快,(一会儿就能挣上)一两千、三四千块钱。(13)(儿媳妇)在那儿摘棉花摘了两个月,那里有认识的人,几个地方给我们家打来电话了,她说已经摘了不少,摘完了就回来。

1.1.15 tam tʃaχetkɛn

(1)tamni tʃaχesɛ dɛp, kɛsɛktɛ saʁan tamki dɛp, eriʁ gul qojdi qaʁan tamlaʁa, muʃɛːdɛ iʃk-kyʃ tamni aːrip qojdi tʃaχeslɛ dɛp. (2) i jɛːdibi balam ba, byjil tam salduq, jaʁatʃ teʃimizmu kam, byjil bu vahqa dʒim bulap qaldi. (3)ɛm ɛhtijazleqqa tʃaχeːsɛ disima, tʃaχmajsɛ disima tʃaχaːmɨz, taʃ, jeŋi kesɛk woʁandɨkin. (4)muʃu jeŋi jeza qureːsɛn, ʃunəŋʁa maslaʃmɨsaŋ wolmajto dɛp tʃaχeːsɛ dɛvatitʋ. (5)kona øjlɛmɛs, guŋʃiːniŋ ɛdɛmlermu kørɛp tʃikɛtti ɛmdi, ɛmisɛ tʃaχaːmɨz, ɛmisɛ bi iʃikkyʃ jil dʒahandaːtʃilɨq qulɨwraq tʃaχaːmɨz dijiʃivatɛtmiz. (6)kɛsɛk tam søːryn bolito, øjlerimiz søːryn, ɛmisɛ muʃnaʁ, ħɛmmɛ jɛːni muʃundaʁ osma qojap, konaleri wosa sugap (7)tʃaχsa-tʃaχmasa oχʃaʃ, rɛŋlini suguvatqɨnni kømɛpla ajɛdɛ, darvaziniŋ allɛriʁa, sesɛp salməʁan oχʃajtla. (8)uhtirantʃi valamniŋ bi quɪz, bi oʁli va, tʃoŋini aʃqənɪʁa aʃpɛzgɛ ʃigitkɛ vɛgɛn, om bɛʃʃaʃqa kijgɛn, (9)ubala bi kyn ɛhp qaldi ahltajtʃɛ woldi, mo bala bazaːda mɛχtɛptɛ oχujtʋ.

1.1.15 盖房

(1)以前(政府)说要拆房,因为那是用土块建的房子,其他人的房子墙上都画了圈，只留下了这里的两三套房子（没有画圈），因为以后要拆。（2）我们在那里有个孩子，今年我们准备盖房子，（其实）我们缺乏木头等材料，直到现在还没有（拆房的）动静。（3）到了春天不管（政府）说不说，我们都会主动去拆，这房子的石头和砖还都是新的，（4）现在都说要建新农村，每个人都得配合这个工程，因此要拆掉旧的。（5）其实这也不算是太旧的房子，不行就拆掉吧，如果说让我们（继续住），那我们再住上几年再拆也行。（6）用土块建的房子凉快，所以这房子比较凉快，其实就像用奥斯曼眉笔修眉似的，这里的房子墙面都已被粉刷好，拆不拆都无所谓了（我们自己会拆掉的），（7）您没看见那些涂成各种颜色的墙面吗？看来你没有留意大门的前面。（8）我们家三个孩子中的老二现在已经有一男一女了，让老大去饭馆当厨师的徒弟，他15岁了，（9）去了快六个月了，可以算是在那儿谋生了。这个孩子呢，现在在镇上读书。

1.1.16 bu jɛːdiki yryklɛ

(1)yryk dʒiq bujeːdɛ, qaraʁazaŋ dejtmiz, mollaːvi dɛpqojtmiz, alotʃi dejmiz, aʃnaʁ, χuwɛjnɛ, baldyryk ba, (2)jɛttɛ-sɛhkkis χil yryklɛ ba, bɛgzaːdɛ dɛp qojtmiz, mundo-mundo boletkɛn joʁan, joʁan bolotu. (3)mɛn gylisni ɛʰp tʃiqip køkiʂtej. (4)tʃetmaq dɛp qojtmiz ʃuniŋʁa, ɛmisɛ borəʁa saletmiz. (5)tʃeχitmaq etisliqniŋ qiriʁa tʃiqeːtqan, uʁaqta urap ʃuniŋ tøpɛskɛ jejip muʃna midiletip turetmiz. (6)bolməsa munda qurumajdu tʃavleʃitu, satsa iʃk-kyʃ kojlaʁa alaːmiki dejmɛ momni. (7)bizniŋ mo dʒiq bolmaʁandikin, muʃnaʁ qaragylɛ qɯp qojmasaq, (8)dʒiq baleːri satettu eriʁ χoma qɯp, iʂlap iʂliq gylɛ qilip satetu. (9)bizniŋ mɛːdɛ kitʃiɣraq beʁimizva, mo guːχa boʁanda bizgɛ tɛɣkɛn, (10)ɛm bimo kitʃikkina taːnɛkraq bi jɛːni etʃip qɯp qojʁan.

1.1.16 这里的杏子

（1）这里的杏子品种多，比如"黑叶子"、"莫拉维"、西梅，就这样，还有"胡外尼"和早熟杏，（2）有七八个品种，有种叫做"王子"的杏子，结的果子有这么大，是比较大的。（3）我把杏干拿出来给你看一下。（4）（晒干时把杏子）铺在芨芨草或芦苇席上。（5）芨芨草长在田埂上，割下来摊在地上，然后把杏子铺在上面，（在晒的过程中）要不断地翻动。（6）不然晒得不会有这么好，会黏在一起的。如果要卖这种杏干，我估计一公斤可以卖到两三块钱。（7）因为我们的杏子不多，如果不晒这样的"黑杏干"（不经过熏硫直接在阳光下晒干的天然杏干），（8）杏子多的家庭做成杏脯、熏成熏硫杏干等再去卖。（9）我们在这儿有个小小的果园，当时进行耕地规划时分给我们的。（10）（是）我们以前开的一块狭长的地。

1.1.17 kɛlpinniŋ bina boliʃi

(1)kɛlpin dɛpqojʁan mɛːnisi atuʃtin jɛttɛ mɛrgan tʃiqïp, məndaʁ owlap tʃiqïp qalasa su-dɛrja eχip kɛtkɛn, (2)bu muʃɛ boletqan jɛːkɛn oʰteresʃip qaːsaq boletkɛn dɛp. (3)bu oltaʁanda, bala-tʃaqɯmiz ɛjnidɛ qaʁanda dɛp tuːsa, bir ʃajaːtun pɛjda wolaptu. (4)bu ʃajaːtunni aletkɛn bula, ajal dʒin, ʃuniŋ velɛn bula oʰtoroqleʃip qaletkɛn. (5)kɛlpin degɛn gɛp kɛlkyndɛ kip qaːʁan jɛ dijlitu,qɯjanda eχip mənda topiɫiri tujup qelip, ɛjindin aχetqan, mɛjindin aχetqan tøt dʒilʁava bujeːdɛ, (6)muʃuniŋ velɛ bizni anisi ʃajaːtun, atisi atuʃluʁ dɛp qojtu bizni.

1.1.17 关于柯坪县

（1）柯坪这个名称的由来，从前阿图什来了七位猎手，他们打猎打到了这里看到这里流淌着河水,(2)觉得这里适合他们定居,(3)但妻儿都在阿图什那边,这该怎么办呢,他们正在思考的那一刻出现了个妖怪,(4)他们娶这个女妖怪为妻,于是定居下来了。(5)另一种说法是,柯坪这个地方是洪水冲刷出来的,洪水带来了很多泥土并在此处沉淀下来,这里有四条山沟,水有时从这边,有时从那边流过来。(6)于是就有了柯坪人的母亲是妖怪,父亲是阿图什人的说法。

1.1.18 jyrʧi digɛn nam

(1)jyʧi digɛn gɛp, uqurs dɛjtmiz, u ɛ ɦɛmminiŋ ajeʁedikɛn, su ʧiqɨrammaj ziminiʁa, juqeriʁa ʧiːkɛːtɨlɪ dɛp juqersiʁa ʧikitiɣlɨɣ bi ajmaqva. (2)jurʧi digɛn gɛp bi rivajɛttɛ pɛriʃtɛ arləʁan ajmaq dɛjtu, bi rɪwajɛttɛ jɛttɛ kalvamu dɛjtu. (3)burun kɛlpindɛ ʃɛn joq, bɛg sorajtqan vaχkɛn, (4)aχsɨdin bi bɛɣ kelip, ɛ bi jɛːgɛ aʰtta kɪlip, bigim sili sorajtqan ɛʃ i̯kki baʁ dɛptu. (5)mənda qalasa i̯kki guŋʃi i̯kki baʁdɛk kørnidʧu, (6) mɛn bi velajɛtni sorəʁan ɛdɛm i̯kki baʁni soramme dɛp ɛʃɛːdin kɛtkinimiʃ, bɛgʧyt dɛpqojtmiz ɛʃɛːni.

1.1.18 玉尔其这个名称

(1)玉尔其这个名称,我们说是尤库热斯(指高处之意),原来下面有个村子,因为人们很难把灌溉用水引到耕地里去,所以搬到上游去了。(2)玉尔其这个名称呢,传说这是天使来过的村寨,另一个传说是七个笨蛋的住处。(3)以前柯坪不是县,在伯克管理的时候,(4)有一天有个伯克骑着马从阿克苏来到了柯坪的一个地方,(有人跟他说),伯克,你要管理的就是那两个果园,(5)看起来,这两个公社(乡)确实很像两个果园。(6)那个伯克想着我可是管理过一个地区的人,只管这两个果园怎么行啊,于是他扭头走了,这个地方被叫做"伯克区特"(是指伯克回头之地）。

1.1.19 kɛlpinniŋ ʧamʁuri

(1)kɛlpinniŋ ʧamʁurini sɛhkizindʒajniŋki sɛhkiṣidin uqetta ombɛʃgiʧɛ terijmiz. (2)ombirindʒajniŋ ombɛʃtɛ kolajtmɨz, taza suʁaq jɛːni ʧaŋgalliʁan vaχta. (3)bu ʧamɐʁu tatlɯʁ wolɵtu. bunɨ tɛndʒin ɛlliɣvɛʃ vɛlɛn taza aʁdurup, jɛːni oseːsini qɯp boʁandin kejin. (4)an kɛjnidin ʧajnitetmiz, ʧajnetɨtqan qoʃva, kompajinda oʁan jɛːni aʁdurup dym kømørvattuq, (5)dym kømørvatqandin kejin osa qəlep, andikinzɛ ɦɛliqi ʧajnitɨtqan qoʃ ʧɨχmɨdimu, (6)mundaʁ ʧøːryp maŋətqan, oseːsi tavlaʃqandin kejin aʃna qetmiz. (7)an ʧamʁuni naːji sujuq ʧaʧɨtmɨz, bilɛlmigɛnlɛ tola ɨlɛʃtyryp ʧaʧɨdʊ, biz qolɨmɨzda mɨnda ʧaʧɨtmɨz. (8)ʧikɛtkɛn oʁlamma uṣta ajnɨŋʁa, teridi hɛːjili veqi. bi yʃ-tø jil woldi ʧamʁu terijmiz, ʧamʁuːni aχsɨʁa apirip satɨtmiz. (9)buʰltu yrymʧigɛ appɨrlɨ dɛp nɨmɛ qɯʁan, bi ɛdɛm baldi kolivɛtip appaːdi, (10)u ʧamʁuniŋ taːtlɨqi bolmaj, kɛlpinniŋ ʧamʁuriniŋ naːmini buzup aʃunda bulap kɛtti dejiʃti. (11)baldi kolivɛtsɛ taːtliqi bolmajdʊ, soʁaq tɛχkɛndɛ kolaʁan ʧamʁu taːtlɨʁ wolitu. (12)ajlɨmizda birøjlɛn ʧamʁur ɛpkɛtkɛn, u ʧamʁuniŋ naːmini buzveːtip, ɛkkɛmmisyn dɛp teleːpun bɛːdi, ʃuniŋ vɛlɛ appaːmɨduq. (13)ʧamʁu bir χil wolɨdo, uni qeniq bolmaj mɨnda bɛnɛm jɛgɛ terisaq bolmajtʊ, (14)aʃ terip tuːʁan kuʃluʁmumɛs, adʒizmumɛs bi χil jɛːwosa. (15)tola joʁan baʃ elip kɛtkinima obdan bolmajdo, mijinda almɨdɛɣ bolsa, manda baʃ elip kɛtkinimu poːʃip ketip taːtɯqi wolmajdu. (16)muʃuniŋ vɛlɛ dʒan saqləvetitmiz.

1.1.19 柯坪的恰玛古

（1）柯坪的恰玛古在八月八日到十五日之间种植。（2）到了十一月十五日就拔出来，这样的恰玛古吃起来很甜。(3)先用天津55型拖拉机好好地把地翻松，再浇透底墒水，(4)然后用旋耕机碎土，收割机收割完庄稼后把地翻松，(5)然后浇一次底墒水，现在不是有了旋耕的东西嘛，(6)是这样旋着走的东西，底墒水基本上渗透了以后就用这个碎土。(7)然后稀稀地撒下恰玛古种子，不会种的人呢搅拌多次后再去播撒，而我们用手这样地撒。(8)刚出去的那个儿子也很会这么撒种，他每年都种，三四年来我们一直种恰玛古运到阿克苏卖。(9)去年本来想运到乌鲁木齐卖，但听说有人提前挖出恰玛古运到乌鲁木齐了，(10)结果那恰玛古味道不好，坏了柯坪恰玛古的名声。(11)要是挖的时间过早，恰玛古会不好吃的，等到天气真正变冷时挖的恰玛古才好吃。(12)前面有人到乌鲁木齐去卖恰玛古的，他坏了恰玛古的名声，有人打电话来说再别拉恰玛古到乌鲁木齐来了，于是我们没做。(13)恰玛古就一个品种，种在戈壁滩（不好的耕地）是不行的。(14)要种在那种一直种庄稼的不肥沃也不贫瘠的地上。(15)长得太大的恰玛古也不好吃，苹果那么大的最好，长得有这么大的也容易腐烂，不好吃。(16)总之，我们就以此为生了。

1.1.20 kɛlpindiki balilar ojunliri

1. lɛɣmɛn sa:bo

(1)lɛɣmɛn sa:bone tøt ɛdɛm bulap qa:sa iʃ(k)kidin po:liʃi̢tmiz. bidin a:ʁanda ɛndikinzɛ, sizitmiz. (2)sizippolap hɛlqi igu, nok veritqan je:ni sizitmiz, po:liʃi̢tmiz, kimgɛ baʃta kɛlsɛ ʃu neme qitu. (3)birɛjlen nok vɛ:gili tuʁanda a aldəʁa ʧi̢qip tutiva:sa heliqi balləʁa kiltu, an tutivalmaj qa:sa biz ʧøgelɛp ojna:veritmiz. (4)ʧøgelɛp- ʧøgelɛp øjnɯŋ iʧige kigendɛ bir ɛdɛm bulap qa:sa ʃu ɛdɛmgɛ øtitu. (5)an jiraqqa kɛtkɛndɛ biz jen ʧi̢qip ojnajtmiz, nok weretqan je:din ʧi̢qipoʁanda andin baʃqidin jene baʃlajtmiz. (6)yʃ ɛdɛm bosimu boltu, tøt, bɛʃ, aʰltə wosimu boltu. (7)be:ʃta øjdin baʃlajtu, kiʧikkəna, ɛʃna:raq qitmiz,andikinzɛ yjɛ:din jenɛ kɛjin davamlaʃturup siza:veritmiz. (8)ɛgu i almaʃtima ɛʃna tøt-beʃ a:dɛm bulap qa:sa eliʃip rambotliʃdu. (9)andikinzɛ jana birɛjlɛn muʃtim tʃɩqirip qa:sa an mɛn ʃapilaq tʃɩqirip qa:sam muʃtimni i mɛn u̯tva:ʁan bolitmɛ. (10)mɛn muʃtim tʃɩqirip a ajʃɛmgul ɛgu ʃapilaq tʃɩqirip qa:sa, mɛn qajʃa tʃɩqa:sam ajʃɛmgul muʃtum tʃɩqa:sa ajʃɛmgul u̯tvəltu. (11)andin sizɩtmiz, sɩzɩppolap i amlajtqan jɛ:ni sɩzɩtmɩz. (12)nok veritqan jɛ:ni sɩzɩtmɩz, andikinzɛ nok vɛ:dim dɛjtu, igu ajʃɛmgulniŋ balisi kɛjnige tʃɩqitu. (13)ajʃɛmgul aldəʁa tʃɩqitu, nok vɛ:gɛndɛ sa:boni tu̯twa:sa ɛ balləʁɐ keltu. (14)miniŋ balam ja øjnuɯ itʃidɛ tu̯pturitu, ja mɛn tu̯pturimɛ, (15)i amlajtqan jɛ:ni amlap ojnajtu, sa:bo jeχinla kip qa:sa ojnimaj tu̯pturitu. (16)sa:bo balamniŋ tiziʁa tigip jɛ:gɛ tʃyp kɛtsɛ χoj wultu, andikinzɛ mɛn tʃɩqitmɛ. (17)bi mo disɛm, balam kiritu, bi mo tu̯tmaj qa:sam, mɛn sɛkrɛp ojna:veritmɛ, ɦɛlqi jɛ:ni amlap. (18)ɦɛlqi igu tuʁuʃ-øly ʃ: o ojanda birindʒisi jana rambotliʃtu, i iʃkintʃɩsta sɩzɯq sɩzvəltu. (19)sɩzve:lip taqlajtmiz, taqlap bolap, ɦɛlqi balla tuʁuʃ, ølyʃ, qol tu̯tuʃ, tokortʃilaʃ dɛjtu. (20)tokortʃilaʃ kip qa:sa bɩz ɛʃe:din tokortʃilap sɩzɩqniŋ a: tɛrpigɛ øtølisɛk χoj volmajtmiz, ojna:veritmiz. (21)ɛgɛr u siziqni dɛssiva:saq ja øtɛmmisɛk ɛ balləʁa keltu, tyˈɣidi.

1.1.20 柯坪的儿童游戏

1. 拉面沙包

（1）玩拉面沙包时先"喊炮"（"喊炮"是用手打石头剪子布的手势，每次出一种手势时双方同时喊一声"炮"），如果有四个人玩，因为一次"喊炮"只能上一人，所以要进行两次"喊炮"，把人分成两拨儿，然后画线。（2）画完线后再画那个说"诺克"的位置（玩的人站在了某个固定位置时喊一声"诺克"，此词是个模拟词，无实意），然后再走一次"喊炮"，谁赢了谁就开始。（3）这一拨的某个人在说"诺克"时，如果对方有人能跑去抓住他，玩游戏的机会就轮到对方的孩子了，如果抓不到，这一拨的孩子们继续绕着玩。（4）孩子们绕着玩并进到画好的屋里，屋里若有人，就把玩的机会转让给他\她。（5）然后那个人玩着走远时，其他人又出来玩，玩的人从说"诺克"的地方出来时，一次游戏就结束再重新开始。（6）三个人也可以，五六个人也行。（7）游戏最初从画的屋里开始，这屋呢小小的，就那么点儿大。然后我们又继续画线。（8）玩那个"交换"游戏时，如果是四五人也一样先得分拨儿。（9）然后还是一样，如果一个人出的是拳头，我出的是布，算我赢了那个拳头。（10）如果我出了拳头，那个阿依夏木古丽出了布，我出了剪刀，阿依夏木古丽出了拳头，那么阿依夏木古丽就赢了。（11）然后就画线，画完后再画那个交换的地方。（12）然后再画说"诺克"的地方，然后有人说"我给诺克了"，于是那个阿依夏木古丽的孩子们（阿依夏木古丽的组员）会站到后面去。（13）阿依夏木古丽站到前面说"给诺克了"时如果对方有人抓住了沙包，玩的机会就轮到他们了。（14）（这时）我的某个孩子（我们组的人）等着，或者我自己在屋里等着。（15）在那个交换的地方轮留玩，如果沙包离得很近，就不玩只得等。（16）如果沙包碰到我的孩子的腿脚掉在地上算是"毁"了，然后我就出局。（17）我说一毛我的孩子就会进来，如果不掏出一毛，我自己继续跳着玩，（18）那个"生—死"游戏：在这游戏中首先还是得分拨儿，第二步要画线。（19）画完后就跳跃，跳完后呢，孩子们说"生、死、握手、瘸着走"，（20）如果是瘸着走，我们就瘸着走到线那边，我们不会"毁"了，就那样玩下去。（21）如果压线了或到不了线那边，就轮到另一组玩了。我说完了。

2. ti:piʃ

(1)tɛ:pkɛndɛ birindʒista rambotliʃtmiz, iʃkinʧiʃta po:liʂtmiz, maŋa baʃta kitip qa:sa po:laʃqanda biz təpitmiz. (2)mɛn meslɛn ja tøtni ja bɛʃni tɛpsɛm, mɛn χoj voʁanda tøt bɛʃni tip, andikinzɛ meniŋ balamʁə keltu. (3)balam χoj voʁanda jana ɛ balləʁa øtidu, menda helqi ti:pip tepɛmmɛj jɛ:gɛ ʧyp kɛtsɛ χoj vulda.

2. 脚踢

（1）玩脚踢时，先要分拨儿，第二步要"喊炮"，如果"喊炮"时我赢了，那就我们先踢。（2）比如我踢了五六个，然后我变为"毁"的时候，轮到我的孩子踢了。（3）我的孩子变为"毁"时机会轮到另一组的人，如果我踢得不好，掉在地上了，我算"毁"了。

3. aldi-kɛjni

(1)aldi-kɛjndɛ iʃki ʧettin rambotliʃtmiz, birinʤista i iʃki tal sɨzɯq sɨzivalitmiz, (2)sɨzipolap bi tal neme sɨzitmɨz øj, bɨz saːboːni ajʃɛmgulʁa assaq, ajʃɛmgulniŋ tɨzɨʁa tigip jeːge ʧyp kɛtsɛ, ajʃɛmgul χoj vultu. aʃna qip davamlaʃturitmiz. (3)iʂmim ajʃɛmgul, igu ombir jaʃqa kiːdim, qaːsin dɛjmɛ ɛndikɨnzɛʔtuptuˈruːŋla.

3. 前后

（1）玩"前后"游戏时，先把人分成两拨儿，第一步画出两条线。（2）然后画出一个房子，我们把沙包扔到阿依夏木古丽那边，如果沙包碰到阿依夏木古丽的膝盖后掉在了地上，算是阿依夏木古丽"毁"了，那就继续玩。（3）我叫阿依夏木古丽，那个，我十一岁了，我要说哪个？你们等下。

4. ʃa piʧur

(1)ʃaː piʧur ojniʁanda, aval tøt adɛm boːsa, tøt adɛm iʃki rɛtkɛ tizilip, iʃki ɛdɛm igu nim qɯlʁan ʧaʁda, poːliʃip, (2)qedirjeniŋ igu gurpidiki ɛdɛmlɛ igu uʈvaːsa an ulə ojnajdu. (3)ʃa piʧurniŋ, ,iʃki tɛrɛptin putimizni manda kɛːrip turimiz, tuːʁanda bu balla øzi χaləʁan ojanni ojnajtu. (4)ojnap andikinzɛ qɯlʁan ʧaʁda, nɛːdɛ tygɛjdɛ, kasɨʂtimuʔ baldaʔ ɦɛ bɛldɛ ja qoltaχtə tygɨgɛndɛ, (5)ula bɛldɛ χojlap qaːsa, ular kip kørtu, andikin bɨz oʃuqtin qoltaqqiʧɛ ojnap, (6)qoltaχtə χojlap qaːsaq buləʁa keltu, ʃunda qɯlip ojan davamliʃitu. (7)poːlaʃqan ʧaʁda qedirje muʃtumni ʧiqaːsa, mɛn iʃkin ʧiqaːsam, qedirjeniŋ bi woltu,(8) mɛn ʃapilaq ʧiqɨːrip qedirje muʃtum ʧiqaːsa meniŋ bi woltu. (9)andikinzɛ qedirje mɛslɛngɛ muʃtum tʃiqiːrip, mɛn ʃapilaq tʃiqirip qasam meniŋ iʃki woʁan boltu. (10)qedirjɛ jenɛ aʃna tʃiqiːrip qaːsa meniŋ yʃ woʁan boltu, mɛn utqan bolitmɛ, qedirjɛ utturɨvatqan bolta.

4. 沙皮球儿

（1）玩"沙皮球儿"时，如果是四个人，首先他们在两边排队，两个人那个做什么的时候，"喊炮"的时候，（2）凯德热亚那个组里的人如果赢了的话，然后他们玩。（3）沙皮球儿的，把双腿往两边张开着站，这时这孩子们玩自己喜欢的游戏，（4）玩了以后，在哪儿结束？在屁股上吗？在腰上？哦，就是在腰上或者在腋窝上结束的时候，（5）如果他们在腰上"毁了"，就只能看别人玩，然后我们从脚踝玩到腋窝，（6）如果我们在腋窝上"毁了"，就轮到他们玩了，游戏就这样继续下去。（7）"喊炮"时，如果凯德日亚出拳头而我出"二"（剪刀之意），凯德日亚得一分，（8）如果我出布，凯德日亚出拳头，我就得一分。（10）凯德日亚如果又是那样出了的话，我得三分，算是我赢了、凯德日亚输了。

5. dɛp qarʁu

(1)saːbo tɛpkɛndɛ aval abijaːqidɛk iʃki ɛdɛm eliʃip, biːdin bala eliʃip qɯlʁandinkin, andikin poːliʃip, (2)qedirjɛ utqan boːsa ulə baʃlap, tɛpkyʃtɛ bɛːzɛn ja iʃkyzdɛ tygɛjtu ja onda ja jigimidɛ dɛp ojnajtmiz. (3)ojnap, mɛslɛngɛ bizniŋ tɛrɛp igu, pytkyzpoːsa, ma tɛrɛp i pytkyzɛmmɛj qaːsa, (4)biz aval igu ʃu tɛrɛptiki χaləkan bir adɛmniŋ køzini, ja jaʁlɯqta ja qoljaʁlɯqta kyzni teŋip, (5)minda tʃøgilitip qɛp bɛːsɛk, u adɛm køzi jumuʁlɯq ɦaːlɛttɛ bizni tutidu. (6)ɛgɛr bizni tutammaj qaːsa jenɛ davamlɯq tūtup, bizni tutup boːʁandankijin "oʁri tuttum tʃiŋ tuttum, paːʃaqtin tuttum" dɛjtu. (7)an dɛp boːʁandinkin andikinzɛ, tutulup qalʁinɛdɛm kyzigɛ jaʁlɯqni tʃigip andikinzɛ ʃu vojitʃɛ davamliʃip ojnaːvertu.

5. 瞎子游戏

（1）踢沙包时，首先像刚才那样，由两个人分别要人，一组一次要一人，然后"喊炮"，（2）如果凯德日亚赢了，她的组就开始，踢毽子有时要求数到200就结束，有时数到10或20结束。（3）比如我方踢完，另一方没能完成的话，（4）首先我们来任选对方一人用头巾或手帕遮住他（她）的眼睛，（5）然后让他（她）转几圈后放开，那个人在看不见任何东西的情况下抓我们组的人，（6）如果抓不到，得继续努力抓，直到抓到某人为止，抓到时会说："我抓贼抓得很紧，抓到了腿脚"。（7）说完后，大家遮住那个被抓到的人的眼睛，游戏再这样继续玩下去。

6. on iʃkki

(1)on iʃkkini ojnɯʁan ʧaʁda aval tøt tɛrɛplik sizvelip joʁan qɯlip, andikinzɛ iʃki adɛm bi:din bala eliʃip bo:ʁandinkin, (2)po:liʃip mɛntɛrɛptiki balla ʊtva:ʁan bo:sa biz heqi katɛxnɨŋ iʃigɛ kirip turtmiz. (3)bu balla tøt vala vo:sa tøt tɛrɛptin qorʃap bizni mənda qolni tɛkkyzyp, bizgi tigip kɛtsɛ qoli, (4)maŋa bizgi tigip kɛtsɛ qedirjɛnɨŋ qoli mɛn χoj vo:ʁan bolitmɛ, andikinizɛ minɨŋ ballerimʁa tigitu. (5)tigip igu on iʃkkigiʧi ballerim pyt̪tyrpo:sa, u balləni qɯtquzup mɛnmu kirimɛ. (6)kirgɛn ʧaʁda ballirimnɨŋ ɦɛmmisi χojlap qa:sa ma balləʁa kilip ʃunda qɯlip davamlɯq ojna:vertu.

6. "十二"游戏

（1）玩"十二"游戏时，先画个大大的四边形，然后由两个人各要一人，（2）"喊炮"时如果我方赢了，我们就进入那个羊圈里待着。（3）如果他们是四个人，从四边包围我们伸出手来要碰到我们身上，如果碰上了，（4）比如凯德日亚的手碰到我身上了，我算"毁了"，然后他们要继续碰到我的伙伴。（5）就这样碰完我那12个伙伴的时候，我也进来拯救那些伙伴。（6）我进来的时候如果我方所有伙伴都"毁"了，就轮到他们组继续玩。

7. qara-qara quʃla:rɨm

(1) iʃki rɛtkɛ bølnyp ɛgu bi ɛdɛm øzi jalʁuz turtu, kɛjnigɛ køŋlikini mɨnda tʊt̪ʊt̪ʊ. (2)kɛjnidin mɨndaʁ tʊt̪vep, aldɨdɨki ɛdɛm aχist̪iki ballɨrnɨ tosvaltu. (3)kɛjindin

qoʁlap bi ɛdɛmni tu̯twaːsa, ɛgu ataŋ nimitʃi dɛytu, atam ɛgu χaman tɛpi̯tu dɛjtu. (4)qajta 'dɛmmɛ, beʃta igu balla i̯ʃki rɛtkɛ bølnyp, bir adɛm yzi χaləʁantʃɛ byrky̯t volitu. (5)bir ana volap, annɨŋ kɛjindin uʃʃaχ balla bir-birigɛ igu køŋlikini tu̯tup tizliʃdu. (6)tizilip poːʁandinkin, byrkyt jimɛktʃi volap bir ɛdɛmni tu̯tvaːsa, aqistiki tʃøːdʒidin birni tu̯tvaːsa, ataŋ nimiʃ qitu dɛjdu. (7)mɛslɛngɛ igu ʃopurluq qitu dɛp qaːsa, maʃina fiɛjdɛp kɛl dɛjdu, (8)fiɛmmisni tu̯tu̯poːʁandinkin andikinzɛ, tʃøːdʒilɛ igu byrkytni anamni tɛppɛ dʒadugɛr qeri dɛjtu. (9)anisi ujɛːdɛ turup siznɨŋ i̯sminɨz nimɛ disɛ, iki-yʃ χil i̯sim dɛjdu. (10)birintʃi, igu øz i̯smi qedirjɛ voːsa birintʃi qetim rijangul dɛjtu. (11)andikinzɛ anamni tɛppɛ dʒadugɛr qeri dɛjtu, i̯ʃkintʃi qetim kɛːsɛ igu ruʃengul disɛ, ytʃintʃi qetim jene kɛːsɛ qedirjɛ dɛjdu. (12)dɛppoːʁandinkin mana anaŋla dɛp tʃydʒilirgɛ nime qitu, anisi ballɛririʁa selegɛ birkyn nim bɛːdi disɛ, (13)igu poχ vɛːdi, sydyk vɛːdi, nannɨŋ kyjkini vɛːdi dɛjtu. (14)disɛ ballərinɨŋ anisi atʃʃiʁi kip kitip, ʃu byrkytnɨŋ øjigi verip mihman bulap, (15)tʃaj qujup kɛlɛj dɛp, nim quɪʁan tʃaʁda øjdiki barliq qatʃini tʃɛːχip, qatʃitu. (16)qatʃqandinkin byrkyt qoʁlap tu̯tvelip, andikin ojun davamliʃidu.

7. 我那些黑黝黝的鸟

（1）（玩"我那些黑黝黝的鸟"游戏时），人分成两部分，只有一个人单独行动，（所有人都）这样从后面抓着前面人的衬衣。（2）最前面的人保护着后面的孩子。（3）当（那个独自行动的人）从后面追去抓到一个人时，问他父亲是干什么的，然后那个人回答说我爸是打麦场的。（4）要我重新说吗？开始时这些孩子们分成两队，有人自愿当老鹰（抓鸡的）。（5）另一个做母亲，小孩们（小鸡）抓着彼此的衬衣在母亲后面排成队。（6）排成队后老鹰想吃他们追赶，如果抓到一个人，即抓到母亲后面的一只小鸡，就问他爸爸是干什么的。（7）比如他回答说我爸是司机，那老鹰会说那你把车开过来吧。（8）抓到所有人后，小鸡们对老鹰说：你这个老妖怪，给我们找回妈妈来。（9）母亲呆在那儿，（这时老鹰）问：你叫什么名字？小鸡说两三个名字。(10) 第一，那个，自己的名字如果是凯德日亚，第一次她说是热艳古丽。(11) 然后小鸡还说，你这个老妖怪，给我找回妈妈。第二次来的时候小鸡说她名字是茹仙古丽，第三次又来，她才说实名（凯德日亚）。(12) 说完后对小鸡们喊道："来，你们听着"。妈妈问小鸡们："他给你们什么了？"，(13) 他们都说给了屎和尿，给了烤糊的馕。(14) 这样说了以后，妈妈听了很生气，然后到那个老鹰家去假装做客。(15) 他趁老鹰去泡茶的机会，打碎家里所有的饭碗，然后跑了。(16) 跑了以后老鹰追上来抓她，游戏继续。

1.1.21 utuntʃiliq toʁrisida ʃier

(1) quzɨl tamdin utun a:tip jɛtɛmmɛj timʁa kyn paʰtti

(2) iʃɛk hardi, yzɛm taldim, bu dʒɛvridin beʃim qaʰtti

(3) iʃɛkniŋ qɛrzini dɛjmu, bu juʰtniŋ dʒɛvrini dɛjmu

(4) utanniŋ qɛdrini dɛjmu, ylɛjmu dosla jiʁlajmu

1.1.21 关于打柴生活的诗歌

（1）从红墙那里给驴驮着木柴还未走到提姆那儿就日落了

（2）驴累了，我也困了，此种苦差让我忧愁

（3）我该说驴的债务还是说打柴的辛苦？

（4）或是说木柴的珍贵？朋友们，你们说，我该死去还是该哭泣？

1.1.22 kigiz etiʃ

(1) qojnɨŋ juŋiva ɛmɛsmu, dukanba, joʁan muʃtak. (2) muʃtak vɛlɛn dutta tʃa:ʁan pɛdidɛ tʃɛlip, eʰtip juŋni tɨtɨtqan gɛp. (3) ɛn sawab andikinzɛ, beʃta

savedivelip, andin ɛniŋʁa sɛlip dukanʁa atetqan gɛp. (4)unundin kejin ʧiʁqa saləđəʁan gɛp, unuŋʁa gul taquʈip, aʰtqan juŋni selip jøgɛjduʁan gɛp. (5)andin puṭta tepediʁan gɛp, piʃqanda uni qajnaq su vɛlɛn bɨlɛɣdɛ tuṭetqan gɛp, bɨlɛɣdɛ døgøltip puʃuridiʁan gɛp.

1.1.22 做羊毛毡子

（1）不是有羊毛吗，还有做毡子的机架和大大的木槌，（2）像弹奏都塔尔一样，用这木弹羊毛。（3）弹开后，首先撕开，然后放在那个机架里面再弹。（4）再把它铺在席子上（专用于做毡子用的芦苇席子），然后上面放些做花的羊毛，再把弹好的羊毛卷起来，（5）然后用脚滚动，让它初步滚熟（是指初步毡化）的时候，撒点开水用手继续反复地滚动，都是用手工滚熟的（是指彻底毡化）。

1.2 在玉斯屯克库木艾日克（ɣstyn qumeriq）录取的语料

aːtuʁ

(1)biz kiʧiɣ vaqtɨmɨzda ɦaraːva joχti, iʃɛktɛ utunʁa varituq. (2)kyn utini dejtqan bi jɛːgɛ ma taʁnɨŋ aχesqa, tuχi qiʧiːʁanda maŋittuq, jata vaχta kelittuq, jiraqti. (3)utunni berip ʧanap, tinmaj jen muʃni aʰtip miʃɛːgɛ qoʁlap kelitqan gɛp. (4)iʃɛkni ʃolda mɛn meŋip kelɛmmɛj, meni iʃɛknɨŋki aːtuqqa myndyryp qojʁan bi akam. (5)menda aːtuʁ etip, bi quʧaqni mojɛːgɛ, bi quʧaqni mojɛːgɛ quɯlip aʁramtʃida iʃkkiṣni billɛ teŋip, (6)køtørɛp iʃɛkniŋ siɲa jinni u qatqa, siɲa jinni bu qatqa taʃlap, an unuŋ tøpiskɛ beʃ-altɛ qutʃaq utunni qujap an aʁramtʃida tahtittuq iʃɛk vile qetip. (7)ɦa:zɪr mo balləʁa digen atuɯʁ ɛtɛlɛmsɛ disɛ ɛtɛmmɛjtu, tʃanaʁan utunni tɛjlijɛmmɛjtu. (8)kijin bu harivi tʃiχti, ɦarivi tʃiqqanniŋ ɦajni andikinzɛ qara:kølgɨ kirip, jajdiləʁa kirip, utunni aptʃiquʃni ygɛnduq.

驮子（驮在驴背上的绑好的木柴，形状很像褡裢）

（1）我们小的时候没有（毛驴）车，（只能）骑着驴去砍柴。（2）在山后有个叫"一日之柴"的地方，有点远，（早晨）鸡鸣的时候出发，晚上很晚才能回来。（3）我们先去砍柴，完了紧接把木柴驮到驴背上往这边赶。（4）那时（有一次）我实在走不动，哥哥把我放在驴背上的驮子上。（5）做这样的驮子，左边放一捆木柴，右边放一捆木柴，用绳子绑紧（这就是所谓的驮子），（6）然后把它抬到驴背上，一半放在驴背这边，另一半放在驴背那边（就像驮在驴马背上的褡裢一样），然后再放五六捆木柴，用绳子把木柴和毛驴紧紧得绑在一起。(7）现在的孩子都不会做驮子了，连砍好的木柴也不会打捆。（8）后来有了毛驴车，有了毛驴车之后我们才学会了去喀拉湖（地名，黑湖之意）亚义（地名）等地方砍柴。

1.3 在尤库日斯 (uqris) 村录取的语料

1.3.1 hagan baʃlan

(1)bu qɨz valini atesnɨŋkidin jøtkɛp maŋʁanda dap ʧelip, "ɦoj hagan baʃlan, ɦoj qɨz qajda ba, ytyŋ jaranla jɛj"dɛp naχʃa ejtip maŋətmɨz uʁalnɨŋ yjigɛ ba:ʁuʧɛ. (2)qɨz vela jɨʁlap maŋətu. bi dɛm davzesta tovolajtʊ. (3)jana bi qaidida qɨz tɛrɛptin bi χutun, uʁa: vela tɛrɛptin bi χutun ʧeliʃitʊ. (4)ʧeliʃqanda qɨzvəla tɛrɛpnɨŋ χutni bɛk qa:vul vosimu, oʁal vəla tɛrɛpkɛ jetpertu.

(5)ɦoj ɦagan baʃlan, ɦoj qɨz qajda ba, ytyŋ jaranla jɛj

(6)ɦoj ajgan baʃlan, ɦoj qɨz qajda ba, ɛgɛ tɛgɛmla jarɛj jɛj

(7)vaj gulni qisip , vaj osma qojup ʤanni alamla jarɛj jɛj

(8)dɛp qa:si naχʃa vosa muʃ ahaŋʁa sep oqivertu. (9)mɛnmu dapkɛʃdim, jaʃ vaχtimizda taza ojnɨʁan mɛnmu.

1.3.1 "请把客人请到前廊吧"（婚礼上唱的歌曲）

（1）这个是，在把新娘从娘家迎娶到婆家的路上唱的歌曲。唱的是"哎……，请把客人请到前廊吧，哎……，姑娘在哪儿呀……"之类的内容。(2）新娘一直在路上哭泣。到了大门口再唱一会儿。(3）还有一个习惯，女方出一个女人，男方出一个女人进行摔跤。(4）在摔跤的时候，就算女方的人很健壮，但还是要让给男方。

（5）哎……，请把客人请到前廊吧，哎……，姑娘在哪儿呀……

（6）哎……，请把客人请到前廊吧，哎……，姑娘在哪儿呀……，你要嫁人吗，哟……

（7）哎，我的情人呢，你插上花，染上欧斯曼，是否想要我的命啊……

（8）就这样唱，无论哪一首歌都用这个调子唱。(9）我是个打手鼓的，年轻的时候我也玩得很开心。

1.4 在托万克库木艾日克（tøvɛn qumeriq）村录取的语料

1.4.1 aχələʁ

(1)biz uruχ-tuqqan kɛmmɛjtmiz, likin tola χɛχ bi dʒama:jil, tʃoŋliri bij uruʁniŋ χɛχliri, ɛdɛmlerdin ɛʃindaʁ tuʁlup, ajnip bi:la uruʁ χɛχ. (2)naji jat ɛdɛmdin miʃɛ:dɛ bizniŋ ailɛ, miniŋ ɛhkikimniŋki a'kisi iʃki ailɛ. (3)an ijɛ:dɛ ulənəŋma iʃ-kyʃ tuqqiniva, undaʁ zija:dɛ jat ɛdɛm joq, eriʁla bi tutaʃ, aχelɛʁ dejtmiz. (4)bi atə velɛ apedin bala tuʁulʁanda, ɛʃniŋkidin andikinzɛ ajnip-ajnip muʃna bulap, aχelɛʁ ʃunda:la bulap kɛtti bi tutaʃ.

1.4.1 后巷人

我们跟这里的人没有亲戚关系，但他们绝大部分都有亲戚关系，年龄大的都是一个家族的人，就是一个家族人通过繁衍生息人口多了起来。（2）这里就我们一家人，还有我丈夫的哥哥一家人，一共两家人，（3）在那里他们还有两三个亲戚，这些人属于其他家族的，其余的都是一个家族的，我们叫他们为后巷人。（4）因为一对夫妇生几个孩子，然后他们不断地繁衍，就这样最后形成了这个住在后巷的一个大家族。

1.4.2 aχa mɛllisdiki qijan

丈夫：(1)mɛn anda gɛp qɯlammajtmɛ, bi ɛdɛm sɛndɛ nimɛ dʒan dɛp bizni tɛqlɛmɛjtu. (2)mana qozitʃyʃ boʁɯli tu:di, mɛn jalʁangɛp qɯlʁan bo:sam, ɛʃ øzemizniŋ kutʃiʁa ketʃini kyndyzgɛ ulap, kyndyzni ketʃegi ulap. (3)妻子：ɛ: sajda øjemiz vɛjdi, tøʰt-beʃ uʁalkɛn bunuŋ atisniŋki, tʃoŋleri paʰtmaj, ɛ uleχin dɛjtmiz ɛ ɦiʒmɛ joq, (4)bi guja joq saj-taʃliqni pulʁa setvelip, ʃɛ:gɛ tʃiχip makan tutuptikɛn, minima eʃɛ:gɛ ɛp tʃiqqan. (5)an ijɛ:din bi tʃkkyʃni tuʁup qɯlʁanniŋ jajni, qijan ɛpkɛtti tamlirimizni. (6)jana sasaq, jɛnɛ qijan ɛpkɛtti. ijɛdin mɛgɛ bi sɛjlik jirmiz vɛjkɛn, jenip kɛldyk, jenip kɛsɛk, (7)muʃ dadydɛ sɛn nimelɛ tam selivaldɯŋ dɛp salɯtqan kylini selip, ɦieleq tamlini øryplaveʰtip qɯldɯq. (8)byjyl sɛhkiṣintʃajda sasaq keler sɛhkiṣintʃajda jana qijinɛpkɛtti, dʒiqbi uluʁ apet qijan kip kitip jana ɛpkɛtti kyrɛŋ. (9)ja:la didyk, jiʁliduq, qaχʃiduq vaj towa didyk, sazaji didyk. (10)ɛʃnala qɯliʃip kitip jene ɛʃ ketʃesi tokni jortvelip ɛmdi, ɦykymɛtma qattuʁ, kutʃ-quvɛtni tʃiŋ birivatti, (11)undaq qɯlmaŋlɛ jiʁlimaŋlɛ biz ba, qoχmaŋlɛ dɛp, yʃmɛŋ koj pul bɛdi. (12)ɛʃ pulʁa jɛnɛ taʃ ɛʰp kyjgyzdyk, ʃɛʁil ɛʰp kyjgyzdyk, u tamni jene salduq.

1.4.2 后巷的洪水

（1）我不那么会说话的人，没有人问我是什么情况。（2）现在快下午了，我发誓如果我说谎会……，我全靠自己的力气（双手）夜以继日地劳动。（3）原来我们在那个戈壁滩上有一套房子，我外公他们有四五个兄弟。大的容不下，用钱买了没有任何东西，没有一棵草的戈壁滩，搬到这里安家了。（5）然后在那个地方生了两三个孩子。盖房子的时候，洪水冲走了我们家的墙。(6)重新盖了后,洪水又冲走了。从那到这是我们的菜地,我们就回来了,我们回来的时候(7)这个大队的人说你们这些人自己盖房子,让我们很为难,那些房子拆掉了。(8)我给您说,今年八月份盖房子下一年八月份又让我们为难,又来了大灾难,洪水把我们家墙冲走了。(9)我们说:"天哪",我们哭了,抱怨了,我们说:"天哪,被示众了"。(10)就这样我又晚上电灯的照光下,政府也大力支持,(11)(政府负责人说)别这样,别哭,我们在,别怕,给了三千块钱。(12)我们用那些钱买了石头、砾石、又盖了房子。

1.4.3 jene øj salduqa...

(1)jɛnɛ byjɛːgɛ jøtkidyk, ʃollǝda, øzemiznɯŋ jaʁitʃida salitmiz dɛp ʁorigil inda uʃʃaq jaʁatʃta sɛp qaptikɛnmiz, bu øj tʃas-tʃas qɯlip qetʃikɛttuq. (2)an momni(tywrykni kørsitip)elip bɛkitip, byjyl kirɛːlidyk qalaŋlɛ. (3)bu nokɛʃ tymy, ujulni tavammaj, tymytʃidin sɛxsɛn kojʁa ɛp tʃiχip qojʁan. (4)bunuŋʁa miniŋ ɛ qarakyttɛ azraq jaʁadʒva, une kisitmɛ kɛskɛndɛ taza tʃirajluʁ jasap, tomraq qɯlip qojmasaq, bu konirap kɛtkɛn jaʁadʒ vulap qaldi. (5)tøhtintʃi qetimliq jeŋlindu bu jaʁatʃ ɛmdi, bu bɛjɛqi qijanda mundaːla tʃyp kɛtti, tʃyʃyvlakɛtti øjniŋ ɦɛmmɛsi, zɛjlɛp. (6)qaʃtuq, qaʃmǝsaq amal nimɛ, ɦiʒmɛ qalmidi. (7)qurvanniŋ øj-vaχisi, χɛχ digen tʃuqiriʃip kɛtti, mijindaʁla jetip qaʁan gɛp. (8)bɨz ɛjɛːdɛ turupmiz aːka didi, kɛːsɛm mujna bulaptu, amal bolmidi. (9)(i øjdɛ kusva ɛptʃixpɛrɛ) mɛn ijɛːgɛ bilɛk tʃiχip bi selip ballɛʁ bɛːdim, ɦitʃqanda jaʁaʒ-taʃ øj-vaχa dimɛj. (10)mɛːdɛ miniŋvi bɛʁim bɛjdi, u ballǝʁa jɛːjoq ɛjɛːdɛ qaʁanda, mo baʁniŋ miʃɛːgɛ sɛŋla dɛp bɛːgɛn, (11)dǝχan erimtʃu, tompaj tyryk, buniŋ tɛn silaːmɛtligi, mollaχun, jaχʃimɛs, bunuŋda øpkɛ dʒiχir va. (12)ombiːjil voldi jaʃǝvatitu, jaʃaʁan bilɛn biz kɛtʃe-kyndyz muʃniŋ ʁemidɛ. (13)bunuŋ øjdɛ onytʃʃan ɛdɛnba, bɛʃni bilɛk tʃiqaduq, qiʃtin biri buni talaːʁa tʃiqaːmɨduq, (gyli volmajtqanmu gyliba). (14)mijɛːgɛ salduq, sajʁa salduq, moʰturʁa salduq, sepla kɛtkɛn gɛp bu tamni. (15)bugun mɛligɛ qazan qajnitperli dɛp, sɛl kiʃikivraq qeːli dijiʃip. (16)bułtu digen nurʁun nurʁun daːri jɛvaʰttim ɛʃu paŋjizɛndin, ma sarajda turetti.

1.4.3 又开始盖房子了

（1）又把家搬到这里了，当时我们想用自己的木头来盖，这个房子是用（自己）那么细的木头来盖的，（也许是撑不住的原因吧）天花板时不时地发出咔嚓咔嚓的声音，（好像要塌下来的感觉），把我们吓跑了。(2) 今年这个柱子替换后，我们才进了屋。(3) 当时我们找不到铁柱子，这个铁管子是从铁匠那里花80元买来的。(4) 这房子呢，我在喀拉库提（地名）那里有一些树，我准备把那些树砍掉。砍完后把它弄得漂亮点儿，先粗一点儿的，拿来做房梁，（因为）房顶上的那些木头早已老化，（成了危房）。(5) 这次是这套房子的第四次翻新（重盖），上次洪灾过后因墙体潮湿的原因整个房子都塌来。(6)（我们所有人都）跑了，不跑有什么办法呢，所有东西都被冲走了。(7) 人家都喊着：哎呀，它可是库尔班的房子啊"，房子就这样塌了（就像躺着一样）。(8) 我们站在那个地方，有人喊着"哥哥"。我来的时候事情已经发生了，没办法了。(9)（那个房子有个凳子让我拿了过来）我在那个地方重新盖了房，把这里分给孩子了，我没要他们任何东西（土木之类的材料）。(10) 我有一个果园，我看孩子们没有地方盖房，所以我把果园给了他们用于盖房子。(11) 我老公是农民，是个大老粗。某拉红，（你可能不知道）他的身体不太好，他有肺结核。(12) 已经有11年了，他虽然活着，但我们日夜在他身边照顾。(13) 他们家有13口人，五个孩子分家了。入冬以来，我们不让他出去（怎么会没有杏干呢，有杏干）。(14)（房子）盖在这里了，盖在戈壁滩上了，盖在土尔（地名）了。这房子呀，我们盖个不停。(15)我们今天打算架起大锅做饭,请小队里的人都来吃饭,想晚点开始。(16)(丈夫说,)去年我吃了很多药,在那个院子里有防疫站,吃了好多药,都是从防疫站拿来的。

1.4.4 kɛlvinniŋ ta:riχida

(1)kɛlpin tariχni sɛmɛt da:lidin sykɛp asaŋlə vulaptikin, (2)bizniŋ aŋliʁe:nmiz ɛmdi, jazislɛ, biz ɛmdi gomindaŋ vaχtidikini uχmajtmiz kiʃiɣ voʁaʧqa. (3)quriχ toqqɯsinʧi jili ølkɛ azat vulap, ɛlliɣindʒi jildin taʰtip, baʃlanʁuʧ kapiratip, gurupa, muʃunuŋ vele ʃuʁulunuv jyryp, (4)ɛlliɣ sɛkkiʃinʧi jili kaminnə voldi, bɛʃ-tø jil kaminniniŋ dʒerjanini øʰtkɛzdyk. (5)ɦa:zir unuŋ bu qeti ɛmdi atmiʃ nɛʧʧindʒilniŋ jajni, ilgirlɛʃki kitibaritmiz. (6)ilgirlɛʃ boʁankin tɛrɛχqi qulvatitu, ɦɛmmisi eriʁ ilim-pɛngɛ jølɛngɛndikin tɛrɛqqijatqa kitibaritu. (7)tɛrɛqqijatqa kitibaritu diginimiz, ɛlliɣ sɛkkisinʧi jili, aʰtmiʃ iʧkinʧi jillida, atmiʃ bɛʃinʧi jilʁa kɛgiʧilik myʃɛ:de, aχsuʁa berip bir aptobozda beriʃ kɛ:sɛ qara maʃinida aχsuʁa varituq. (8)ejzuʁa-byjzuʁa jøtkiliʃ kɛ:sɛ birɛ keʧɛ qunap qalituq, ʃumu nɛvɛt tɛɣmej.

1.4.4 关于柯坪

柯坪的历史,可以从赛买提大力那儿知道(一些)信息。(2)你要写只能是我们听说的,我们不知道国民党时期的事情,因为那个时候我们还很小。(3)1949年省解放了,1950年开始,我们就成立了初级合作社,分组之类的事情,就这样过了一段时间,(4)1958年成立了公社,经历了四五年的公社建立过程。(5)现在,从那以后,就是1960年后我们一直快速地进步。(6)有了进步,因此我们不断地发展。因为依靠科学,所以我们走在了发展的路上。(7)走在科学发展的路上意思是,从1958

年，1962年，一直到1965年为止，如果要去阿克苏的话，就得坐卡车去。(8) 如果要去其他地方，不管去哪儿都一定得在那里过夜，有时候这个也轮不上。

1.4.5 ɦɑːzɨrqi kɛlvindɛ

(1)ɛm ɦɑːzɨr bi kyndɛ aχsɨmɛs kuʧaːleʁa berip, yʧ turpanleʁa ʧiqip, (2)mima-yʧyn, toj-tɛkin boːsa tygitip jene ailimizgɛ kilvatqan ɦalɛt jyzlinwetitu. (3)dəχanʧiliq iʃlirdimu kamɨnniinɨŋ vaχtida ʃu..., eːzɯʁa-byjzɯʁa qɤqqa maŋʁan, qɯʁ toʃup ɛp kɛːgen. (5)bi iʃɛkkɛ hɛjdiv apirip, oʰt-samanni jolda jɛbbulap, ʧɛʃlip, ɛkɛːgen nimimiz tajinliʁ. (6)ʃuma ɛmdi bir sɛvijinɨŋ tyvɛnliki, ɛmise bu uqrisdiklɛ, (7)uqristin ɦɛ siz?nimenɛŋ valisi ɦɛ?toχti mollɛgnɨŋ valisi, toχtimollɛɣ gunʃini sorəʁan vaχta manɛmdi, (8)bi topʧija dɛp qojsilɛ, taʁdin ɛpkɛgen qɯʁni mɛlligɛ tøt ʧamdisa kiritqan nimeni ʃɛːgi ʧyʃyryp qojap, (9)aːdɛm kuʧiʁa jyd(t)tirip, biznɨŋ sɛːrɛmgɛ ɛpkilip, taʁdin sɛːrɛmgi kɛːgen jeni, dɛriχi køryndu, onsɛkkis kilomitir kilitu ɛʃɛːmu. (10)ʃedin jene jydyp kilip mɛllig, ɛʃ tøgɛ-iʃɛklige ahtip, bi ahtuʁanda sɛkkis kyndibi kilitqan gɛp. (11)nimiʃqa anda qetti, sizdɛɣ ziˈjaːlə balla kilip, (12)unda qetmiz disi daːdigɛ, ʃoːdigɛ mɛsul quʁanda, i jɛːgi ʧiqib jenip kirivaːʁan gɛp. (13)biz iʃɛk volməsaq qɯʁ jydyp kilitqan dɛp, am dəχan ʧiqmaj ʧarɛ joq. (14)ɦaːzir øjdɛ ołtarap, addisi maʃinida ʧiqitmɛ bijɛːgɛ disɛk maʃina dawzɯʁa kilivassa. (15)sɛnləŋda bazaːʁa, najiligɛ ʧiqip-kiriʃ kɛːsɛ sɛnluŋ, jaratməsaq mina mutu. (16)bu tariχni jeziʃ kɛːsɛ, tyvɛn qum eriqtin ɦabdirim kyʃɛn dɛjtmiz, aχsɨda, (17) ɛʃnɨŋ tariχini bir køʧørɛp bɛ maŋa bi bɛt qɯlip. (18)sɛmɛt daːlɨnɨŋ qeʃqa ʧiqsaŋla, kortla digɛn gɛpʧu, tyvɛn qum eriq ɦaːzir avʤijip kɛtkɛn bilɛn, ...

1.4.5 现在的柯坪

（1）现在，别说去阿克苏，连库车、乌什等地，也可以在一天时间内到达，如果有做客、参加婚礼之类的事情，当天就可以搞完回到家，现在都到这个程度了。(3) 人民公社的时候干农业活的话……，一会儿往西边跑，一会儿往东边跑，把那里的畜粪运过来。(4) 一般赶着一头毛驴去，（多数时）驴在路上吃草，畜粪一路上撒在地上，到这里的时候就没剩多少了。(5) 现在想这也是我们文化水平低的原因。尤库日斯人，你是尤库日斯人吧？是谁家的孩子对吧？，是那个托合提·某莱格的孩子吧？托合提·某莱格管理公社的时候，(8) 有个叫脱坡其亚的地方，离我们这很近，我们上山把运来的畜粪在那个地方卸下，(9) 然后从那儿用人力扛到我们赛热木（地名），到赛热木之后可以看到那里的树林，赛热木离我们这儿有18公里。(10) 从那儿扛着回到这里来，用骆驼和毛驴驮一趟需要8天。(11) 为什么那样做？原因就是有个像你这样的人来了，(12) 他吹牛地说他会如何如何做的，因此让他当了大队、小队的负责人。他出去看了看那边就回来了，(13) 并说道：我们不是毛驴子，不能扛着畜粪。可农民不得不出去干活，(14) 现在坐在家里就可以叫车，最简单的是想要去哪儿，（一叫）车就到门口接你走。(15) 如果需要去集市、县城，可以坐三轮车，如果嫌弃三轮车，那也可以骑摩托车去。(16) 如果需要写这些故事的话，拖万库木艾日克（村）的阿不都热依木·库山可以，(17) 让他把这些故事写成一页左右的资料。(18) 你们如果去赛买提大力家的话，你们可以听到，库尔特人这样的说法，拖万库木艾日克人现在虽然增加了很多……

1.4.6 qizil qumniŋ ɛmgigi

(1) mɛn qizil qumniŋ ɛmgiktɛ qɛrip kɛtkɛn a:dɛm, ɦa:zir ma͵ŋammɛvɛt'qan adɛm, (2) qizil qumniŋ ɛmgikkɛ pija:dɛ ba:maq tygyl, qizil qum ɛmgikkɛ

pija:dɛ beriʃ digen iʃɛk vilɛ beriʃ birgɛp, uzun jɛmɛs. (3)ujɛ:gɛ ba:ʁandikin mu qol harevesta belɛt taqetip turup, (4)mɛn yzɛm ʃu χizmɛtni iʃligen a:dɛm, mɛn iʃlimisɛmmu ʃunɨŋda turup, (5)sizdɛɣ bir ka:dir tøpidɛ turup, hɛrbir a:dɛmgɛ belɛt beriddɛŋa, munʹʧɛ qetim maŋisɛ dɛp. (6)ɛʃ belɛtni ɛʃ tumuʃuχta ɦa:zir bi ɛ:gimbaʁu, ɛ bu qatqa ajlinitqan ɛ:gim, ʧoŋ, (7)ʃɛ:din qɨzɨl qumʁa ʧyʃyp, ɛʃɛ:din ʃɛʁilni uʂsup, ɛʃ qɨzɨl qumnɨŋ ɦa:zirqi deriχi kyrynɛ-kyrɛnmɛs, (8)ɛʃɛgɛ on sɛkkɨʂ qetim, jigimi qetim ɛʃu dɔχan ɦarividɛ ʃu ʃɛʁilni ɛʰp kijmisɛ ɦeleqi belɛt, sɛn bygyn nimiʃ qɨldɨŋ dɛjtqan gɛp. (9)ɛʃin ʃundaʁ pyʧtyryp turup, am birkyn bir ajal, bir tuniʃitqan ajal, biri uqirista silnɨŋki ɦapizaχunnɨŋ qɨzi, biri tomeriqta bir ajal ʃundaʁ... (10)qɨzɨl qumda ta:riχta ja nɛtindʒɛ kɛlmɛj, ja ɛmgɛk toχtɔmaj, yʃ-kiʃ jil muʃundaʁ dʒapa:ni ʧikivaʰttuq. (11)u tuʁni ɛtɛmmidyk, qɛ:dɛ etitu, i:tiʃ, ʃol vaχnɨŋ ʃaraitida sɛviji tyvɛn.

1.4.6 克孜勒库木的劳动

（1）我在克孜勒库木的劳动中变老，现在也走不动了，（2）（那）克孜勒库木的劳动呢，我们（当时）徒步去干活，其实徒步去跟骑着毛驴去是一样的，那儿不算远。（3）到那儿之后，发放手推车的票，（4）我自己干这个工作的，虽然我不劳动，但一直待在那里，（5）（因为有必要）像你这样的干部给每个人发票，说跑几次。（6）（拿着）那些票后，现在在图木舒克不是有个拐弯吗？就是往这边拐的大弯，（7）从那儿到克孜勒库木去装石子，现在远处可以隐隐约约地看到克孜勒库木的树林。（8）就那个地方，要用农民车（指毛驴车）18次、20次地到那个地方运石子，如果没有完成任务，负责人就说你今天干了什么。（9）就这样完成任务，有一天有个女人，是我认识的女人，你们村哈皮扎洪的女儿，另一个是托木艾日克女人...，（10）当时在克孜勒库木呢（有段时间）既没有成绩也没停劳动，两三年的时间就这样辛苦地过去了。（11）那个水坝我们没能建成，哪能建成呢？当时我们的水平还很有限。

1.4.7 otunniŋ tyrliri

(1)ʧavər ɛp kijdyk disɛk, qunap utun ɛp kirittuq, iʃkkyndɛ bi ʧavaʁa maŋittuq disɛm mo balammu pytmɛjdɨʁan boldi ɦazir. (2)ʧaga digɛn kynyn utun, ɦeliqi jumʃaʁ køtigi joq utunni ʧaga dejtmiz, (3)byri tikini dɛp qojtmiz tɛχi hɛr tikiniva, (4)jiʁiʃliraq qɨp eʰjtqanda ʧawa dɛp qojtmiz, putimizda pɛzlɛp. (5)ʧakanda, julʁun, køryk, muʃundaʁ. (6)ɛŋ ɛla:si qara køldin ɛp ʧiqitqan julʁun da:χi vilɛn toʁraq. (7)utunniŋ joʁini ɛʃ da:χi toʁraq；qeʧin, qeʧin diginimiz taza køk kɛsmɛ, (8)etijaz vaχti køkligɛn vaχta malʧilar ʤaŋgalʁa kirip kisip, mallɛʁa ʁa'zeŋni jigyzgili, (9)u ʁa'zeŋdin pajdilandimu, an u quruʁanda kyz kilip, dəχan sørɛp ɛp ʧiqqini u køk kɛsmɛ digɛn, u ʧiŋ volitqan nime, (10)paldi vilɛn urup turup ɛp ʧiqqan utun, ɦɛʤɛp ɛp ʧiqqan køk kɛzmidi dejtuq. (11)da:qi digɛn iʃtin ʧɨχti digɛn gɛp, po vulap kɛtti digɛn gɛp, taza tyʈɛp køjmɛjtu. (12)ʁɛlvisi a:tuq, uzun ʧirip po-po vulap kɛtkɛn, kyndɛ qaχʃɨp kɛtkɛn, aptav jɛp qurup kɛtkɛn nimɛ. (13)daŋ jaki dammu dɛp qojitmiz, deŋi tɛχi kiʧikkinɛ ʤeni veri. (14)daχiʧu paldi vilɛn bi:ni uʁandikin juʁan bimɛ tepbaldim dɛp, ɦareviʁa mɨndala elip qojili disɛk paldi vilɛ bɛʃ-tøtni qojʁandikinla povulapla tuzup ketitqangɛp.

1.4.7 木柴的分类

（1）我说我们以前（去远处）过夜运来"差嘎"（标准维吾尔语中指干枝枯草）、运来木柴，每隔两天去一趟弄些差嘎来，现在连我这个孩子都不信。（2）差嘎是一天之内可以运回来的木柴，就是那种软的，没有根的木柴，（3）我叫它狼荆棘，有很多荆棘，（4）简单一点说的话就叫差嘎，是用脚底踩压整理的柴火。(5)(还有)麻黄、红柳、盐穗木等。(6)最好的就是从卡拉湖运来的大红柳和胡杨。(7)木柴较大的就是那个"大赫"(指很大而腐朽的)胡杨,还有"克奇尼"(指小胡杨木柴),克奇尼就是还没有长大的小胡杨木头。(8)春天树木发芽长叶的时候,放羊人进入戈壁滩砍伐一些小胡杨,让羊群吃小胡杨的叶子,(9)吃完这些叶子,这些小胡杨等到秋天就变干了,农民再去把它拖回来当木柴用,这就是"扩科凯瑟玛"(指长出茂密叶子的树或树枝被砍下后变干的柴火),它非常结实,(10)它是用斧头整理后运来的木柴,我们(当时自夸)说我运回来了的那个扩科凯瑟玛多么多么地好。(11)"大赫"指的是树木腐朽了,这样的木柴不好烧。(12)它麻烦多,是腐朽很长时间变得严重腐烂,而且长期暴晒干枯的木柴,(13)还有叫"大仫或垱"的木柴(指大棍子),它是稍微好一点(不完全腐烂)的木柴。(14)而那个大赫呢,打柴人见到大赫就觉得找到了好木柴,想赶紧把它装到车上,但如果用斧子砍四五下,那个大而朽的木柴就会四分五裂。

1.5 在托木艾日克(tomeriq)村录取的语料

1.5.1 ailimɨznɨŋ qɨsqɨtʃɛ ɛvali

(1)biʃlɛm qoˈnequɯmɯzmu baːdi, dan aptikin, une kitʃkəna uveːdim. (2)gujχalap, yʃ-tøʰt jil, jɛtti-sɛʰkiş jilniŋ jajni, yʃ-tø jil boldi tɛχi buvɛgɛ. (3)ijɛdiraq kona tɛmmiz, mɛɣɛ køtʃɛp kilip, bala-vaχɨmɨz ɦɛmmisi χizmɛttɛ. (4)mɛn uχɢan, tuluqsizni pytygɛn, χuzmɛt qɯlmaʁan, yzimiz kɛlmɛstin burunraq yzymni ɛp kɛlgɛntuq. (5)azraq ulap, qaʁanliri taza tɛχ jimiʃqa kiːmɛj, quʁun-qabaq, kavaqonaq degɛndɛj bi nemeleni qɯlduq, ɛmisɛ biɫɛk nemeni qilmiduq.

1.5.1 我们家的概况

（1）（我们家）有一些地种了玉米，现在玉米结果实了，我（摘来一些玉米棒子把粒儿）剥了下来。（2）三四年、七八年以来一直规划（土地），我们搬到这里才三四年。（3）那边有我们的老房子，（现在）我们搬到这里了，孩子们都在工作。（4）我上过学，初中毕业但没参加过工作，葡萄是比我们早到这里的。（5）一部分进行了嫁接，剩下的还没结果，（我们还）种了甜瓜、葫芦、南瓜、玉米等，没有种其他的。

1.5.2 mozdozluqniŋ baja:ni

(1)mo ɛʃkiniŋ, qojniŋ, kaleniŋ 'terelerni juʁan ulaq, maχtaqləʁa selip, qunaqniŋ unisni... (2)maltaq jaʁadʒdin, ɦazir ɦeliqi neme dɛjtmiz, jujnetqan χaʃo mundʒilə vamɛsmu, ɛʃindaʁ joʁan tɛrɛklidin jasaʁan maltaqliri vulitkɛn, (3)ʃuniŋʁa bi birɛ aj, sɛʰkis-onkun dʒiq tereleni qɯlip aʃliʁandin kijin, (4)juŋliri eriʁ tʃiqib, qonaqniŋ uniʁa selip χemituruʒni, (5)an u taza bulap etʃiʁandin kijin ɛʃ 'teregi sytyp, tere muʃ dosqanniŋ jyzidɛj voʁandikin, (6)yʃ-tøʰtkyn tʃiŋ jøgɛp, iṣsuɯʁ jɛdɛ qojʁandikin e:tʃijtkin. (7)etʃiʁandikin ɛʃ ulaqqa selip azraq yzi(jyzi) tʃilaʃqidɛɣ suvɛlɛn, aʰtab ba jɛgɛ qojʁandikin u etʃip, (8)u ɛ køn zavuti diɣɛndɛk iʃla bolmaʁandikin, bi χil ɛsvabliri va:kɛn, (9)unuŋda juŋini sirip tʃiqirip, ɦazir uʂredɛj qɯri:tqan, an uni iṣliduq dɛjtkɛn, (10)iṣlap qelinraqlirini køn qetti, qojniŋ, ɛʃkiniŋkini qɨrim qɯlip, tʃoŋʁa tʃoŋtʃɛ, kitʃiɣɛ kitʃiɣtʃɛ ajaʁ tikitti. (11)ytɛk, mɛsɛ, jalaŋ kɛpʃɛ digɛndɛj, ɛ mozdozla køpyntʃɛ jamaʁtʃi voldi ɦazir.

1.5.2 关于手工制鞋业

（1）把山羊、绵羊和牛的毛皮泡在大桶里，然后用玉米粉……（2）大桶是用木头做的，那个叫什么来着，现在不是有那种洗澡的塑料浴缸吗？以前有像它那么粗大的白杨木制作的大木桶。（3）往那个里面泡进很多毛皮进行一个月或八到十天的鞣制后，（4）皮上的毛就会脱干净，然后弄点玉米粉加酵母（和成面团），（5）等面发好后抹到皮子上，这样皮子就变得像这块桌布一样，（6）然后把它裹得紧紧地放三四天，把它放在热的地方，让它发酵。（7）发酵后放在那个大木桶里，倒水，水里能泡皮子的位置就可以，然后放有阳光的地方，等发酵，（8）（当时）没有皮革厂之类的，有一些工具，（9）用那个工具脱毛，像现在的剃须刀一样，这个工序叫做"熏蒸"。（10）熏蒸完后，厚点的用来做皮革，山羊和绵羊的皮被鞣制后做鞋子，大点的做大号鞋，小点的做小号鞋，（11）（还做）靴子、软靴、单鞋等等，那些制鞋匠现在大部分成了修鞋匠。

1.5.3 utuntʃiliq

(1)qalajvɛgendikin, u utun digɛn kurrida tygɛjdɯʁan nimɛ. (2)qara køldin utun ɛʰp kilip, bu qetim bizgɛ veriti iʃe:kini, (3)onombɛʃ kyndin jene bi iʃɛk egelergɛ bereti bɛʃ iʃɛkni, ʃunda laʰpquʈ qɯuliʃitti bɛʃ iʃɛkni. (4)u iʃɛkniŋ dymbistɛ liŋgitʃaq, møleniŋ tøpeskɛ tʃirajlɯʁ liŋgitʃaqni qojap, an uʈun aʰtijti. (5)kynyn utun dejtuq uni sajləʁa tʃiqibla tʃanap, ɛʰtisi saɛt bi i̥ʃkkilidɛ maŋsa kɛtʃ saɛt bi tøʰt-beʃlidɛ kelitqan, (6)bi iʃɛk aq utun dɛp, mindala tʃanap kelitqan, ɛ qara køldin ɛp kɛgɛn utun yʧ kyndɛ kelitu, i̥ʃkjɛdɛ qunap, i̥ʃkki øʰtɛŋdɛ. (7)u dɛŋ, eʰtiva dɛŋ, pala:ni ʁaʰltɛkniŋ diŋi, pustaniniŋ diŋi dɛp i̥ʃkjɛdɛ dɛŋva:kɛn. (8)i̥ʃkki guŋʃininiŋ ɛdɛmliri tʃyʃytmiz, mujna tʃyʃyp tʃaj qajnitip beridikɛn. (9)ɦɛ bi ɛdɛm bi nan elip berip tʃaj qajnatqanleʁa berip, tʃaj iʧip ʃɛlidɛ sajilədɛ jeʰtvelip, (10)iʃikidin utunlərni suʁurup ot qalap, ketʃesi jana saɛt sɛʰkiz, toʰqquslə vɛlɛn kelitti. (11)gor eχinniŋ utuni darivoltu, uzun jil aʰp(b)tablədə su̥ kømɛj, (12)qarakøl ma aχsɨ tarimnɨŋ bi byʒɛkliri ɛmdi, ɛʃɛlɛdɛ su̥ kømɛj nɛtʃʃimɛŋ jil ɛmdi qaχta bulap, (13)u:tʃi ʃuntʃiki pil-pil jamʁuləda køklɛp turup, teɣ yildizliri jildiz taʰtip, (14)ɛʃna vulap kɛtkɛndikin, aʰttapta tuʁandikin, ɛm unuŋ tʃuʁi ɛdɛmgɛ pajda qetu dɛp, ʃuni qaləsaq. (15)burun ɛm ʃuni qalajttuq, jondan itʃittuq, eʰtisninki dəχantʃiiluqlirʁa dari-uʁut tʃaʃmajtuq. (16)ɛʃ jɛrliɣ uʁuttin tʃatʃittuq, salamɛtlikimiz jaχʃi vulitti dɛjtqan gɛplɛ va ɛmdi, (17)ʃunuŋtʃilap u tarimdɛki ɛʃu køtɛgni ɛp kilip qaləʁandikin, (18)uniŋ fiɛm dɛʰpti iʃtiɣ, fiɛm dʒɨʁ-dʒɨʁi qaʰttis bɛlɛn, u:dʒ(tʃ)ini otqa dʒɨʁ-dʒɨʁ quilip, køtikini kɛjindin selivaʰtsaq... (19)julʁunninki kuʃluʁ, tʃuŋi, bi qisim piji tatiʃip qelip, palɛdʒ kisili vulab qelip, suʁaq ɛŋgizdin bolitqan buʁum jalluʁleri bulap qelip...

1.5.3 关于木柴

（1）天天要烧柴，而且木柴又是一会儿就烧完的东西。（2）（人们）从卡拉湖那边运来木柴，这次把驴都给我们用了，（3）再过十到十五天，轮到另一户人家用这些驴（五头驴），就这样轮流使用这五头毛驴，（4）那些驴的背上都有翘板（其实这里的翘板是指木柴驮子），驴鞍上先放翘板，然后再驮木柴。（5）一日柴（指一天之内可以弄来的木柴）是一去隔壁滩就可以砍回来的木柴，一般早上一两点出发，晚上三四点回到家。（6）这被称为一头毛驴的白木柴，就是一去就砍回来的木柴，从那个卡拉湖运来的木柴得用三天，需要在两个驿亭（或客栈）过夜。（7）那些驿亭都有名字，一路上两个地方有这样的客栈，叫张三的客栈、李四的客栈。（8）两个公社的人就这样过去（砍柴）。那里有人给砍柴人烧开水，（9）（去的时候）每个人都带一个馕给那些烧水人，（然后就在那儿）喝喝茶、乘乘凉。（10）从驴背上的木柴里抽出几根烧火，晚上八九点左右能回到家。(11)郭热恒（地名）的木柴有药用价值，因为很长时间晒太阳没有碰过水，(12)卡拉湖在阿克苏塔里木的一个角落里，长时间没有碰水，几百年一直在那里，(13)偶尔下的雨让树发芽长叶，长出树根，(14)就这样被太阳暴晒，所以用那种木柴烧火对身体有益。(15)以前都烧那种木柴，吃玉米面条，地里不撒化肥。(16)就用当地的牛羊粪来施肥，认为这样做对身体健康有好处，(17)就这样，烧火烧的是从塔里木运来的树墩子，(18)这种木柴容易点着，是用来引火的好材料，先用它的尖端点火，然后把树墩子放进去……(19)红柳的火力非常大，大点儿的红柳用于治疗抽筋、瘫痪以及严重湿气引起的关节炎。

1.5.4 kɛlpidiki ʤiɣdiniŋ soʰrtliri

(1)qaʁa ʤiɣdɛ, aq ʤigdɛ, kumut ʤigdɛ, qapaq ʤigdɛ, paq-paq ʤigdɛ. (2)biχil bi ʤigdileva, qapaq ʤigdɛ dɛp, øzi munda turup, ʧiʃlisa kossida qilivla taza tatliʁmɛs, iʧi komok. (3)an bi paq-paq ʤigdileva, ɛʃu nemedɛ turuvla jamʁu tɛkkɛndikin eʰtlip, qonaq aʰtqandɛk eʰtlip ketitqan. (4)χoma ʤigdilermiz ʤiŋdɛ-ʤiŋ jaχʃi, birinʧi χil soʰrtluq ʤiɣdɛ. (5)aq ʤigdɛ diginimiz dariliqqa boʻlotu, ʃunda tɛmliɣ, uʃʃaχraq bolu:tu, likin appaq, ɦɛm dari voletqan ʤiɣdɛ. (6)kumut ʤigdɛ uzunʧaqraq vulap, bɛk uʃʃaq. (7)qaʁa ʤigdɛ diginimiz, bɛk uʃʃaq, ɛʃ qonaqtɛɣla, kømmɛ qonaqtɛɣla bolu:tu. (8)uni almajtmɪz, aʃ qaʁa-quzʁun jejtqan ʤigdɛ. ʧitlɛʁa qetmiz, ʧit ʃoχe:sva, baʁleni ʧitlajtqan jɛgɛ qetmiz. (9)uniŋ arelerʁa ɦelqi ʧiŋgilik dejtqan nimimizva, jamɛʃip ʧikitetqan, ʃunda taʰtsɪla syt temijtqan, dariliqqa ɛtitkin milli tibabɛttɛ. (10)søgɛlligɛ yʃ-tøt tɛhkyssɪla ʧyp ketitkin. azʁan, qipquzil mive:s va uma ba. (11)yryklermizniŋma sorti, bɛzi vaχleda yzi jaχʃi køgɛn yryklegema yzniŋ etni qojvaletqan iʃlɛma bakɛn, toχtaχunniŋ yrki, ajsiraχunniŋ yrki dɛp, (12)ɛm ɦazir soʰrti tola voldi yrykleniŋki, bɛlɛn qaraʁazaŋ yryk, χuvejni yryk, moruʃo yryk, mollavi yryk, sɛmɛt yryk dɛp yrykleva,（13）moroʃo digɛn qaʰttis isil gyli voletqan, tyklyүmɛs.

1.5.4 柯坪县的沙枣品种

（1）（柯坪县有很多种沙枣）乌鸦沙枣（也叫野沙枣），白沙枣、蝌蚪沙枣（也叫小沙枣）、葫芦沙枣（也叫大沙枣）、空心沙枣。（2）有一种沙枣，叫作大沙枣，有这么大，你吃一口，就知道里面是空的，口味也不好。（3）还有一种空心沙枣，在树上的时候碰上一点点雨就像爆米花一样爆开。（4）蜜沙枣才是真正最优良的品种。（5）白沙枣一般用于制药，口感非常好，果子虽然小一点，但颜色雪白，也可用于制药。（6）蝌蚪沙枣（小沙枣）形状细长，很小。（7）而乌鸦沙枣（野沙枣）特别小，就像玉米粒一样，（8）我们一般不摘这种沙枣，就让它当乌鸦的食物，因为树枝上带刺就用它做果园的篱笆墙。（9）有一种往上爬的草，名字叫牛皮消，野枣树枝中间可以种牛皮消，牛皮消是一种往上爬的草，拉一下就会出白色液体，在民族医学中可用于制药。（10）治瘊子抹上三四天就可以治好，我们这儿还有结红色果子的野蔷薇。（11）杏子也有很多品种，有用喜欢某种杏子的人名来给这一品种起名的情况，（比如）托合提阿訇的杏子、艾萨阿訇的杏子等等。（12）现在杏子的品种很多，好的品种有黑叶子杏、胡外纳杏、磨若术杏、毛腊伟杏、赛买提杏等等，（13）磨若术杏的杏干特别好，果子是不带毛的。

1.6 在阿热阿依玛克 (arajmaq) 村录取的语料

1.6.1 kɛpɛrɛʒ

(1)bu dari tijipta bolo:tu, ulema tutmajtu. (2)burun degɛn kipinni ruslap qujap, ja ylym ja kyrym dɛp. (3)ombi kynlyk, onjɛttɛ kynlyk, bu øjgɛ ɦitʃqandaʁ ɛdɛm kimɛj, bɨr ɛdɛmgɛ darini bɛritu pɛjzilɛp turup, (4)bɛgɛndikin ja ʃu kesɛldin saqijip tʃɨkititi, ɛmɛsɛ buzulup qaliti, saqajmajti, ylɛp tʃɨkititi. (5)ja ylitqan ja saqijtqan gɛp, uni degɛn usta doχtur vereti, tijipla.

1.6.1 轻粉

（1）这种药一般在郎中那里有，现在他们也没有。（2）以前（用轻粉时）先准备好裹布，生死存亡全在于这次冒险，（3）（给的剂量）有11天的，也有17天的，（治疗期间）不让任何人进病人的房子，（郎中）仔细观察后把药开给那个病人，（4）病人用了后要么能治好病恢复健康，要么就完了，病治不好人就死了。（5）也就是说要么治好，要么治死（所以）这个需要由非常在行的郎中来做。

1.6.2 nan jeχiʃ

(1)utʃaqqa nan jeχvasaq uniŋdin isil ʁɨza joχti. (2)utʃaqni qizitip, unəŋʁa jeχip, uni puʃurup qɯppoʁutʃiniŋ arlɨqɨda uniŋdin qazanʁa qɯɯsimu uma jaχʃi. (3)ʃoda piʃqini bɛk tatlɨʁ. ɦazɨrtʃu munda nan boldi: (4)ʃoda piʃqan nan, utun qalap jahqan nanni, tunu iʃki χil, χiʃ tunu, ʃo tunu dɛjtqan iʃki χil tunu vulap qaldi. (5)a χiʃ tununiŋ neni paχtedɛj, kymɛ qalajtu. (6)ʧepitni tununiŋ kyjɛp kɛtkingɛ jaχitu, bɛzɛnlɛ qiziqida jeχip kyjɛp ketetu, køjgeʧɛ ep boletmiz. (7)muʃ nan qɛdin pɛjda vulap qeptuvula dɛjtmɛ, bu siŋiʃliʁ nan, jeŋgil, piʃʃiʁ piʃitu.

1.6.2 打馕

（1）要是在土灶里打馕，我们就没有比它更好的美食了。(2)（不过）不做那些烧土灶、打馕等麻烦事，直接在锅里做馕也可以。(3) 在盐碱馕坑或土灶里烤出来的馕，味道最好，现在呢，馕是这样做的：(4)（一种是）在盐碱馕坑里烤出来的馕，是烧火柴打的馕。馕坑有两种，一种是坑壁是用盐碱泥巴砌成的，另一种是用砖砌成的。(5) 在那种砖坑里打出来的馕像棉花一样（软），这种要烧煤炭。(6) 白大馕在馕坑热的时候打，有些人打馕的时候，本想等到烤得差不多时立马把馕拿出来，结果因为馕坑过热（控制不了时间）馕会被烧黑。(7) 我很好奇馕最初是在哪里出现的，馕容易消化，分量轻，（因为它在馕坑里）很容易烤熟。

1.7 在巴格勒克（baʁliq）村录取的语料

kɛlpindiki oʰtlar

(1)ɛʃ oʰt dʒindimo ɦɛmmisi oʰt disɛk, mo eriʁniŋ u qettikilɛ, ʁeʧʧɛj dɛp bi oʰt va dɛŋa, bɨz ʁeʧʧɛj dɛjtmiz, ɛ:gɨla ʧeʁenaq dɛjtu. (2)ʧa:tmaq dɛjtmiz ɛmdi, ʧɛ:tmaq disɛk, mo uqɨris da:diniŋ ɛdɛmlɛri piʧan dɛjtu. (3)bɨzdɛ aqʃar digɛn oʰtva, bɛk χil oʰt, adirasman dɛjtqan bir otimizva, (4)uni quʁun-qabaq uldajtqan, baʁ-aramʁa kømetqan mundaʁ iʃləʁa iʃlititmiz. (5)bu atʃʃuʁ, zɛhɛrlik oʰt u, zijan qɯlmajdu, kuʃluʁ. (6)burunqila iŋ kitʃikkɛn buʁdajni teriʃ yʃyn aq jantaχqa tip beχip, tʃyp kɛtsɛ, terisa u buʁdaj kykɛ:mejtkin, ynmɛjtkin. (7)qule:qi ʃolvaχtista tʃala-tʃila tʃyʃyp, tʃala-tʃila tʃyʃmigɛn vaχtista terisa, buʁdaj ynitu dɛv ɦesavlap, ʃuni bir mɛjzan qɯlip terijtqan gɛp. (8)ko:nilniŋ bir qaldu:ʁan ɛn ʃu, adɛm bɛna voʁanniŋ ja:ni qaldu:ʁan iʃ. (9)ɛ kyzgɛ quʃtap qalʁan vaχtista buʁdaj jildiz tatammajtu dɛjtmiz. (10)ʃo:-ʃa:tiŋi va:raq je:ligɛ qaraʁodʒa digɛn oʰt tʃiχitʊ. bindi terip turutqan jɛlɛgɛ jøgɛmɛtʃ, ʁɛtʃʃɛj digɛnlɛ tʃiqitu.

柯坪县的草类

（1）就那小小的草，虽然都叫草，但生活在这条水渠那边的人（说法跟我们不一样），有种叫做"ʁɛtʃʃɛj（大戟）"的草，我们叫"ʁɛtʃʃɛ"，他们叫"tʃeʁenaq"。（2）至于"tʃa:tmaq（马兰花）"，我们称它为"tʃa:tmaq"，尤库热斯大队的人则叫"pitʃan"。（3）还有"aqʃar①（白滨藜）"和"adirasman（骆驼蓬）"等草，（4）我们用它们给甜瓜追肥，还可埋在园子地里。（5）这是一种苦涩、有毒的草，不伤害（牲畜），但特有劲儿。（营养成分多）（6）过去人们要种最晚的麦子时，（先）踢一下白骆驼刺，如果叶子都掉下来，他们认为这时种的麦子不会长出来，（7）如果部分叶子掉下来，还有一部分不掉，则认为种的麦子一定会长出来的，他们把这个当成判断种麦的标准。（8）祖先留下的一件事（智慧）就是那个，是人类出现以来留下的一件事吧。（9）我们认为，在秋季即将来临时种的麦子不能生根。（10）在有些盐碱地长着一种叫做"黑雀"的草，在我们耕种的地里则长出打碗花、大戟等草来。

---

① 标准维吾尔语 aq ʃora

1.8 在托万克库木艾日克（tøvɛn qumeriq）村录取的语料

iːrim øpkɛ kisili vulap qaldi

(1)biʃlɛm umatʃ-qotʃaq tʃɛp, otnɨma øtʃørɛp qojaptu, piʃkɛ qalajmu ot. (2)bɨzni bula araʁɛmu almajdu, biz dʒan dilimiz bilɛn tirkɛʃip, bu χɛχnɨŋ aldida til quʂɯq bulap qalmajli dɛp. (3)muʃ ɛkɛk bir paːtʃa tʃalmini jydkɛn ɛʰkɛkmɛs, øpkɛ kisili vulap qaldi jɛtti -sɛʰkɨʂ jil, davaːlitip saqajdi. (4)ɦazɨrma muʃunda suʁaqqa tʃeliqti, ketʃesi aʃ øhø dɛvla jøtølyp tʃyʃtu, pokla iχlip tʃyʃtu aʁrip ketetu. (5)jildibi doχturʁa ɛp tʃɨqitmiz. (6)iʂsiʁ øjdɛ oʰltirap, biʃlɛm goʃ-jaʁ jɛp, topa-tʃaŋ bimelegɛ antʃɛ tʃelɯqmaj tusa, owdan turutu. (7)ɛm biz eriʁ bylvaːʁandikin unda iʃleːʁimu zijaːdɛ salmajtmiz. (8)muʃ ʃoːdidɛ ʃoːdidʒiŋnɨŋ iʃlirigɛ bunuŋ iʃlɛp kɛtkɛn… (9)maŋama, muʃtɛɣ turitmɛ, tø-bɛʃni tuʁdum, yʃ-tøʰt balamba, bunuŋʁa kitʃig tigiptikɛmmɛ, (10)mɛn tʃɨqqili ottɨʂ jil vulaptu, mɛmmu ɛlliɣ-aʰtmiʃ jaʃqa kiːgili tuːdum, eriʁ tʃiʃim tʃyʃti, beʃim aχirip appaq vulap kɛtti. (11)bizgɛ bu aχedin bir ɛdɛm saŋa nime dʒan dɛp bir qullɯq biːmɛ bɛːginni bilmɛjtmiz. (12)mo tyr̥k voʁatʃqa, daːdylege kirip, jalla maŋa uni veriŋla, ja buni veriŋla dɛp gɛp qɯp baqmajtʋ.

我的老公得了肺病

（1）（我）做点玉米糊吧，火也灭了，要不要生火？（2）他们（这社区的人）把我们当外人，我们不想在这些人面前委屈自己，所以拼命地劳动。（3）我这老公一块土坯都没搬过，他得了肺结核，经过七八年的治疗,现在好了。(4)(但)现在碰上寒冷的天气,一到晚上就开始咳嗽,(然后)就啪的一声跌下来,疼痛就开始(病就复发了)。(5)每年都送到医院看一次病。(6)如果住在温暖的房子,吃点肉、油等,不接触灰尘之类的东西,那就会变得好一点。(7)因为我们现在已经了解了(他这个病的)变化情况,所以让他少干这样的(体力)活。(8)在这个小队里,小队长家里的活他干得不少。(9)我(现在)的身体有拳头这么大,(但我是)生过四个孩子,现有三个孩子,(当时)我很小就嫁给了他,(10)我(结婚)来这儿已经有三十年了,(现在)我也快到五六十岁了,牙齿都掉光了,头发也变得白白的了。(11)在"阿哈(后街之意)"这个地方,(从来)没有一个人给过我们什么东西、问过我们的情况。(12)由于我这个男人是个大老粗,(从来)也没去大队要过什么我们需要的东西。

1.9 在托木艾日克 (tomeriq) 村录取的语料

toj aditi

(1)burunqi kona toj aʃna ɦagan baʃlan bulap, mɛllidɛ ajmaqnɯŋ juʁan bi mɛjdan-soruni vulitti. (2)pytyn bir ajmaqta, ʃɛdɛ bulitti. ʃɛdɛ naʁrini tʃɛlip qɯzvəlni køtʃøritqan vaχta aʰtqə mindyryp, (3)qɯzvəlni uʁavaləniŋ yjigɛ ɛʰp kɛgɛndin kijin, aʰttin tʃyʃyryp, ot qalap taza mujnoʁ ot, (4)otniŋ jɛniʁa ɛp kilip tʃyʃyryp qɯzvalɛni, kigiz tøpɛskɛ, (5)oʁalniŋ adaʃlɛrniŋ ɦɛmmis aʃ kigizniŋ tøʰt u:tʃini, taza tutmaʁan tɛŋləmat kigizniŋ tøʰt tɛrivini tutup turup, (6)attin ʃu kigizgi tʃyʃyryp, ɛm bizlɛ toj qɯlʁanvaχta tøʰt u:tʃidin ɛʃ ottin øʰtkizip, andikin øjgɛ ɛʰpkiriti. (7)ɛʰp kigɛndin kijin øjniŋ iʃkini taqevaliti, jigitkɛ bineme birip qe:ti. (8)ɛm ɦazir pul birip aʰtʃuretqan boldi mo zamanda. (9)quzni køtʃørɛp quʁanda "ɦaj-ɦajilɛn, ɦajilɛn, gul qajdə ba, birjaχʃiʁa birjaman ɦɛrʤajdə ba"digɛnlɛ, (10)ʃol vaχtida agan baʃlan dɛp naχʃini eʰtip, birilɛn naʁrini tʃe:lip, aldida jigitni ep mɛŋip, kɛjindin quz mɛŋip ɛʃna qetti. (11)quzvalɛni ɛʰp kigɛndikin ɛʃ buluŋda uɫtaʁuzup, ʤuˈveːni selip, uniŋ tegiʁa taʃni qojap, taʃniŋ tøpeskɛ ʤuva selip, an quzvəlini oʰɫtaʁizittuqkɛnmiz. (12)u taʃtɛɣ ɛʁi vulaŋ, miʃɛdɛ turuŋ dɛɣinikɛn. a jyzini jeʰp ɛpkilitmizmɛsma, (13)ɛp kɛgɛndinkin asta kirip talda, bɛzɛn bivaχləda noʁuʤdə etʃip, ɛm ɦazir talda asta eʰtʃip, (14) taldɛj jumʃaq vulaŋ, eʰtigini qovap ɦugul sypyryŋ, qɛjinniŋiz vilɛ gɛp talaʃmaŋ, iriŋizgɛ bi lɛvɛj dɛŋ dɛp aʰtʃetqan boldaq ɛmdi.

（1）在以前的传统婚礼中有"ɦagan baʃlan（请客人进入前廊或客厅之意）"①，一般每个社区、每个大队都有一个大广场。（2）一个大队的人的婚礼都在那儿举行，在那儿敲鼓。当送新娘的时候，让她骑在马背上，（3）到了新郎家后，（一些人）（先）烧起大火，（然后）把她从马背上拉下来，（4）让新娘在拉下来，让坐在火旁的毡子上……（5）新郎的朋友们抓住尚未用过的新花毡的四边，（6）（让新娘）从马背上下到那块毡子上，我现在说我们(夫妻俩人)结婚的时候，把毡子从火上穿过，然后进来到屋里。（7）进来后把门顶上，于是给新郎一点东西。（8）如今给顶门的那些人钱才会给新娘开门。（9）把新娘送到新郎家的时候，唱起"ɦaj-ɦajilɛn"的歌曲，（10）在唱这首歌曲时，（一般）一个人在路上敲着鼓走着，新郎在他前面走着，后面是新娘。（11）新娘（到新家）时，新郎家人让她坐在屋角，坐的时候先铺上皮袄，皮袄下面放块石头，然后让新娘坐在皮袄上。（12）这样做的目的是让新娘做事像石头一样稳重，在这个新家里扎根。我们送新娘的时候，她的脸不是被遮住的吗？（13）到了新房后，

---

① ɦagan baʃlan指婚礼当中将新娘送到男方家门口时唱的歌曲。

有人悄悄地进来用树枝，有时用擀面杖轻轻地把面纱掀开，现在我们普遍用树枝，（14）并说："希望你有树枝的弹性，早早起来扫院子，不要跟婆婆争吵，要对老公说'是'"。

1.10 在阿热阿依玛克 (arajmaq) 村录取的语料

buʁdaj, qonaq tamaqliri

(1)aʃ diginimizdɛ sy:qaʃ, ygrɛ aʃ dimɛktʃi, χujmɛn, jejip saʁan aʃ dɛp bi eʃmizva, uni ygrɛ aʃtɛɣ tom-tom kɛsmɛj, mənda mo qoldɛɣ-qoldɛɣ kisip taʃlajtmiz. (2)andin lɛʁmɛn, tʃøtʃørɛ, manti, dʒuvava. (3)dʒuvavini syzyv jɛjtmiz, tʃøtʃørini syjgɛ selip syji velɛn itʃitmiz. (4)qonaq unda qonəq eʃi etetmiz, omatʃ etetmiz. (5)qonəq eʃni qonaq velɛ buʁdajni arlaʃturup etetmiz, bi tʃinɛ buʁdaj uniʁa bi tʃindin tʃoŋraq qonəq uni qujsaq bolutu. (6)montelɛk, supurutʃ dɛjtu, jana unni aralaʃturup, aresqa veqi mantidɛk tygyp, suʁa taʃlav jɛjtmiz. (7)buni supurutʃ dɛjtmiz, su mantisi, uni qunaqta qɯsaqmu, buʁdajda qɯsaqmu bolutu. (8)qunaqta qɨsaq izilmɛjraq, qosaqta toq turu:tu. buʁdajda qɨsaq aresqa su̥ kirvelip lipildavraq qalətu. (9)montelɛkni uʃʃaq tuɣyp, ʁoredɛk qɨlip, tʃøtʃørdɛk syji velɛ itʃitu. (10)zaŋni køjdørɛp qojtmiz, byjɛdɛ ɛtmɛjtmiz. biz umatʃla etetmiz, teɣini jaʁlavatsaq umatʃ vultu. (11)uma aʃ, ɦɛmmɛ tamaqniŋ anisi umatʃ, umatʃ itʃsɛk qosaqta toχtimajdu, tumisimu. (12)qunaqniŋkidɛ juʁurup turup dʒiŋmoma qɯsa teɣi buʁdajniŋkidin tatlɨʁraq vulap ketitu. (13)boldorap χemini, qunaqniŋkini, bimɛ toʁrap qisa, jijiʃlɨɣ bɛlɛn bulap ketitu.

（1）（我们这里的）饭菜有汤饭，即面条、烩面，还有一种叫面片的饭（把面擀开），做那种饭时，把面切得不像面条那么细，而是像手指这么宽，然后放（进锅里）。(2) 还有拉面、馄饨、包子、饺子等。(3) 饺子是捞出来吃的。馄饨是放在汤里与面汤一块吃的。(4) 用玉米面做玉米饭、玉米糊。(5) 玉米饭是用玉米面和小麦面搅在一起做的，一碗玉米面加上一碗多一点面粉就行。(6) 还有叫做"montelek"、"supuruʧ"的玉米饺子。同样把两种面搅和在一起做（面团），像包包子一样包好后，放在水里（煮熟了）吃。(7) 这叫"supuruʧ"，也就是水包子。这种饭用玉米面做也行，用小麦面做也可以。(8) 若用玉米面做的话不会挤烂，吃了以后很禁饿。如果用小麦面做，里面容易进水，显得有些烂碎。(9) "montelek"（比这个）小，有馄饨或杏子那么大，像馄饨一样带着汤吃。(10) 我们这儿做稠面糊容易串烟，（因此）这儿（一般）不做那个，只做玉米糊。(11) "umaʧ"的意思是"它也是饭"，所有饭菜的母亲就是玉米糊。吃玉米糊肚子饿得快，尽管那样……(12) 如果把玉米面揉成面团蒸馍馍，吃起来味道特别好，比用小麦面做的还要好吃。(13) 等玉米面团发酵后，上面再加点东西（调料）的话，更好吃。

1.10 在巴格勒克（baʁlıq）村录取的语料

1.10.1 iʃki miŋ kiʃlik mɛʃirɛptɛ daŋ ʧiqadim

(1)an ʧoŋ gugut kan va dɛŋa, dɛvlɛt egelikidiki gugut kan. (2)najiniŋ baʃliqi axʃimi iʃki miŋ kiʃlik mɛʃirɛpba dɛp mɛʃirɛpkɛ ʧilaptu, guŋʃijniniŋ aʰɫtijyz ɛdimini. (3)ɛm bunuŋʁa axʃimi sɛkkiʂvala tajin boldaq ʁezil ejtitqanʁa. (4)tajin bolap baduq, berip aŋʁiʧɛ miniŋmu akam badi, ølɛp qaldi. (5)bu bir gɛmɛ dɛŋa, ijɛdɛ mənda øj salɨtqan iʃ joq. taʃ vɛlɛn salidu øj sasa. (6)gɛmɛ boʁanda miʃɛdin ɛʃ baʁnɨŋ u:tʃɨʁa vartu. (7)munəŋ toʁrisi digɛn ombɛʃ mitir gɛmiŋki. buni digɛn moʃna paʃajvandɛɣ qurup tʃiqip, ma soχma qojap, maʃənda bykigɛn gɛmɛ dɛŋa. (8)basaq adɛm digɛnnɨŋ oʰɬtirap kitiptu qalaŋ mɛʃirɛptɛ. (9)an birindʒi guɲʃinɨŋ valliri mɛjdanʁa tʃyʃsun hazɨr, gugut kannɨŋ valliri tʃaldi didi. (10)ʃu vaχta imam badi, imamla bɨzni saχlap tʃyʃɛmmɛj turuptikɛn tɛχi. (11)sɛhkizimiz bir ystɛlgɛ muʃunda oʰɬtaduq. (12)oʰɬtərap bir nɛvɛtla ʁɛzɛl eʰtiʁandin kijin, e ustamma i̯ʃkkindʒi nɛvɛtni baʃlijamidi, janivi ʒutni vaʃquʁan usatamma omo oʰɬturutʋ. (13)ɦɛ nizaka disɛm hɛ dɛjtu. qaʃiriqta ɦøpøldɛp kɛtitiŋla, baʃlaŋla bunɛ, bɨz kitʃiɣ disɛm baʃlɨʁili unimidi. (14)jɛnɛvi ustiva pasundin umu baʃlɨʁili unimidi. avaliŋla muʃumu, sɛʰkiziŋla tɨzɨlɨp mɛni nimiʃqa ɛp tʃiqqan didim. (15)vaj sɨzni ɛp tʃiqqan dɛjtu. ɛmistʃu bøgɛndin tatip ustaŋ mɛn ɦɛmmɨŋnɨŋ aŋlap qoj, (16)tʃyʃɛ mɛjdandin dɛp, i̯ʃkkivalini ajrip qaldɨm, biri baʁlɯqlɯʁ validi, biri gugut kanda ɦazirmu. (17)i̯ʃkkɨşni apqɛlip ɛmisɛ mɛn ɛhtijmɛn, kɛjnimdin maŋisɛ, duduqup alamiki qajim digɛn gɛpni hɛrgiz qɨlma, mɛʃirɛpni mɛn øzɛm bylgɛndɛɣla ɛhtip tʃikititmɛ(didim). (18)(ular)bolutdidi, ɛ:tuvattuq, ɛ:tuvattuq ta on i̯ʃkkɨ qetim tʃapmɛ dɛŋa. (19)tuχ qitʃidi, χo-χo dɛp turtu, tʃavakni urup turtu, usultʃila ojnap turtu varsɨldap. (20)ʃɛdin tatlɨʁ tʃajni ɛp kɛldi, iʃtuq. ʃunda tʃɛlvaʰttim. tʃɛlvaʰtqandikin bu ɦɛʒmini bilmɛjtqan nimidi, (21)nɛdɛ ygynyp kɛtti bu, ʁɛzɛlni kim bɛdi bununʁa dɛp ʁulʁula volap kɛtkɛnla gɛp. (22)mundaʁ ɛjtammajti, ɦɛdʒnimini bilmɛjtqan nimidi, zadi buni bi tɛqlɛjli dɛp.(23) a:n ʃunuŋ vɛlɛn daptin tʃyʃtuq, tʃyʃkɛndikin ɦɛzla χo birintʃivalam, χo qajim balam bøgɛnki saɛttin tatip ɛmgɛk qɨlmajsɛ, (24)sini ørɨgila qojvaʰttim, myʃɛdɛ nanla jɛppɛsɛŋ volutʋ maŋa, (25)sɛkkɨş kyndɛ bir tamaʃa qɨp bɛrip dɛvla mini ɛmgɛkkɛ salmidi ɛlqi baʃlɨq. (26)an ɛ tʃoŋ gugut kannɨŋ ɛdimiva ɛmɛsmu. (27)umu ɦɛzla buni qattuʁ tɛrbijlɛpsɛ, bu birintʃi oʁalvalikɛn. (28)buni bøgɛnki saɛt møʃɛdin tʃiqqandin taʰtip buni ørigɛ qojvaʰt, ɛmgɛk dɛgɛn nimini qulduma, (29)munʒilik bir ɛdɛm iʃ qulmuʁanʁa ɦeʒim bolmajtu dep kilip i:lan qulvatti. (30)qajimaχun ɛmgɛk qilmajtu, myʃeniŋ nenni jɛp, ma aʃpɛzvi ot unda-munda volap qasa məndavi otan tiχip qojsun, (31)bolmisa jatitu bøgɛnki saettin tatip, ajliqi ba dɛvla ilan qulvaʰtqandikin, ʃedin nanniŋ jumʃiqini jɛp jattim. (32)akamzɛ χoʃ volap kitip, ukam ʒyrikim jerlip kɛtkili tas qaldi, nɛdɛ ygynyp kɛttiŋ unda dejtu. (33)ɦa so:rap nime quttiŋ sɛn mini, asmandin bɛdi maŋa didim.

1.10.1 在两千多人参加的麦西来普中出了名

（1）有一个很大的火柴矿（硫矿），是国有的硫矿。（2）县领导说晚上有两千个人的麦西来普，就把这个公社的600多人都叫过来参加麦西来普。（3）晚上为了这个我们六个人做了唱歌的准备。（4）准备好以后就去了。我有个哥哥，他现在去世了。（5）那（房子实际上）是一个地窟，在那里没有这种建的房子，那儿的房子都是用石头建的。（6）地窟的长度从这里到那个院子的另一边。（7）这个地窟的宽度有15米，建的时候就像前廊那样建起来，然后用柱子支撑，就这样盖的地窖式房子。（8）我们去的时候，在麦西来普上人已经坐满了。（9）（有人宣布）刚才表演的是硫矿的演员们，现在要第一组的人出场。（10）他们等着我们。（11）我们八个人坐在一个长凳上。（12）我们坐了一会儿，弹了一首曲子，那个乐师不敢开始第二个曲子，另一个乐师也坐着（不敢领弹）。（13）我叫了下"尼亚孜大哥"，他回应了，我跟他说："你们领唱吧，我还小"，但他们还是不敢唱。（14）另一个乐师也不愿意领着弹唱，我跟他们说："你们就这点本事吗？为啥还把我一起带出来。"（15）他们说就是带你来...，然后我说："你们给我听着，以后我就是你们的师傅"，（16）说着我让他们走下舞台，只留了两个孩子，一个是巴格勒克村的孩子，另一个是帕松村的，现在还在硫矿那里。（17）我跟他们俩说："那么我来弹唱，你们跟着我唱，你们也别担心我唱不好，我能从开始唱到麦西来普结束",（18）他们说可以，我们就一直唱着，总共唱了十二遍。（19）当天晚上一直唱到鸡鸣的时候，观众的掌声没断，舞蹈的人也不停地跳着。（20）（他们）给我们甜茶（冰糖茶）喝，我们弹得非常好，就这样弹了以后，他们（很惊讶）很纳闷，搞不清楚我这个本来什么都不会的家伙，怎么能唱得这么好。（21）人们议论纷纷："他从哪儿学的这么多歌曲？谁给了他唱本？"（22）"他以前唱得不这么好，是个什么都不会的人，现在怎么会变得这样，我们得搞清楚"。（23）然后我们从打手鼓开始表演，开始了以后，当时那个叫艾子拉的领导说："你小子好样的，以后不用去干劳动了"，（24）"以后我不管你了，你在这儿给我吃馕就行了"。（25）"你每周给我们表演一次、弹唱一次，不用去劳动了。"（26）那里不是还有硫矿的人吗？（27）他们也说："艾子拉领导啊，这个人你们培养得特别棒"，（28）"从今天开始，再不要让他劳动了"，（29）"他一个人不干活不会有什么事儿的（影响不了什么）"，说着在舞台上宣布了，我以后不用去劳动的消息，（30）（他们在舞台上说：）"卡依玛洪以后不劳动。"这里的厨师忙不过来时他可以偶尔来给炉子添点柴火，（31）从现在开始就休息不干活，而且给他发工资，这样公布了以后，我就休息了。（32）我哥太高兴了，说："弟弟啊，我的心脏差点儿跳出来了，你在哪里学的这么多？"（33）我说："啊，你问我这个干什么，这是苍天赐给我的"。

1.10.2 qumluʁdiki ustini jeŋdim

(1)an kɛlpinɣɛ kɛlduq, kɛlpindɛ qurvən ɦejt, rozə ɦejt dɛjtqan hejtlirmɨzvamɛsmu, (2)a qumluʁda bi daŋ ustavadi, ɦazɨrmu usta u, ʃagitlirim dɛp qojtu, ɦɛ ustam dɛp qojtmɨz ɦazɨrmu, sɛksɛn jaʃqa vadi ɦazir. (3)an bir qurvən ɦejtta kɛldi, mɛn, ɦeliqi ʃaɣɨtnɨŋ biri, (4)ɦɛ birɛlɛn naʁra tʃep bɛdi, dadudʒaŋ dɛjtqan bɨrvala, ølɛp qaldɨ. u mɛndin tʃoŋdɨ. (5)ʃonda qurvən ɦejtta ɛʃu tʃolaq ɦakim dejtmɨz, ɛ velajɛtnɨŋ ɦakimi. ʃu ɦakimla kiptu qurvən ɦejtni mubarɛklɛp. (6) ɛj guɲʃiːʁa jiʁildi, iʃki guɲʃidin onmiŋ ɛdɛm jiʁildi daŋa. (7)ɛʃɛdɛ bɨznɨŋ akimɨz va, maːriptʃi, ɦazɨr aχsuda jaʃəvətɨdu. (8)ʃyvɛdin aʃ qurvən ɦejt kyni tʃalɨtmɛ dɛp dapqa tʃɨχsam, ɛ qumluʁluʁdibi binimelɛva, (9)uʃʃaq nimeleken, ʁɛzɛlnɨŋ tyːrini nim bilsun, u yʃkidin tʃi̯qqan meʁizdɛj nimelekin. (10)ɦɛ bu nimele herip qelip bɨznɨŋ balləʁa veritu dɛp, mɛn-mɛn degɛn aʃ oʰltirap ɦamajtqan usultʃidin tʃy̞p kɛtti mɛjdanʁa dɛŋa. (11)ʃʊnda etuvaʰttɨm, tʃolaq ɦakɨmlar aŋʁitʃɛ aparatta ep turutu qalaŋ, vaq-vaq ep turutu. (12)qaʰttɨs̟ kutʃumuzʁa kep kɛtkɛn kylekɛn, bɛka jetip. ɛtɨʃi onda baʃləʁan mɛʃrɛp tʃyʃkijinɣitʃɛ volap kɛtti. (13)ɦɛ ɦabdimɨt tajip, em silni baʁlɨq balliri ɛp kitiptu, buni mɛn kitʃik køsɛm, (14)bu qattɨs̟ jaman gujlikɛnmɛsmu, ʁɛzɛlni symyryp kitiptu dɛp. (15)nurudʒaŋ dɛpbi ɛdɛm bati, bułtu ølɛp qaldi, mɛn bu nimelni muʃu bɛʃ puŋluq tɛŋgitʃiliɣ kømɛvdim, (16)ɦerip qaltu, ɦeli qumluʁ vallərʁa bertu disɛm, ɦezla ʃaŋdʒaŋ qattɯʁ tɛrbijlivaʰtqan ballikɛn, (17)aq nandila beqiptumɛsmu, aq nanniŋ kutʃini bøɣɛn køsetti dijʃip. (18)ɦabdimit najip bi sipɛ ejtivdi, ɛ silniŋ iʃɨŋla tygɛptu dijiʃti. (19)ʃʊniŋ velɛn atilip, qosaqmu tojap, tø jil voʁanda gugut kanda burap kitip mɛn, ølnɨtqan quramuʁa kip qaldim. (20)anzɛ mɛn bamajtmɛ dɛvla bamidim. taza atʃaʒilɨq kynliri, aʰtmiʃ tøhtindʒi ʒilliri, atmiʃ ytʃyndʒi ʒilliri, (21)qosaq tojmaj biʒ tʃɛrɛk buʁdaj oʰttɨs̟ koj, qonaq ʒigimɛ koj, qaʃqada ɛlliɣ koj volaptu buʁdaj. (22)kilivla igin-ajiʁimni ɛʃɛdɛ kɛjgɛndɛ, inim kitʃiɣdi, ɦarvɨnɨŋ otɨrɨsqa ɛp kɛldim. (23)serɛŋgɛ qenɛ aːpa disɛm, serɛŋgini ɛp tʃiχti, ot qojvattɨm. (24)øzɛm mundʒəʁa tʃyʃyp, bɛʃaltajʁitʃɛ buraʁ kɛtmɛj, kijin anzɛ kɛtti. (25)bamaj turvaldim, gugut kanni taχatqɨli unimidi u nimelɛ. (26)mini qitʃirip turtu mɛn bamajtmɛm kallamni elvatsaŋmu bamajtmɛ dɛp turvaldim. bir jildin kijin gugut kanni taχatti.

1.10.2 我赢了库木鲁克村的高手

（1）后来我们来了柯坪，柯坪不是有古尔邦节、肉孜节等节日嘛。（2）当时库木鲁克村有个乐师，现在也算是高手，他叫我们徒弟，我们叫他师傅，他今年已经80岁了。（3）有一次古尔邦节的时候，他的一个徒弟来找我。（4）有人帮我们打鼓，还有个叫大队长的比我大的娃娃，现在他已经去世了。（5）当时，阿克苏地区的县长来柯坪县庆祝节日，大家都他叫县长。（6）为了庆祝古尔邦节，两个公社约一万多人聚集在了公社。（7）那个地方我们有个从事教育行业的哥哥，他现在在阿克苏生活。（8）我为了在古尔邦节那天打的手鼓去了库木鲁克村，这个村有一些打手鼓的人，（9）但（发现）他们是什么都不会的娃娃们，像是刚从杏核里取出来的杏仁一样嫩，他们一点都不懂歌曲的种类。（10）（我在想）这些人很快就会打累，把舞台留给我们的，当时跳舞跳不累的好多舞者都上台跳起舞来。（11）我上台弹唱得特别好，县长不断地给我拍照。（12）我因为不干活吃着白馕变得干劲十足，麦西来普从早上10点开始持续到下午。（13）"哎呀，阿卜杜力提普塔依甫，我小看了这些库木鲁克的娃娃，没想到他们已经超过了你们，（14）他们都是非常厉害，这些歌没有一首他们不会唱"。（15）有个叫诺肉江的人当时在现场，今年去世，他这么说了，他还说："我以前觉得这些娃娃连五毛钱都不值，（16）我以为他们很快就打累了，然后会把舞台给巴格勒克人，没想到他们让艾子拉乡长培养得如此厉害，"（17）大家都说："看来他们是只吃白馕长大的，今天让我们好好看看自己的厉害。"（18）阿布迪米提·纳依提弹了一会儿，然后他们都说你们该结束了（不能再唱了）。（19）就这样我出了名，肚子也吃饱了，过了四年，因为我身上有硫磺的臭味，再说我也到了结婚成家的年龄。（20）所以，我果断地作出决定，再也不去硫矿了，那是1963—1964年。（21）肚子吃不饱，当时10公斤小麦30元，10公斤玉米20元，听说在喀什那边10公斤小麦

50元。(22) 我有个弟弟年龄还小，我让他坐驴车回到家里，一回来就把那里（指硫矿）一直穿的那一套衣服（都脱下来），(23) 我问妈妈火柴在哪儿，妈妈给我火柴，我一把火把衣服都烧掉了。(24) 我洗了澡，但那臭味还没消失，五六月后才慢慢地消失了。(25) 我坚持不去，（起初）他们没有关闭硫矿，(26) 所以老叫我过去，而我死活不去，过了一年后那硫矿关闭了。

1.10.3 avattimu daŋ tʃaʁan daptʃimɛn

(1)ʃuniŋ velɛn bujɛdɛ nopusqa kijdim, biʒ tʃerɛk buʁdajni oʰttiʂ kojdin ep jiduq. (2)ʒigim kojdin qonaqni ev jiduq. u vaχta mɛndɛn baʃqa pul χɛʒlɛjtqan bala joq øjdɛ. (3)aŋʁiʃɛ joʁan baʁva, ʃaʰptul volap kɛtti, ʃaʰptulniŋ birni bi motʃɛndin satitmiz qalaŋ atam belɛn. (4)ajnda qɯlɯp pul degen tɛːkiɣɛ tɯχɯp qojtuq. (5)mɛndɛn baʃqa pul χɛʒlɛjtqan ɛdɛm bolɯʁandikin, (ajali: davajtʃu?) u vaχtida u tɛχ kitʃiɣdi. (6)atamdin suχup, ʃaʰptul satsa, sɛhkiʂ koj, on kojni aːkɛ atamdin suχvaldim dɛp maŋa verti, aːka mani χɛʒlɛ. (7)muʃundala qilip, bu jɛdɛ nɛɣmini az tola qɯlduq. an avatqa vadim inim belɛn. (8)avattimu usta nemelɛ vakɛn, bi aχʃam mɛʃrɛpkɛ ʒiʁɯldi. (9)iʃkimiz eːtip quʁandikin kaːtliri sunup ketiptu χɛχniŋ mojnda joʁan øjdɛ kaːt qurɯʁluqkɛn. (10)nɛɣmikɛʃlirni qoʃaq velɛn kerɛktin tʃiqurvattim. (11)bu nimilɛ iʃkkindʒi biʒva jɛgɛ kirɛmmidi. (12)mana avat toqquz gunʃekɛn, toqquz gunʃɛdɛ birla kallisiva ɛdɛm bosa, (13)mana mɛn kɛlpindɛ qɯnimʁa patmaj, nɛɣmɛ itʃimgɛ toʃap kitip, ɛm siritqa tʃiqɯraj, (14)avatniŋ ustikaliri vosa ygynynɛj ygynɯtqan jirni, (15)ɛmisɛ avatlɯʁ mɛndin ygɛnsun dɛp ʃuŋa kɛldim diɣɛndikinla, vojɛj eʃip kɛtkɛn nimikina dijʃip.

1.10.3 我是阿瓦提县出了名的鼓手

（1）于是我在这里落了户，当时花30块钱买了10公斤小麦。（2）玉米呢，用20块钱买了10公斤，那时候在家除了我没有其他孩子花钱。（3）我们还有个很大的果园，里面的桃子长得非常好，硕果累累，所以我跟爸爸一起卖桃子，一个桃子一毛钱。（4）就那样赚钱，我们一般把赚来的钱塞到枕头底下。（5）因为当时除了我没有花钱的人，（妻子问：达外呢？）那时候他还小呢。（6）他平时瞒着我爸，从卖桃子的钱里拿出八元、十元偷偷地给我，说"哥哥，这钱你花吧"。（7）就这样，我们在那儿弹唱了一段时间，后来跟弟弟一起去了阿瓦提。（8）阿瓦提也有很多弹奏的高手，一天晚上举行了麦西莱普。（9）我们兄弟俩弹唱了几首，（因为人太多，那房子里的）床都压塌了，原来人家房子里有一张这么大的床。（10）我的演唱废掉（讽刺）了那儿的乐师们。（11）那些人从此再进不了我们在的地方，（12）我说："你们阿瓦提县是九个公社"。九个公社（如果有人想跟我比），只要有长脑袋的，你放马过来，我谁都不怕。（13）我在柯坪县那里学会了很多歌曲，因为歌曲太多记不下，所以想到这边来往外释放一下，（14）如果阿瓦提县的高手有我值得学习的地方，那我来学一学，（15）如果没有，那阿瓦提县的人要跟我学。我这么一说，（阿瓦提县的人都说）"哇塞，这人太厉害了！"

1.10.4 bɨzni qondorap qaldi

(1)aχʃimi qerɨla jiʁɨlip kɛtti, an bijɛdɛ bɨzni qondərtqan bolap qaldi. (2)kɛlpinnɨŋ nenni jigen ɛdɛmlikɛn, usta diɣen nɛɣmikɛʃligɛ aʰtlɯʁ ɦarvini ɛvɛtiptu. (3)kɛlpindin iʃki nɛɣmikɛʃ kiptu, bula ulənɨŋ ygynɨtqan jir vosa uledin ygynymɨz, (4)bolməsa avatta ojnajmɨz dɛvla kɛptu, ɛʃ balla kɛsun, bir kørøʃibaqsun dɛp bɨz vɛlɛ. (5)tapɨnɨʁa tymy qɨlvaltkɛn avatlɯʁtʃu ɦarvinɨŋki, ɛ je jep kɛtmɛjddɛp. (6)ʃomɛsmu? maʃ kɛmgitʃɛ qatʃan kɛlɛ dɛp, køzɛm sɛkrip turtmɛ-dɛ. (7)ɦɛ nim etisɛ disɛm syjqaʃ dejtu, sujqaʃ vosimu itiŋlɛ, poloni ɛhtɛ jejli, dɛp dʒenim sɛkrip turtu. (8)ottir tʃinɛ aʃ itʃip qatʃan kɛlɛ dɛp tusam, munuŋdin kɛtʃ kɛldi. (9)kilip qeni kimkɛn dɛptu, ɦelqi jetmiʃ veʃintʃi jili tøgɛ taʰtip kɛgɛn aq balikɛn, pakandɛk. (10)jenɛ bir inisi kɛptu, jen bir adimivakɛn, ytʃkɛn bula digɛndikin, (11)buni palanniŋ øjdɛ bir mɛʃirɛp ojnuʁanda katla sunup kitip, bizni qoʃaq qilip kerɛktin tʃiqirvetip, (12)iʃkkidʒi sɛn ba jedɛ biz tumajtmiz digɛn, unuŋdin baʃqa ɛdɛm bosa biz berip bidɛm tutuʃup baχili, (13)u aq bala kɛgɛn bosa, ʃejtan toʁra kɛlmisɛ neɣmidɛ unuŋʁa insan toʁra kɛlmejtu, (14)wojej balaguj ɛniŋ aʁzi bala guj, dɛp ɛ nimilɛ kɛgili unimaptu. (15)kɛlmigɛndɛ an qurɯʁ-ɛlliɣ kyn øzimizniŋ volap kɛtti.

1.10.4 让我们住那里

（1）晚上来了好多老人，他们准备让我们住在某人家里。（2）（那些人）是吃过柯坪县馕的，为了我们这些乐师特意派了一辆马车，（3）（并且说道：）听说柯坪县来了两个乐手，听他们说，目的就是，如果这里的乐师们有他们值得学习的地方，那就跟着学习，（4）如果没有就在阿瓦提县好好地玩儿。那就让他俩过来吧，我们很想跟他们见见面。（5）阿瓦提县人一般为了不让地面磨损轮胎给车轮装上铁做的东西，（所以车走得很慢）。（6）是啊，我就等待着他们来，我的眼睛一直跳着。（7）我问那家人做什么饭，他们说做汤面，我说汤面也行，抓饭呢明天再吃吧，我肚子饿得不行了。（8）我吃完半碗汤面后（已到晚上时），他们终于来了。（9）他们一来就问我是谁，（有人跟他们说）来的就是1975年来的那个矮个子白皮男孩，（10）还有他弟弟和另外一个人，一共三个人。（11）他们说："以前在别人家里举行麦西来普时，就是这个人用歌声嘲讽我们，（12）（当时我们发过誓），以后有他的地方我们再也不去，如果有别的人，我们可以去比一比，（13）如果是那个白皮男孩，在弹唱方面除了魔鬼谁也比不过他，（14）那家伙的嘴巴太厉害了，什么都会唱"。他们就这么说着谁都不愿意来（跟我见面），（15）在以后的四五十天里弹唱的事全是我们的了。

1.10.5 ʁoro tʃølniŋ nɛɣmikɛʃliri

(1)an ʁoro tʃølniŋ nɛɣmikɛʃliri jaman dɛp, ʁoro tʃøldɛ bɨr toj voldi dɛŋa, øɣyni bɨz beripla, iʃki guɲʃiniŋ doχturiniŋ tojikɛn. (2)bu tojʁa ʁoro tʃøldin kɛptu, ʁoro tʃølniŋ sɛnɛttʃiliri, (3)u vaχta bɨzniŋma itʃip kɛtkɛn kynlirmiz dɛŋa, ɦaraqni ʁar itʃip tu:ʁan vaχlermiz. (4)bɨr øjgɛ solanduq, itʃkili tuduq. kɛlpindin oltuʁan ɛdɛm badi u jɛdɛ. (5)muʃunda dɛldɛm-dɛldɛmla qɯlip ɦɛlqi nimelɛ ʁɛzɛl ehtip kilvetitu. ɛʃ ɛnimni tʃiʃlɛp, toχtaptu, e:tip bi kɛlɛ mijɛgɛ, sɛn nimildin mɛn tatɯvammajdɨʁan bosam dapni didim. (6)qɨrɨʁ -ɛlliɣ maʃina va daŋa, najiniŋ katavaʃliri ptyn kip kitiptu. (7)kɛlpindin kɛgɛn mimanlar dapni bɨrdɛm urpɛsɛ dɛp ilan quʁandikin, urpɛsun dɛp avatluʁ tʃavak tʃalamtu. (8)tʃiχtuq, tʃiχsaq qalaŋ, joʁan bɨr tyz mɛjdankin, kigizni saptu, bɛndiŋni mojna qojaptu, adɛm nurʁun. (9)vojɛj dajim disɛm ɦɛ dɛjdu, nimɛ ɛdɛmbu didim. (10)ʃyvɛdin muqam tolap kilip, taza e:tɯvaʰtqandikin, nɛniŋ ɛdimikin, kɛlpinniŋ, kɛlpinniŋ tuχumi jaman χɛχ, dɛp daŋʁi ijɛdɛ tʃiχtumu?(11)ʁoro tʃølniŋ nɛɣmɛkɛʃliri a kɛpʃɛ vazɨrda qaldi. (12)jana yʃkyndin kijin bɨr toj volap qaldi, bɨr guɲʃi itʃi:dɛ ajkøl guɲʃiniŋ tyjikɛn, aŋʁitʃɛ bɨz samsa-manitini jɛp qosaqni tojʁuzup tuduq. (13)u nemelɛ lɛlɛŋʃip kɛldi, qeri nimelɛkin, iʃki sɛpɛ tʃaldi, ɛ dapni bɨzgɛ ɛp beriŋla, (14)bɨzniŋ tʃaʁumɨz kɛldi dɛv guɲʃiniŋ ʃɛdʒiŋʁula didimmɛn. (15)ɛj siniŋkini kødɛk, ɛm ma ballaʁa bɨ riŋla didi. (16)bɛgɛndikin ʁɛzɛl digɛnni mandəʁ ejtidʒʁan dɛp ʃedɛ ejtivaʰtqandikin, nɛniŋ nimilɛrkin, vajjɛj kɛlpinniŋ tuʁmiliri, jaman nimilɛ bu dɛp, ʁoro tʃølløkkɛ dapni tuttumaj tojni øzmizla tyɣtyvattuq. (17)ørylyp kɛtkɛn ørylmini dimɛmsiz,vajɛj bu jaʃ nimelekin jaman gujlikinmɛsmu, dɛp yjedɛ ɛlliɣ kyn ojnap qalduq. (18)andin jenip kɛlduq, qollərmizʁa saɛtni taqap, bekaliq saɛtni. (19)kiliv iʃkindʒi avatqɨmu barammiduq. aqɨmɨzdin χɛt kɛp qaldi, dadigɛ kɛgɛndikin dadiniŋ kadirliri øjgɛ apirip beriptu. (20)ʃu baʁuzməʁantʃɛ bɨzni avatqa baʁuzmidi. (21)uzəʁel, iʃmiŋ jɛttintʃi jil toqquṣ najiniŋ kurukqa vaduqtʃu.

1.10.5 果洛戈壁的乐手

（1）（之前）我们听说过果洛戈壁的乐手很厉害，我们到了那里两天后就有人举办了婚礼，是一位医生办的婚礼。（2）婚礼邀请了果洛戈壁的乐手和演员。（3）那时我能喝酒，而且喝得非常好的时候。（4）我们进了一间屋子一起喝酒，还有一个柯坪来的人。（5）（我听到）外面那些乐手们唱着歌朝我们这儿来，我咬着嘴唇说："你们等着吧，让你们先来，我一定会把你们的手鼓抢回来自己打"。（6）来的有40—50辆车的人，县领导全部都来了。（7）有人宣布："有请柯坪县来的客人们给大家打手鼓吧"，然后在场的人都鼓掌请我们敲鼓。（8）我们上了舞台，那是个宽大的平地，地上铺了地毯放了板凳，人很多。（9）我跟我弟弟说："达依木，怎么会有那么多人啊？"（10）我唱了木卡姆，喝得很多唱得也很出色，所以人们都议论道："这是哪里人啊，哦，是柯坪县人啊，柯坪县人从骨子里都那么厉害"，于是我在那儿出了名。（11）果洛戈壁的乐手们留在了鞋市场那里了（这里的鞋市场意味着很不起眼的地方，意思是在我们遥远的后面）。（12）又过了三天在同一个乡里又有人举办婚礼，在阿依库勒乡附近，我们提前吃了自己的烤包子和包子做好准备。（13）本地的乐手来了，都是老人，他们弹奏了两场，（14）我直接跟乡书记说："把那些手鼓给我们吧，我们很想敲"。（15）（于是书记跟他们说）唉，我们刚才看了你们的表演，接下来把手鼓给这些孩子吧。（16）给了我们后，我唱得特别好，就是为了唱给他们听，（观众）都问："他们是哪儿的乐手啊，哎呀，是柯坪的乐手，太厉害了"！我们再也没有给果洛戈壁乐手打手鼓的机会，一直演到婚礼结束为止。（17）兴奋的观众塞进我们口袋里的钱可不少，都说："他们年轻有为，好厉害"，就这样，我们在那儿玩了50来天。（18）然后回来了，我们手上都戴着人家送的手表。（19）回来后再没去成阿瓦提，因为我们回来后紧接着来了封信。信寄到了大队（村委会），大队干部送到我家了。（20）从此以后不允许我们去阿瓦提了。（21）2009年，我们参加了九个县的培训。

1.10.6 baʁliqta χoma sodisi

—tiʃliqhɛ.

—tiʃliqmu.

—bidʒindin kɛgɛn balikɛn mavu,nɛɣmɛ ʧɛppɛdim, ɦɛq vulap kitip, aka qandaʧi yginip kɛtkɛn ɦɛj silibu dɛp. bu jitimni jaʰtquzaj dɛp qaldim øjdɛ.

—miʃɛgɛ ɛp kisun dʒiŋni.

—qurup kitiptu, pulnim bizgɛ quruʁ vɛgɛndikin quruʁ vɛsɛk volitʊ.

—saraŋ ɛdɛm ʧiχmaytʊ koʧiʁa. ɦazir quruʁdi, bidɛmdɪ qaʧilajtmɛ didi, ʧikitip suni ilɛʃturup qojaptʊ.

—joolla,ɦɛj ma jyz digɛn nimu balla. ɛnda nimi quʁanda silɨnɨŋ jyzyŋligɛ qanda qarajtmɛ. bizgimu pulni quru:ʁ bɛrislɛ ɛmɛsmu,bɛlɛn jyz kojlaqtinɦɛj. oʁal vala vosa abdirʃitχan, qɛlɛndɛ vulap kɛtsɛŋmu ɦiligɛr iʃni qʉlma dʒumu, miniŋ dʒinim ʃu. jalʁan søzligɛn χutunni køsɛm ølmigɛn atam jana ølɛp kɛtuddɛŋa miniŋki. nimɛ pajdisi, siligɛ pajda qisun ukam, silma bɨzni baj qildɨŋla, silni bɨz baj qilitmiz moʃnaʁ ɛmdi.

—yrymʧigɛ apiramsilɛ.

—myʃɛdɛ elip øʰtkizitmiz.

—mani tutup turiŋe, kaʰltɛkni untup qaptimɛ.
—nim salammɨz ja miʒtaχunɦɛj.
—iliktiriŋ vamu?
—nimiʃqa?
—tʃiraʁtʃu?
—mɛn kødɛm ɦazir dʒiŋni.
—køreŋlɛ.
—kyzi qariʁu vulaptu bɨzdɛ aka.
—qiriχ tøt.
—ɛlliɣ kilo kilɛ dɛvdim.

1.10.6 在巴格勒克买卖蜜枣

—— 哎，你好！
—— 你好呀！
—— 这个小伙子是从北京来的，刚才我敲鼓给他听了，他很佩服我说："大哥怎么学呀，"你说这个小伙要住我家。
—— 把秤拿过来再弄吧。
—— 都干了，钱也可以给我们看。
—— 疯子是不会上街的。这些都是干的就一下子洒水弄湿了。
—— 哎，小伙子，这是什么脸？万一发生了什么事我怎么看你脸。你也给我钱，给的也是一百块的。阿布都热西提江你是个男人的话，你要是变成乞丐也不要再狡猾了啊，是我的命啊。如果你说谎了，你的妻子和父亲会死的。有什么用啊？ 弟弟，对你们有好处就行。 你们也给过我们挣钱的机会，我们也会给你们挣钱发财的机会，就这样。
—— 你们要去乌鲁木齐吗？
—— 就在这里卖。

——你把这个拿着，我把棍子忘记了。

——哎，米吉、塔洪，要不要放什么？

——你有没有手电桶吗？

——什么

——电灯

——我看到了秤上的数字

——看吧那就

——大哥我们啥也看不见

——把灯开亮吧

——我以为有50公斤呢？

1.10.7 baʁliqtiki ujun

(1)unda vaχtida manda qutəvadi, øtɛk mejniŋ qutisi, tɛpmɛ ojnajtuq, (2)ombiʃøj, jigiməj qɯlip, uniŋdin kijin tɛpkytʃ ojnidaq, datʃendin qɯlip, (3)ɛʃkyniŋ qu:riqidin, aʰltɛ-sɛkkiz ɛdɛm bolap ojnajtuq, (4)majnida iʃkimiz, ombɛʃ jigiməj qetuq, (5)mənda katɛk-katɛk qɯlip, bu qaʰttin birimiz ojnap maŋittuq, jigiməj voʁandikin ma bitɛrɛptin bisimiz ojnajtmiz, (6)bitɛrɛptin bisimiz almiʃip, an uni manda atlaʃturup, (7)bi putlap maŋʁanni pɛj-pij ɛttuq dɛjtmiz, on-ombɛʃøj voʁanda bɛʃʁa tʃiqvelip, (8)øj a:riduq dɛjtuq, gymbiz a:rijtuq mundu gymbɛz sizittuq, gymbɛzgi taʃlajtuq, (9)taʃlap gymbɛzdin oʰttersiʁa tʃyʃɛ biz uttuttuq, oʰttersiʁa tʃyʃmɛj teʃiʁa tʃikɛtsɛ bɨz uṭturtuq. (10)aʃu manda tøt tʃas siziqni, a:riʁanla manda kilip tinittuq, utturvatqanlar pɛj-pij itivla maŋittuq. (11)ma tɛʰpmimu, manda qɯlip manda tʃørilituq, øjmizgɛ kɛgɛndɛ toχtajtuq, iʃkini tʃøgilɛp taʃlajtuq. (12)buni manda tʃĩχirboʁanniŋ ɦajni, maniŋʁa taʃlajtuq, an tøhtintʃøjgɛ mani taʃlajtuq, (13)bɛʃintʃøjgɛ mani, taʃlap boʁanniŋ ɦajni mijɛgɛ mɨnda gumbɨz a:rijtuq, (14)a ma nɨmɨnɨŋuzɨʁa kilip taʃlajtuq, ʧyʃmisɛ iʃtijtuq, ʧyʃsɛ pɛj-pij itip berip ʧiχirvatituq. (15)maniŋdin mɛjɛgɛ ɦalqitalisa utiti. likin majɛgɛ kip qasa jan ma bizniŋ volap qaliti. (16)a:riʁanla ɛʃɛgɛ kilip arim alituq. (17)vallɛj: vallɛjniŋ balisni manda qɯlip sizgɛ atitu, minda tutsiŋiz ɛndikinzɛ an baʃ voltiŋiz, manda qisa ʧiχmisa ɦɛ siz utturvatitiŋiz. (18)ʃuniŋ velen balisni tutvelip manda qɯlip urutuq. (19)uʁandikia jɛgɛ kɛtiti. balisni aʰtqanda manda turvelip, øjgɛ ki:gyzmɛjtuq, biχɛstɛ vosiŋiz ki:gyzvɛtsɛk kaʰɫtɛkni bizgɛ vertu. (20)siz ki:gyzɛmmisiŋiz bɛʃ, on, ombɛʃ dɛp sanajtu. manʧɛ piʃaŋ dɛp ojnajtuq, toʃqan vaχtida sizgɛ vallɛj qiʧititi. (21)maʃinda urup ɛvɛgɛ kɛʰttyrvaʰtqanniŋ ɦajni. siz an vallɛj, vallɛj val podaq, (22)atambɛdi bɛʃ oʁlaq, bɛʃlisini iʃlɛttim, podiqini iʃlɛttim dɛp sarajtuq biz kiʧig vaχtimizda.

1.10.7 巴格勒克的游戏

（1）那时候有我们踢鞋油盒玩（2）做15—20个小房子来玩，然后我们踢毽子，就是那种用大铜钱做的毽子。（3）6到8个人一起玩。（4）这边我们两个人，做15—20个小房子（5）做这样的方格，有人从这边玩到那边去，因为有20个小房子，有人在这边玩。（6）我一边换一个人，就这样换。（7）用一只脚走，我们叫这为"拍拍走"，这样走，走完10—15个房子后可以到头了。（8）有叫做分家的环节和做供形的环节，就是画出这样的供形，把毽子扔到供形里面，（9）如果落在了供形的中心，算是我们赢，若落在了边缘处，算是我们输了。（10）分开那四方形线条的人这样过来休息，输者则只许用一只脚走路。（11）这边也这样转，转到了我们自己的房子时把毽子扔掉，转完两圈后扔掉。（12）这个呢，这样走完后，往这边扔，然后往第四间房子扔掉，（13）把这个扔完第一间房子后，在这里做出这样的供形分开。（14）到了这边的边缘处再扔，没落在指定之外，就推一推，如果落在了，就用一只脚走过去拿上。（15）如果能超过这里就赢了，但是如果只到了这里，那就是我们赢了。（16）分好的人到那里休息。（17）瓦来：有人瓦来的孩子（沙包），扔向你，你能抓住你就可当头。如果这样做不出来，你就算是输了。（18）然后抓住沙包，打到身上。（19）打的时候都到远处去了，扔沙包时拦着不让它进房子里。如果粗心大意让它进来，把棍子给我们。（20）如果你打不进来，数到15、20，就这样玩。等到数满了让你喊"瓦来"。（21）这样打，打到那边去了以后，你就要喊："瓦来，瓦来，瓦里破达克，"（22）爸爸给了五个破达克，五个我都用完了。我们小时候就这样喊着。

1.11 在喀拉玛（qalma）村录取的语料

1.11.1 doppa kaʰltɛk

(1)doppa kaʰltɛk dɛjtuq, top kaltɛkmu dɛjmiz, kitʃiɣ muntʃilik doppini, ɦazir jɛl doppa tʃiχti, (2)burun latidin tʃirajliʁ ʃiʃidɛg jasap uni,I tʃigɛ maz tiχip, kaʰltɛk vɛlɛn usaq, miʃɛdin χɛl jɛgɛ kititi. (3)an doppa nim qulip, tøʰttin bɛʃtin bolap, ɛʃ doppini uruʃmaq ojnajtuq. (4)tutvasaq san sanajtuq,bidin ɛllikkɛ vaʁutʃilik. (5)an ʁollɛj kaʰltiki ojnajtuq, kepɛzni, mazni tiχip, tʃirajliʁ bøʒɛp doppa jasajtuq, uni kaltɛkvilɛ urutuq. (6)ʁollɛj kaltɛk dɛjtuq, bi ʁiriʃ jaʁadʒni ʁollɛj jasivelip, kaʰltɛktɛ urup ojnajtuq. (7)tajaqni uʁandikin wuʒ quːlip maɲidtʃu, ʃuɲa ʁollɛj kaʰltɛk dɛp nim quːʁan. (8)iʃkɛlɛn,yɡ̊ɛlɛn biʒ volap ojnajtuq, bɛzidɛ, aʰltɛjlɛn bi ojnajtuq. (9)iʃkkyz mitir jɛdin"ʁollɛj,ʁollɛj"dɛp towliʁuzup kilittuq. (10)tutvasaq qarʃi tɛrɛpniɲ aʁan nomori køjɛp kititi. jɛnɛ ojnap jɛnɛ tʃiʁitti. (11)tutammɛsa ʁollɛj qiʃitittuq, tinmaj kilitti uʁan jɛʁiʃɛ, tinip qasaq, jɛnɛ tolititti. (12)tinip

qasaq tinʁan jedin jene urutmiz, ʧep dejtmiz, tyz dejtmiz, ʧiŋgurt urutmiz
mandaʁ øʰtkyzyv, putni almap.

1.11.1 球棍

（1）我们一般称"多帕棍子"，也称"球棍"，就是弄一个这么大的小球，现在有气球了，（2）以前是用粗布做的，做得很漂亮，里面塞了旧棉花，然后用棍子打，那个球能飞的很远。（3）（一般）四五个人组一队，（4）如果抓到球了，就数数字，一般要数到50。（5）（当时）我们还玩"郭莱棍子"游戏，球也是用旧棉花做的。（6）用一拃长的木棍做成"郭莱棍子"，然后弄来个球打，就这样玩。（7）用棍子打球的时候，一般发着"嗡嗡"的声音，因此，我们把它叫"郭莱"。（8）两三个人一起玩，有时六个人一起玩也可以。（9）（我们让输的人）从二三百米远的地方喊着"郭莱、郭莱"跑。（10）如果我们抓到球了，对方拿的分就清零了，这时要重新开始。（11）抓不到的话，对方让我们喊"郭莱"，一直喊到打球的位置，喊"郭莱"时不能换气。（12）如果换气了，那就在换气的位置再打球，让换气的人再喊一次"郭莱"。

1.11.2 vaqaʧur

(1)manʧilik kaʰltεkni nim qɨlip, aχʃimi qaraŋʁuda ojnajtuq uni, eʰtvetituq. (2)eʰtip aj nεgε ʧyʃsε silap kaʰltεkni tepip kelεlisε utvelalajtuq, bolməsa εʃ atqən εdεm, (3)siz eʰtipεsiŋɨz, tapquʧilik siz ohterda turittiŋɨz, χubijanε εp kilip aniʁa beritmɨz. (4)εgεr bεgεnlikimizni tujup qasa ɦεmmisi besip tatɨvalitu. ʧyʃkεn kaʰltεk uzunmεs, ʤεjnigimʧilik, jigimbεʃ santimitir kiltu. (5)tapsaqmu izdεv jyryp tavituq, likin qarʃi tεrεpkε tujdumajtuq tapqɨnimizni. (6)iʃkimiz bi vosaq εjε tujmajtti. tujup qasa kilivla besvalitti,bɨz nim qɨlammajtuq. (7)mɨndaʁ ojanla vɛjdi. vaqatʃurni putboldɛk ojnajtuq, qoʁliʃip besiʃip.

1.11.2 瓦卡楚尔

（1）找个长度跟我身高差不多的树枝，晚上时候玩，把它扔出去。（2）能从掉落的地方找到就算赢，否则算输。（3）你扔出去了树枝，就站在中间直到把它捡回来，然后把位置让给找到树枝的人。（4）如果发现把树枝给别人，其他人会把树枝拿走。掉的树枝长度，跟手臂一样长，25厘米。（5）找到了树枝也会继续装做没有找到，可是不能让对方知道我们找到了。（6）两个人合作，别让其他人知道。如果知道了就把我们压在身下，我们啥都不能做。（7）这种游戏在家里玩，vaqatʃurni（瓦卡楚乐：游戏名）就像足球一样玩，追着压着玩。

1.11.3 alasin

(1)sɨzniŋ kɛjniŋizdɛ ma bɛʃøjlɛn qata turutu, mɛn ana nimɛ ɛp kɛldiŋ, maŋa bini bɛsɛŋtʃu, kutʃuŋ jɛtsɛ asaŋtʃu dɛp qoʁlav jyryp. (2)siz mini tonujsɨz, likin sɨzni ʁɛlpɛt vasturup, bidin-bidin kɛjndiki balini eriʁ tativalɨtqan ojan u.

1.11.3 阿拉棽（游戏名）

（1）你后面五个人排队，我问：妈妈，你带了什么过来？给我一个吧，对方说：你有劲就自己过来拿吧，就这样追着玩。（2）你认识我，可是我务必想办法让你麻痹粗心，需要把你后面的人一个一个地都抓住的游戏。

1.11.4 saliʃ mɛktɛp

(1)burun ma kona saːliʃta mɛχtɛp badi, ɛʃ saːliʃ mɛχtɛpni saʁan balla bɨz, tʃalmisni qujup, sajʁa jeχi di u. (2)sajniŋ jeri ɛmɛsmu, u ɛsli gɛzlik, pasun, qumluʁ yʃiniŋ tʃɛgrisniŋ oʰtɨrɨstiki sajniŋ qujliʃi. (3)bɨz kitʃɨɣ tʃaʁdima saliʃ dɛjtkɛn ujɛni, mɛχtɛp bolməʁandima saliʃ dijlitqan jɛʁɛn u. (4)qumluʁniŋ ajɨʁi, gɛzlik, pasunniŋ bɛʃi, tyzlɛvla, najigɛ jɛχin dɛp mɛχtɛp nɛmɛ quʁan.

1.11.4 萨力士学校

（1）以前在旧萨力士那里有学校，那个学校是我们这些人建的，打墙用的土坯是我们做的。那边离河滩近。（2）那不是河滩嘛，那里原来是盖孜力克、帕松、库木鲁克三地的交界。（3）我们小时候也叫那儿为萨力士，没有学校的时候也叫做萨力士。（4）它是库木鲁克的下边，盖孜力克帕松的上边，因为离县城近，所以把地弄平后就修建了学校。

1.11.5 quɯzla ojuni

(1)tyr-tyrva uniŋ, tip tʃɨχɨriʃ dɛjtmiz, tigi køpɛjtiʃ ʃɛkildɛ, jɛniŋ tøpɨstɛ kuwadɨrat ʃɛkildɛ tøt tʃas sizɨlitu. (2)katɛk-katɛk vojitʃɛ kirip- tʃɨχip, andikin modɛnni ja onni, ja ombɛʃni tip. (3)tutuʃ dɛjtqan qaidiliriva, uni quɯp boʁandin kijin i̠ʃkkindʒi tøʃykkɛ taʃlap, ritim bojitʃɛ tutup mɛŋip, (4)am birintʃøj øryjtmiz digɛn jɛgɛ kɛgɛndɛ, ja i̠ʃkkijyzni ja yʃjyzni tipisiz dɛjtqan jɛliriva, (5)quɯp boʁandin kijin andikin øj aːrip baʃqa ojanʁa øtitmiz. (6)lɛɣmɛn sabo dɛjtmiz, uni jumlaq, tʃɛmbɛrsiman sizip, ombir rɛt sizitmiz. (7)biz modanniŋ itʃidɛ qolɨmɨzʁa pas vɛrtu, modanni vaqla urwətɛtmiz, (8)u kɛtkitʃɛ jygyrɛp bɛrip, aχirqi noχtuʁa baritmiz, aχirqi noχtuʁa baʁanda ɛp kilip atitu. (9)tɛkkyzsɛ χoj volitmiz ʧikitimiz, tɛkkyzɛmmisɛ ʧøgylɛvermiz, øj iʧʃigɛ kiritmiz, øj iʧʃidin jene ʧøgølɛjtmiz. (10)atqanda modanni tutvasaq birmo, moʧʃinmiz bolap maŋitu, tutammɨsaq χoj volitmiz, ʧikitimiz. (11)qarʃi tɛrɛp hiʧqanda qɯlip modanni tɛkkyzɛmmɛj, biz χoj volap ʧikɛtmisɛk, (12)ɛʃu lɛɣmɛn saboniŋ iʧʃidin, iʧʃidiki ottirsidi mɛrkɛzdin ʧøgølɛp ʧikɛtkɛndikin, biz bir jaʃaʁ volimiz, (13)kɛjnidin jene davamliʃip ojnaverimiz, ja yʧ jaʃaʁ, ja bɛʃ jaʃaʁ voʁanda unuŋki ʤazasiva, (14)ja køzini tɛŋip qarʁu saʧqan qɯlimiz, ja nɛraq jɛdin tam søgɛʃ dɛjtmiz, (15)ɛʃna bir ʤaza qollinp ojnajtqan ojanlar u. (16)tamni yʃ ʁɛriʃ jɛdin ʁɛriʃlap berimiz, qolni kɛjniɣɛ qɯlip turup søɣidu, bunni qantiwalətqan iʃlimu bolitu. (17)mɛslɛngɛ køzini tɛŋip qojap tapisɛ dɛp, tawamməsa bølɛk ʤaza qollinimiz ɛʃnaʁ ojnajtmiz.

1.11.5 女孩的游戏

（1）有很多种类，一个叫作"踢出去"，这个呢，在地上画个正方形，里面再画乘号。（2）画十五个、二十个小方格，然后站在里面踢着玩儿。（3）有"抓住"的小规则，按照这些规则走完后，把沙包扔到第二个方格里，按顺序拿着它走。（4）到了第一个方格，又要踢两百或三百的规则。（5）把这些做完后就玩别的游戏。（6）这个叫拉面沙包游戏。玩这个游戏时，在地上画个圆圈，要画十一行，（7）我们站在圆圈里面，他们把沙包扔到我们身上，我们要躲开它。（8）在他们接住沙包之前，我们跑到终点。跑到终点以后他们再返回来重新扔沙包。（9）如果沙包碰到我们身上，就算输了，如果没有碰到的话，我们就继续转圈。然后我们进入圆圈里面，在圆圈里面还要转。（10）如果他们扔沙包的时候我们接住了我们就得一分。如果沙包碰到手了我们没接住的话，就算我们输了，我们就出局。（11）如果对方的人无论怎样都不能把莫丹（沙包）碰上我们身上，我们也没有"输"的话，（12）我们因为从中心部分转着出去，所以我们得到一个亚沙克（游戏的一个环节）。(13)然后继续玩，有了三个或五个亚沙克时，要进行惩罚。(14)要么蒙上眼睛玩瞎老鼠游戏，要么去墙跟前亲墙。(15)就是一些用惩罚玩的游戏。(16)我们给被惩罚者量好有三拃长的地方，他把手放在后面亲墙，有可能把鼻子碰流血等情况。(17)比如蒙住眼睛让他找，如果找不到，就用别的小惩罚。

1.11.6 muhɛbbɛtliʃiʃ vɛ toj qɯliʃ ʤɛrjanim

(1)bizʁu anʧɛ qɯziqarlɪq muhɛbɛtlɛʃmigɛn, joldiʃim burunʧarviʧidi, taʁda turiti, χɛt arqɯlɪq muhabɛtlɛʃkɛn dɛŋa. (2)bijɛdɛ turup, qoləmɪzni tutuʃup, bijɛgɛ bazaʁa billɛ berip qɯlmaʁan. (3)mɛn ʧarviʧimɛs, mɛn dəχan, mɛχtɛp pyttyryp ʧiqqandinkijin akam bilɛ birliʃip gazɪr sattuq, (4)qapqa jølinvelip, gazɪriŋ ɛzan, ʧɛriki bɛʃ mo dɛp satqan vaχləda mɛn gazɪr satqan. (5)gazɪr setivataqan vaχtida bu kɛjnimdin qiʧidi, qiʧiʁanda ɦɛʤɛp igiz, (6)qalmɪlɯq ikɛnlikini bilmɛjtim, u taʁʧi voʁandikin qalməda tumiʁandikin, (7)ɦɛʤɛppibi isil balikina nɛliɣ balitu, mijɛgɛ kiliŋ didi, ɦɛ nim gipiŋizva dɛp ɛmdi, (8)likin qirijini kørøʃ arqɯlɯq mɛndimu bir χil hisjat pɛjda voldi, nimi gipiŋizvadi dɛp nim qɯsam, (9)ugatmajla, iʃkimiz arliʃip øtsɛk didi. (10)digɛndikin, jyrkiŋɪzni tutbɛχip gɛp qɯlamsiz, ja mandaʁla ojanniŋ o:nida dɛp qojatamsiz disɛm, vaj jaq, mɛn jyrikimni tutbɛχip, øzɛmni dɛisɛp be χip qɯlvətitmɛ didi.. (11)onda qi:ʁan bosiŋɪz, ɦɛqiqi bosa, arliʃip øtsɛk øtili, jalʁan aldajmɛ disiŋɪz, mɛn boʃ qojvatmajtmɛ, mɛn unda aldajtqan qɯzvallidinmɛs, disɛm mɛn aldimajmɛ didi. (12)χɛt arqɯlɪq kørʃyp jyrduq, mɛllidin maŋitu, taʁdin kiritu, taʁdin putlap-putlap goʃ kigyzitu. (13)mijɛdin ʧiqirtqinimiz dadu, χasiŋ, kɛmpit, jabirɛ tal ʃɛpkɛ, kyndɛ køjɛp kɛtmɛjʁan. (14)mɛllidɛ øzɛm sɛt voʁanbilɛ ʧɛʧim ʧirajlɯʁ, øzɛmgɛ bi ɛdɛm køjgiʧɛ, ʧɛʧimʁa on ɛdɛm køjɛp qaltqan vaχtlirdi u. (15)ɛʃ mɛllidin ɛlʧilɛ tola kip kɛtti, mɛn qanda qɯlamɛ, (16)buniʁa mɛn øzɛm, qin vɛdiniŋ gipini øzɛm qɯp qojap, øzɛm vapasizliq qɯɯsam qanda vola. (17)akiṣi bylgɛndikin bi gɛp salalapmiduvola dɛp taqqa ʧiqɯp, (18)joldiʃimin kigyzyptu, eniqlap ʧiχ, baʃqəjɛgɛ qaŋqɯp ketitqan oχʃajtu dɛp. (19)joldiʃim taʁdin kirip apamni tosapla dɛptu, aldirap kitip, (20)qa:rip kɛtmisun ɛmdi dɛp, oʧuq aʃkari gɛp bolməʁandikin kørʃɛlmɛjddɛ mɛnbilɛ. (21)etisi bazaʁa maŋsam jolni tosti, ɛm sizniŋ øjiŋizdin ɛlʧi kɛlmigɛndikin baʃqəjɛgɛ tegɛmiz disɛm, (22)ɛmdi ɛlʧi kiritu, mɛn øjdikilgɛ taza oʧuq dijɛmmigɛn didi. (23)toj-tøkynlidima uʧuq-aʃkarɛ arəlaʃtuq. bazaʁa billɛ veriʃtuq, aʃχəniʁa kirip tamaq jijiʃtuq, toj qɯlip qejntamniŋ øjidɛ tø jilʁiʧi tuduq. (24)andin bølɛk ʧiqip, ɦazirʁiʧɛ jaʃap kilvatimiz, "kɛlvatitmiz" disɛ iʃkindʒi guŋʃi, qɯmlɯʁniŋkidɛɣ volap qalitu.

1.11.6 我的谈恋爱和结婚过程

（1）我们夫妻俩谈恋爱没那么有趣的故事，我爱人以前是个放牧的，住在山上，我们是以写情书的方式谈的恋爱。（2）没有那种在一起拉着手去巴扎玩之类的事情。（3）我不是放牧的，我是个农民，毕业后跟哥哥一起卖瓜子。（4）就是靠着麻袋喊"瓜子便宜，10公斤5毛"的那个年代，我是卖瓜子的。（5）有一次在卖瓜子时，他从我后面叫我，（6）那时候，（我发现）他个儿很高，我还不知道他是卡乐玛人，因为他住在山上，不住在卡乐玛。（7）（我在想）他好帅啊！是哪里人？（他说）过来一下，我说有什么事，（8）但是我一见到他就有了一种感觉，我就问他有什么话。（9）他一点也不害羞地说："我们俩在一起行吗"。（10）说了以后，我说"你这是摸着自己的心才说的话（说心里的真话），还是随便说着玩儿的"？他说"我是摸着自己的心，掂量清楚了才说的这句话"。（11）"那么如果说的是真话，在一起就在一起吧，但如果是假的，想骗我，我不会放过你的，我不是那种好骗的女孩儿"，我这么说了以后，他说"我不会骗你的"。（12）我们接触（谈恋爱）的主要方式是写信，他从这儿走了。

从山上回来，他时不时地托人给我们家送羊腿。(13)我们从这儿寄出大豆、花生、糖果，或者鸭舌帽，戴上防晒。(14)在这社区，我虽然长相不好看，但头发很漂亮，在有人爱上我本人之前，有十个人喜欢我的头发。(15)那时社区派媒人说媒的真不少，我都不知咋办了，(16)心里想着"我已经答应别人了，现在背叛爱情怎么行？"。(17)他哥哥知道我们的事，想知道我们是不是已经说好结婚的事，所以上山去（找我），(18)他是我爱人派来的，让他把事儿弄清楚，担心我嫁给别人。(19)我爱人着急地从山上下来拦着我妈直接问，(20)由于我们的事还没有公开，他不能直接跟我见面。(21)第二天在去巴扎的路上他拦着我问，我说"既然你们家没有派媒人来，我也许会嫁给别人"。(22)现在会有媒人去你家，以前我没跟家里人说清楚。(23)我们在婚礼上也公开地在一起了，一起去巴扎，一起去饭馆吃饭，结婚后在岳父家里住了四年。(24)然后分家生活到现在，说"kelvatitmiz"就跟第二公社（盖孜力克乡）库木鲁克的话一样了。

1.11.7 øj kø:syn tʃeji

(1)bun mənda kiliʃitmiztʃu, areleqqa ɛdɛm tʃyʃitu,（2）qɨz igisi jigim muŋ koj, jigim bɛʃ muŋ koj beriŋla digɛn bo:sa, oʁul igisi on muŋ koj, ombɛʃ muŋ koj berili dɛp, onalti muŋ kojləʁa qamliʃitu. (3)atanisi bihozur oʰltirap dijiʃɛlmɛjtu, uruq-tuqqanliri dijiʃip qamlaʃqanniŋ ɦa:qi, øjgɛ qitʃiritmiz uni. (4)oʁol igisi quzi igisini øjgɛ qitʃirip kɛ:genniŋ ha:qi bir tʃaj itip, (5)quzi egisi uruq-tuqqanlirini elip kelitu, oʁol igisniŋ øjini bir kø:sun digɛnla bir tʃaj u. (6)oʁol igisniŋ øjidɛ qitmiz, tʃajni itʃip boʁanniŋ ɦa:qi, dasqanniŋ tøpiʂtɛ bizniŋ tapqunimiz mantʃilikkɛn dɛp, aldida kiliʃvaʁan pulvoʁandikin, uni dasqan tøwistɛ qojap qojtmiz. (7)on sɛhkiʂ muŋ kojʁa χotun elvalalajdikin diginimiz vilɛn, ugu bir dəχan ytʃyn onsɛhkiʂ muŋ kojni biraqla tʃiqɨrvatmaq asan gɛpmɛs.

1.11.7 看房茶（为了让女方看男方家而举行的聚会）

（1）这事是这样协调的，中间有人来操作，（2）如果女方说彩礼要2万元，或者2.5万元的话，男方会说给1万元或者1.5万元，最后定在1.6万左右。（3）男女方父母不能直接商量、不能交涉，亲戚们先协商好，（4）男方准备一次茶宴（丰盛的饭菜）邀请女方家人过来做客，（5）女方带自己的亲戚、邻居到男方家做客，目的就是让女方看看男方的家庭情况。（6）在男方家大家都吃好后，男方把根据与亲戚们说好的数目提前准备好的彩礼放在桌子上，并说"这是我们能凑到的一切"。（7）我们觉得有1.8万元就能娶老婆，但是对农民来说一次性拿出1.8万元是很不容易的事情。

1.11.8 toj qiliʃ ʤɛrjanim

(1)mɛn taʁda turup, kitʃiɣ, issuʁsiz, ajal kiʃi boluʁanda tamaq itip itʃɛmmɛj, (2)maldin herip kɛgɛndɛ, aʃ-tamaq ɛtmɛk ɛdɛmgɛ tɛs kilip quʁanda ʃu øjdikilɛ ø:lɛp qojməsaq volmajtu dɛp neme quldi. (3)an unepberli, bunepberli dɛp quldi, akam gulsarɛmni asaŋ, netʃʃilik bimɛ kɛtsɛ mɛjli, (4)aʃ qizvalni øzeŋ qajil quilalisaŋ boltu dɛp ʃunda didi . (5)ajlim øzi kitʃiɣ, paka voʁan bilɛ bɛk ʃoχ, maʃu ɦazir buʰltuqi jilniŋ ɦaqi, jilda mukapi̭telip, ajlim digɛndɛɣ tɛlɛp qojsam maqul didi. (6)melimiz tuʁuvatqan vaχtidi, akam alitmi diseŋ ʃot alitmədɛ, (7)bi mal øʰltɛrɛp bi qur kijim elip qalmuiluʁ dadiniŋ ɛdɛmlirni qitʃirip quilitmiz didi. (8)kirip alitqanʁa dijiʃip piʃʃuʁliʃip jenip tʃiχtim, ombirintʃajda toj quilduq. tø jildɛk billɛ taʁda mal vaχtuq, an bølɛk tʃiqiriʃqa toʁra kɛldi. (9)ma balam tuʁulup, bɛʃaʰltajliq boʁanda bølɛktʃiχtuq.

1.11.8 我的婚姻

（1）我（以前）待在山上，（那时）我年小，没有女人，自己不会做饭。（2）放牧回来觉得很累，不想做饭，所以家里人打算给我办婚礼。（3）我家人给我介绍这个，介绍那个，哥哥说要是我娶古丽的话要多少彩礼都可以。（4）我哥说：你能说服那个姑娘嫁给你就可以。（5）我妻子个子矮，性格活泼，前年拿了奖状（我），按照妻子的要求去提亲，她同意了。（6）家畜在生产的时候，哥哥说你想娶的话快点娶。（7）哥哥说宰一只羊，买一套新衣服，请村里的人和大队里的人请客。（8）到了她家，说好娶她的事后就回家了。我们十一月份结婚了，四年左右在山上一起放羊，后来跟父母分了家。（9）我孩子出生五六个月的时候我们分了家。

1.11.9 beʃimdin øtkɛn ɛslimɛ

(1)akam bilɛn mal bɛχip, øzɛm jalʁuz qelip, bi ʧaŋ ʧyp kɛtti hiʒnimini køgysiz tuman, birʧoŋqu dʒilʁiniŋ iʧidɛ, (2)i̯k tɛripi igiz ﬁaŋ, su aχitqan ﬁaŋ dɛp qojtmiz, ɛʃna jɛdɛ oʰltirap, ɛtigindɛ mal ʁorodin ʧikitipla joq, ɛʃ tarap kitiptu yjɛ-byjɛɢɛ. (3)muʃu bi i̯kjyzdɛk ɛʃki, jyzdɛk qoj yʧjyzdɛk nememizvadi, akam ʧikɛtti, øjgɛ verip qosɯʁimni tojʁuzup jattim, (4)kiʧisi jalʁuz, yjɛdɛ insat joqɛ, qa:lisaq muʃna taʁla kørnidu. (5)jerim kɛʧi voʁanda uχum eʃlip kitip mujna kallamʁa qa:lisam birneminiŋ køzi val-val paχɯrajtu. (6)bu nimdu, bølɛk binime køgɛndimɛmmu dɛp, kijinʁu ﬁykymɛt ʧarviʧilʁa kyn ʧiraʁ taχitip, taχituvatti, (7)u vaχta qara ʧiraʁvadi, asta onamdin qowap, jɛχip qalisam birtal myʃyk turtu. (8)myʃymitu dɛpmu ojledam, bølɛk bimmidu dɛpmu ojledam. (9)bizniŋ øjdimu bir myʃyk vadiʧu uni ʧiχirip iʃtip qojdam, iʃtip qojʁanniŋ ﬁaqi ojandiʃip kɛttiʧu, myʃykkɛndɛp jattim. (10)jana kiʧiɣ vaχtimda birqetim malni ﬁiɛjdəvətituq, qojni mɛllidɛ qiʃlitip, (11)ɛʃki vilɛn jigimidɛk paqlanni ap qaʁan, ɛʃkidin paqlan arilip qaptu, aχʃimi qɛp qaptu. (12)børi kiliʃni nim bilimiz, børɛ tolədin, qirʁiz va jɛdin tʃyʃmɛj kɛlmɛjtiʃu. (13)qirʁizla oʰttiritqan jɛ, pɫaŋ tʃiqetu, minda sunni østɛgɛn otva ɛmɛsmu, minda tʃim, ɛʃni pɫaŋ dɛjtmiz. (14)an ɛʃna jɛlidin kip qaptikɛn, ʃu kɛtʃisi paqlanlini jolda utʃquʃup qelip. (15)ɛtisi naʃta quɫvatsaq bi paqlan jalʁuz tʃɛp kɛldi øjgɛ. (16)ɦɛ byrɛ arlivetiptu dɛp jugurup tʃiχsaq, ottiṣ paqlandin onsɛkkiṣni boʁaptu. (17)birini tutupla jɛptu qosqi etʃiptikɛn, birini øʰɫtørɛp qojaptu. (18)qaʁanlirniŋ miʃeni qe:ri nimikɛn mindalə tiʃlivitiptu. dɛm asa mɛdin køwyki tʃiχip ma kanajni tiʃlivitiptu. (19)miniŋ ɦɛqlimʁa kilip ʃu bir qetim bizniŋ malni arliʁini. (20)atam rɛmɛtlik mallini dʒiki-dʒikidɛ bølɛp berip tygɛp kɛtti.

1.11.9 我的一些记忆

（1）我和我哥哥一起放羊，突然到处都被大雾笼罩，在一个深深的山谷里，（2）两边是高的悬崖，流着水，我就在那坐着，早上羊圈里的羊出去就没了，就散在各个地方。（3）我们当时二百只山羊，一百来只绵羊共有三百来牲口。我哥出去了，山谷里我回家吃完东西就睡觉了。（4）晚上我自己一个人，周边只能看到山。（5）我突然在半夜醒来，抬头一看，有一个眼睛亮亮的东西在我面前。（6）这是什么呀？我刚刚看到了什么东西？后来政府给牧民发了太阳能灯。（7）那时候有黑油灯，我慢慢起来，点亮那个黑油灯看刚才的那个东西，原来是一只猫。（8）我想着是这个猫，还是其他的东西。（9）我们家也有一只猫，我把两只猫放在一起了，然后它们开始一起玩了起来，我继续睡觉。（10）还是小时候，有一次我们在村里赶着牲口，想让牲口在家里过冬，（11）我们留下了二十只小羊和山羊，山羊和小羊分开了，晚上小羊留在了那里（12）我们怎么知道狼会来，狼一般不会来柯尔克孜族居住的地方。（13）柯尔克孜人居住的地方都是草原，（14）它们是从那儿来的，那天晚上那狼碰上了小羊群。（15）第二天早上我们在吃早餐时，一只小羊回来了。(16)我们就知道狼来了，跑出去看，30只小羊中18只被狼咬掉。(17)饥饿的狼当场吃掉了一只，杀掉了一只。(18)其余的都咬掉了脖子（喉咙），这些羊呼吸困难，呼吸时喉咙冒泡。(19)在我一生中，就那一次狼来到我们羊群中。(20)我父亲是把所有羊分给我们孩子后去世的。

1.11.10 ajallarnɪŋ ɛŋliliri

(1)koŋlikiŋni, kijim-kitʃikiŋi kɛgin, dʒilitkɛŋni, tʃapinɨŋni dɛpla vaʰqatʃɛ ɛŋliŋni dɛpla. (2)ɦazir ɛmdi kijim-kɛtʃɛkliriŋni kɛj dɛjtmiz, ɛŋliŋni kɛj dɛjtkɛn, biznɨŋ vaχtimizdimu ʃunda dɛjti. (3)bojaʁtʃilar rɛŋɛ tʃilap mɨnda qelipliri vadi. (4)ʃɨʃi dige:nimiz dukanda tuχubla ʃu petla tʃiqaʁɨnikin, sɛrgaz dige:nimiz besip gulluq qilip bolʁini, (5)mənda duke:nivadi oro kolap, mokini eʰtip ajallar igigɛn tʃaχɯnɯɯŋ ʃɨpini pyrgɛ tyryp, (6)aʰttap pɛlɛsnɯɯŋ kovok jirni bi ʁɛriʃ-bi ʁɛriʃ qɯɯlip pyrgɛ tyryp, jiknɨŋ itʃigɛ sɛlip dʒajlap beriti. (7)ɛ uni, pul joq ol vaʰχlǝda, tʃiperqut dɛp bi nemɛ tʃiqqan jɛŋ, dʒɯqmu kijim almaj. (8)burunqɨ ojʁurle:nɨŋ øryp-aditidɛ ʃɨʃini, tʃɛkmɛn dɛjtkɛn unuŋdɨnmu piʃʃɨʁlap iʃlɛp qǝlʁan tʃɛkmɛn dɛjtkɛnmiz. (9)qaʃqa tʃɛkmini dɛjtkɛn, sɛrgaznɨŋ jaχˈʃireqi. (10)ajallaʁa jalaŋ kɛpʃɛ dɛp mɨndala seʰpbalɛdɛʁan u:tʃi uʒluʁ bi kɛʰpʃiliri vadi, (11)toˈlɛs muʃu qaʃqa tɛrɛʰftin ɛp kelidkɛn, muʃ kɛlvindɛ toj qǝʁanlǝʁa, (12)bɛk ɛtivaraq toj qesa, jyzni tɛŋvelip, jyzini jeʰpelip qǝlʁan kijimvadi, u tʃɛ:tnɨŋ kijimliri digɛn gɛp oχʃajdu.(13) rɛχlidin ɛ:tlɛs,pavi, bɨŋsi gedi dɛjtmiz ʃulǝ vadi.

1.11.10 女式衣服

（1）穿裙子、衣服、马甲、外套吧，以前人们觉得这样好麻烦，直接说穿上艾冷（衣物的总称）就方便多了。(2)现在呢，都说穿上衣服，在我们年轻时都说穿艾冷。(3)染匠用这样的模子给布料染色。(4)有种布料叫"西西",是用土织布机织的未经任何加工的布料,"赛尔嘎子"布料则是印过花的。(5)(以前)有这样的机子,是挖个坑安装的,让梭子快速运动,把女人们以纺车捻的纱线卷绕成形,(6)把向日葵的筒状部分一拃一拃地切,做成卷线的东西,并把它放在织布机里。(7)把这个,那时没钱,然后出来了叫作"奇拜尔库特"的新布料,于是没买多少衣服(就用那个布料做)。(8)以前的习惯是,对用纱线织成的粗布(用得多),进一步加工织成的布叫做"且可曼"。(9)好一点的"赛尔嘎子"布料叫作喀什且可曼。(10)当时有一种单层的直接拖着穿的女鞋,这种鞋子头部是尖尖的。(11)大部分是柯坪人结婚时从喀什那边买来的。(12)如果要办隆重一点的婚礼,会买那种遮住身体的衣服,那些好像是外国的衣服。(13)布料的种类还有艾特莱斯、帕维、冰丝、格地等等。

1.12 在库木鲁克(qumluq)村录取的语料

1.12.1 burun jigɛn tamaqla

(1)burunqi iʃlini søzlɛp kɛːsɛk, biz kitʃiɣ vaχtimɨzda aχqeneni qurduq, daʃ qazannɨŋ eʃni iʃtuq. (2)jerimaʃ velɛn jerim nan, ɛʃnɨŋ velɛn kyn køtʃørituq. (3)bi kynlykymizgɛ bijerim nan, kɛdʒlik, naʃtiliq, tʃyʃlykkɛ, bijerim nan belɛn kynni køtʃørituq, (4) ugu qap-qara teriʁ nan dejtuq uni jɛp tʃoŋ voldaq, (5)aq qonaq neni dɛp uni jɛp tʃoŋ voldaq. (6)ɛm tyɣmɛndɛ taːtijaləsaq tyɣmɛndɛ taːtattuq, taːtijammɨsaq, øjdɛ jaʁɛtʃaq vaːdi, taʃ jaʁɛtʃaq, (7)ʃunɨŋda tapqanni ɛʃnɨŋda jerip, jumʃeqini mənda toqaʃ quliv jɛp, jirigini umatʃ tʃeliv itʃip, aʃ itiv iʃip aʃunda kynlini køtʃørɛv kɛlduq. (8)ɦazir kɛŋtaʃa u qara nanləmu, teriʁ nenimu joq, buʁdaj nen vɛlɛn kyn køtʃørvətitmiz. (9)u jaʁətʃaqta taʰtmaj zawutta tativ jɛvətitmiz. (10)jaʁətʃaq øjmø øjdɛ joqti, birin ʃo:di dɛjtmiz, birin ʃo:didɛ jɛ ik̇i tal,jɛ yʃtal, ʃuntʃilik ba:di, an kijnisivi køpɛjtkɛn. (11)ɛʃ etis kiliti bizniŋ øjgɛ, axʃimi ɛʃgu nɛ:vɛt qojap, tyɣmɛŋɛ nɛ:vɛt qojʁandɛj, ɛʃunda ta:tip ɛpkititi. (12)ta ɦazirʁitʃɛ ba, jaʁətʃaqta uməʃ iʃkymiz kɛ:sɛ, buʁdajniŋkini ja:ma jerip itip iʃitmiz. (13)lɛɣmendin zirikip qa:saq, ɛʃniŋda ta:tip itip iʃitmiz. (14)burun ɛmdi jomdin etetmiz dɛp qonaqniŋkidɛ jomdin itiv iˈtʃituq. qonaqniŋ jomdan mənda tʃiχi:tu. (15)ɛmdi buʁdijimiz qisraq bolap qa:sa ɛʃuguni sɛj qorup, mənda, mənda tʃiqqan nimeni puʃurup syzyp, lɛgmɛnniŋ o:nida jɛjtuq. (16)buʁdaj mɛndɛ, jɛ: az voʁandikin azraqva, uni aran qonaqniŋ nenʁa qurʁun qilip, (17)aʃsa bi sɛkkis kyndɛ ombɛʃ kyndɛ bi lɛgmɛnni itiv jɛlɛjtuq, aʃməsa qonaqniŋkini mənda, mənda kisip tʃiχe:rip jɛjtuq. (18)qonaqniŋ unisni ɛmdi buʁdajdin kiʃkenam qoʃivetip, ɛʃniŋ vele juʁuretmiz, an qoleʃetu. (19)naj jumʃaq tatmasaq qolaʃmajtu, jiriɣraq vosa. (20)an teriʁ umetʃi dɛp, uni itʃituq, aq qonaqniŋkini nan jeχip jɛjtuq ʃu. (21)birɛ tʃiʃlɛm gurutʃ,sok digɛn, guruʒdin tʃiqqan sokni taʰtip nan jeχiv jɛjtuq. (22)guruʒni tasqesa uʃʃaq, kumur-kumur teriʁdɛk sok tʃiχitu. (23)teriʁdɛg ɛʃunda guruʒniŋ uʁeqi tʃiqi:tu. an guruʒ tavalisaq, polo qɯliv jɛjtuq. (24)an tavammiˈʁenimiz kømmɛ qonaqvamɛsmu, uni heleqi jaʁetʃaqta jerip, dʒiq-dʒiq qujup, dawdar qɯlip sɛl munda-munda jerliti, are:din iʃkki vole:ti. (25)ɛʃuguni polo qɯliv jɛjtuq. guruʒ tavamməʁan kambɛʁɛllɛ ɛʃunda. (26)jerip ɦeleqini ɛlgɛktɛ tasqivetip, dan-dan bolutu, unisi teɣkɛ tʃyʃytu, (27)jirigi tøpedɛ qaʁankin minda sojpaqtʃisi jɛlpyp, polo qɯliv jɛjtuq. (28)ɦeleqindɛɣ pul tava:liʁanla bi kilo guruʒ eliv jɛjti. pul tavamməʁanlar polo:ni χuma qɯʁanda ɛʃ qonaq polo jɛjtuq. (29)joqsazliqniŋki nimisi ʃuma.（30）ɛtigɛndɛ ɦaʃ ɛtkɛn, a yzimu bi naʃta qɯlip maŋsa vommamtu ɛʃuntʃa voʁan χutun.

1.12.1 过去吃的饭菜

（1）如果要说过去的事，在我们小的时候办起了公社食堂，吃大锅饭。（2）就靠半份饭菜半份馕过日子。（3）一天的早餐、午餐和晚餐，吃一个半馕，（4）那是黑色的小米囊，我们是吃那个长大的。（5）后来吃上了白玉米馕，（6）如果能在用水力的土磨面房里磨面那就更好，不行的话，大部分家里有手推的石头磨盘，（7）用它磨面，把磨得好一点儿的做圆馕吃，把磨得粗糙点儿的部分做玉米粥吃，就这样过日子。（8）现在日子过得非常宽裕，那些黑馕、小米馕等都不吃了，吃的都是香喷喷的白馕。（9）现在要磨面不是用手推磨而是在面粉厂里磨面。（10）手推磨不是家家户户都有的，只在第一小队有两三个，就这么少，现在多。（11）所以就得轮着使用，早上轮到我家，晚上轮到你家，就这样，就像在磨面房里排队一样。（12）那种手推磨我们现在还保留着呢，想喝玉米粥的时候，把麦子简单粗糙地磨碎一下然后就做粥喝。（13）如果吃腻了拉面，就用它磨面做饭吃。（14）以前用玉米面做面条吃。（15）如果麦子少的话，就炒点菜，把那个（玉米面条）水煮后捞起来，当拉面吃。（16）因为我的耕地少，小麦也少，麦子面粉一般只够做玉米馕时撒一点，（17）如果还剩一点的话，每隔8—10天可以做一次拉面，如果不剩，就得吃玉米面做又长又粗的面条吃。（18）和玉米面时得加点麦子面，不然不好和。（19）磨面时要磨得很碎很细，如果磨得粗面就没法和。（20）我们还喝小米粥，用白玉米面打馕。（21）还磨一些大米和大米里面的稗子等打馕吃。（22）如果用筛子筛筛大米，可以筛出那些和小米一样大的稗子。（23）还出来有小米那么大的碎米，如果能找到大米就做抓饭吃。（24）找不到就用手推磨把玉米粒碾成两片，（磨面时）放的玉米多的话，玉米粒就会裂成这么大的裂片，（25）找不到大米的贫穷家庭就用这个做抓饭，（26）（玉米粒被）碾裂后用筛子筛一筛，这样面粉就落到下面，筛子上的都是一粒儿一粒儿的玉米片，（27）因为粗大的（过不了）都留在筛子上面，吹走那些皮子后，把它做成抓饭吃。(28)那些有钱的就买一公斤大米来吃，没有钱的人呢，想吃抓饭时就吃那种玉米抓饭。(29)其实那也是贫穷的表现。(30)(家里)早上做过饭，她也是个那么大的女人，自己做早餐吃完再走不行吗？

1.12.2 baldiqi turmuʃimɨz

(1)tuʁ etitmiz,ambar quretmiz dɛp topa toʃuʁan. qol ɦarvesta tuʃujtuq. (2)ɛ tyʃykni køgɛnsiz, ʃedin qumjer dɛp bi jermizvadi, ʃɛgɛ taʃ toʃəʁan. (3)ɛʃinda taʃ tuʃup, ambar qursaq an qumluʁdiklɛ kɛŋtaʃa aʃ-nan jɛjtmiz dɛp, altajmaqlɨq ɛʃinda iʃlejtuq. (4)ɛm ɦazir øzimizniŋ ulaʁ- qaramɨzni beχip, dəχanʧiliq qɯlip bireʧiʃlɛm, an unuŋʁa ot-χɛsni ep birip, ulaʁ veχvetitmiz. (5)ma bi kønlɛkni kijvasaq miʃɛ jitlip kɛssɛ, mijɛgɛbi jamaʁ, mɛjdimiz jitlip kɛssɛ, mɛgibi jamaʁ selip igin kejituq. (6)juttuq iʃtan, juttuq kønlɛk kɛjmɛjtmiz. iʃtinmizniŋ tizi jitilsa jamaʁ selip, uqeti jitilsa bu qetni øryp, ɛʃindala qɯlip igin kɛjgɛn. (7)aχʃam dari qujʁan, bijerim mo jɛgɛ qujuppolap, ɛʃ az qaʁanda, køzimizniŋ dijim belɛn minda qujup ki:duq. (8)køzkørɛ-kømɛs, køzɛmniŋ dijim bilɛn ma iʃni qɯldim digen gɛp. kɛʧvolap kɛtsɛ køzɛmniŋ dijimda palanni qɯlvattim dɛjtmiz. (9)jɛdɛ mawu toplɛj vosa køzimizniŋ dijimda manda qɯlsaq, silisaq toplɛj tevilidumɛsmu?(10)qara ʧiraʁdimu øtkɛn, qara ʧiraʁni, syj jeʁni jorutotoq. (11)syj jeʁni dʒiq ketutdɛp uni øʧørɛp qujap, oʧaqqa munda mɛʃ nimiʃ qetu, kaŋ ʧiqervelip, maʃniŋ aldəʁa oʧaχ saletuq. (12)minda qadʒilaʃturup otanni pil-pil qɯlip, otniŋ jorqida qaliʃiv oʰltorap, an jatittuq. (13)kaŋni tamʁa ʧiqerittuq, manda eriʁ qojap, manda mɛʃniŋ kanijidɛɣ jol qɯlip, mijɛgɛ bijol qitti, (14)mijɛgɛ bijol qitti, an minda ɛglinip, an tytyn ʧiχitti. (15)an is tygi:si bijeni, ɦɛ bi:siniŋ nimestin manda bijeni jumulaq qojap qojitti,ujeni is tygisi dɛjti. u jedin isni ɛvaltuq. (16)ɦazir mɛʃni ma tapsɨʁɯla qojitmiz, ɛjedin kanajni ʧiqirvatitmiz.

(17)mɛdɛ iʃki ɛʁizliʁ øjva. kanajni mandaqusqa ɛglɛndyrypla ʧiqirvetip qulduq. jaz mɛli elvətitmiz, pakizɛ tura:veridu.

1.12.2 我们过去的生活

（1）（我们以前）为了筑堤坝、建水库运过泥土，是用手推车运的。（2）看到那个山口吧？那儿有个叫作沙地的地方，（我们还）到那儿运过石头。（3）就那样搬运石头，想着如果建成水库我们库木鲁克人不会再为食物发愁，六个村的所有人都劳动。（4）现在呢，我们养自己的牲口，干一些农活，然后给它（牲畜）买饲料，就这样养牲口。（5）（过去）我们穿着一件衬衣，如果哪里撕开了就缝上一个补丁，胸口撕破了，再缝上一个补丁，然后继续穿。（6）现在不穿破了的裤子和衬衣，以前的话，裤子的膝盖破了就缝，外面破了就把里面的改成外衣来穿。（7）昨晚撒过化肥，撒完一亩半地的时候天就黑了，只好凭借本能（肉眼在黑暗里的视力）撒完剩下的部分才回来了。（8）这意思是，在天黑看不清东西的时候，只能靠夜视力能（在黑暗中的视力）做这件事。我们一般说，因为天黑了，我就用眼睛的本能做完那件事了。（9）如果地上有个皮鞋，靠着肉眼的本能确定范围摸一下就可以找到，不是吗？（10）那些日子我们用煤灯，煤灯里装的清油发光。（11）怕用清油多，不轻易点亮。那时没有这样的铁炉，做个火炕，在前面做个土炉。（12）炉子里就这样八叉式地放些木柴，在火光中面对面地坐着（聊天）。（困了）上床睡觉。（13）那时炉是在墙上做的，挖这样的沟，做烟囱这么大的空道，（14）这里做一条道，那里做一条道，烟雾就从这绕着出去。（15）然后是烟集外，就是每条烟道上做个圆形处，这叫做烟囱集处，聚积的烟雾可以从这儿出。（16）现在要架炉子就在地上架，烟囱是从那儿伸出去的。（17）这里有两间房子，（房子里炉子的）烟囱这样绕着伸出去，到了夏天我们会拿掉的，这样房子显得干净些。

1.12.3 kitʃiŋ vaχtimdiki ojunlar

(1)kyndyzi ɛtidin kɛtʃ voʁitʃɛ jilaŋgutʃ selvalituq, selvelip yʒmigɛ. yʒmeniŋ køgɛnla ʃɛχɢa saʁe:l volmajtu, oʰteresi manda tʃiχip, mənda ɛglɛntʃyk ʃaχ boludu, ʃuniŋ areleqidin øʰtkizip, (3)jilaŋgutʃ selip kɛtʃ voʁitʃɛ ɛʃgu sɛn aʁamtʃa ɛpkɛ, sɛnmu aʁamtʃa ɛpkɛ dɛp bɛʃ aʰɬtimiz ɛp kilituq. (4)baʁansiri ølɛp utʃetmiz,iʃtip bɛgɛnsiri utʃmammiz. (5)an øj tutuʃ ojnajli dɛp heleqindɛj paqa quliqi, gaziɾ quliqi ɛni tiriv ɛp kilip, seʁizdin qazan jasap, (6)unuŋ tøpeskɛ bajqi nimini toʁrap aʃ ettuq dɛp, jaŋzi-jaŋzi oʰtniŋ qulaqlirni ɛp kilip helqiniŋʁa selip, (7)seʁizdin tʃøtʃɛk jasap, aʃ ussup kɛldim dɛp ussup kilip, (8)ɦeleqindɛɣlɛ qɯlip, qatu oʰltaʁizip qojap aʃ itʃiŋla dɛp uniojnajtuq. (9)an qotʃɛq etettuq. atʃamaq jaʁadʒ tevip, latedin iʃtan kɛjdyryp, mentʃiliktin tʃatʃ qɯlip, qaʃ-køz jasap, (10)qara ʃipta jiŋnidɛ tikip, burun, aʁɯz, qol, lati:ni tikvelip uni ojnajtuq. (11)an boqa dʒyryn dɛjtuq, aχʃimi kyn oltʁan jajni ajdiŋ voliti. (12)bir kaʰɬtɛkni jasivelip uni eʰtip ojnajtuq. (13)tʃiki tʃuruq dɛp bisivadi, kalliŋizni tʃøryp iʃtivaˈtitti balla. (14)ɯχlip kɛssɛm ɯtturvatqan bolittim, ɯχɯlmaj sizni bini tippasam ɯtvaʁan bolitim, muʃundaʁ. (15)tʃuŋquraq vosa ørɛ ture:siz, døŋrɛk vosa oʰlterettiŋiz. an ʃuniŋ itʃini muʃundaqqa tʃørilituq. (16)jugurup kɛgɛndɛ teˈvettuq, tevɛlisɛk, biz ɯtvalituq, tevɛmmisɛk utturutuq. (17)an taʃ suχuʃmaq dɛp taʃni bisigɛ suχuberitmɛ. miʃna oʰltasaq, sɛndɛ, birɛ dɛp tavitti. (18)jɛnɛ biriniŋ aldəʁavarituq sɛndɛ dɛp,mɛndɛ joq dɛjti, emisɛ sɛndikin dɛjti epberiti. (19)teppaʁandinkijin mɛoʰlteretim siz qovisiz. (20)an kaʰɬtik ojnajti ʁollɛj qitʃitqili, ɛdɛmni bøliʃvalituq, ma jyz voʁanda ɯtvalitmɛ mɛn, (21)jyz qilamməʁandikin siz ɛʃ davzidin miʃɛgɛ kɛgitʃi ma sizziqqa kɛgitʃi vallɛj qitʃirisiz, (22)jɛdɛ turup tinip qasiŋiz, ʃɛdɛ jɛnɛ ʁollɛjni urup, qajta ɛʃ jɛgɛ kɛgitʃɛ qitʃiritti. (23)manda tʃørylmɛtʃ qɯlip sizitmiz jɛni, ɛʃ taladin maʃɛgɛ kigyzɛlisem, ɯtvaʁan bolitim, (24)kigyzɛmmɛj ivɛgɛ, i bosiʁiniŋ uqetqa tʃyʃɛ, bi ʁeriʃ kɛsɛ bi dɛp, iķki ʁeriʃ kɛsɛ iķki dɛp sanajtuq.

1.12.3 我儿时玩过的游戏

（1）白天整天都桑树上做秋千玩。（2）不是桑树任何树枝上都可做秋千，中间凸出来或弯曲的树枝可以（做），以那个中间穿过去,(3)做秋千,一整天都荡秋千，大家自己带来绳子做秋千玩。（4）荡秋千高度越来越高，越用力推秋千高度越低。（5）还有玩过家家，把蛤蟆草，瓜子叶采过来，用泥土做锅（6）把蛤蟆草，瓜子叶切成小片放进锅里假装做饭，也会捡来很多不同植物的叶子放进锅里做饭。（7）用泥土做碗把"饭"放进碗里假装吃饭。（8）吃饭的时候大家会整齐地坐成一排坐等开吃。（9）也会做布娃娃玩，找来合适的叉枝，用布料做裤子给它穿，做这么大的头发给它戴上，也给它画眉毛和眼睛。（10）用黑色的线缝上，也给它做鼻子、嘴巴、手，然后玩起来。（11）我们还玩一个叫作布克局荣的游戏，是傍晚日落后有月光时玩的游戏。（12）做个木棍，把它扔着玩。（13）还有一个游戏叫奇克求鲁克，先把你转来转去，让你头晕。（14）如果你被转得坐了下来，就算输，如果没有坐下来，走过来踢你一下就算赢，游戏规则就是这样的。（15）如果坑不是很深的话就坐下来，如果坑深的话就站起来，然后在坑里面转，（16）对方跑过来的时候踢对方，如果踢到了就算赢，踢不上就算输了。（17）还有一个游戏叫猜石头游戏，把石头放到某人的手里，让大家猜在谁的手里，（18）还会去好几个人身边猜，说在你这儿，（对方说我没有，那应该在你这儿，（猜准了以后）给他。（19）猜不准我就坐下来，你站起来。（20）玩木棍，先分成几组，分数到了一百就算赢。（21）如果拿的分数不到一百就从大门走到这里面划线的地方，一路都要做"瓦来"。（22）如果中间停息了，就在此地上喊着"瓦来"，重新从大门走到那个划线的地方。（23）在地上划出这种半圆形的线，能从外面进到那个划线的地方就算赢了，（24）如果扔不进，扔的木棍落在了这儿，落在了门槛那边，距离有一拃算一分，有两拃算两分。两个寸头记2。

1.12.4 dʒugan mɛʃripi

(1)dʒugan mɛʃripi dɛp sɨznɨŋ qɨzɨŋɨz vosa mɛn bøgɛn qɨzɨmnɨ dʒugan quɪldɨm dɛp qazɨn esɨp nɛzɨr etɨttɨ. (2)umatʃtapsa umadʒ, aʃ tapsa aʃ, uvɛgɛ bɨtʃɨʃlɛmdɨn dasχɨnɨmɨznɨ jøgɨvelɨp berɨp, (3)dʒugan mɛʃrɨpɨnɨŋ nɛzɨrsɨnɨ itʃɨp, anɛʃgu qarajaʁadʒ dɛjtuq, ʃɛgɛ kɨrɨp mɛʃrɨv ojnajtuq. (4)bɨ kyndɛ ɨkkɨ-ytʃ dʒugannɨŋ mɛʃrɨpɨnɨ berɛtɨ, jɨtɨʃmɛj burun, ytʃ ɛdɛmnɨŋ nɛzɨrsɨnɨ bɨrɨp, kɛtʃ. (5)ɛtɨs kɨru:tuq aʃ qarjaʁadʒnɨŋ sajɨsʁa, quɪz mɛllɛ quruʁ dɛjtuq bujɛnɨ, (6)ɛʃnɨŋ sajɨsta bu qatlɛda erɨχta su eχɨp turɨtɨ. (7)buqat yʒmenɨŋ sayɨsɨ, sajɨsta oʰltərap, patmɨʁe:nmɨz nɛdɛ sajɛ vosa otɨrap, (8)ɛmɨsɛ mɛʃrɛpnɨ kørɛp polap, ɛʃu oʰltərap kørɨtuq, unda qovapmu kɛtmɛjtɨ. (9)ʃunuŋʁa usajnajtuq, an unɨŋʁa jɨtɨʃɛmmɨsɛ dʒuganlaʁa jɨlaŋgutʃ sɛpbɛduq dɛp, (10)a dʒugan boʁan χotunla mɛʃrɛp tɛgmɨsɛ bɨ tɛrɛʰptɨn jɨlaŋgutʃ sɛpberɨtɨ atɨnɨsɨ. (11)uɢer mɛllɨsɨ dɛp, kølveʃta joʁan terɛk vadɨ, ɛʃ terɛkkɛ, mɛʃrɛp χalɛʁɨnɨ mɛʃrɨv ojnajttɨ. (12)mɛʃrɛp χalemɛʁɨnɨ jɨlaŋgunɨŋ utʃqɛnnɨ kørɨtɨ. an qɨʃ vaχta køldɛ muz toŋlɨmamtu? (13)muz toŋləʁanda pytyn qumluʁnuŋ ɛdɨmɨ ɛʃ uɢur køl dɛjtuq, ʃɛgɨ kɨlɨ:tɨ. (14)ɛʃu ʁuɪltɛjlɨtqanlavadɨ. manda bɨputlap tejletqanla vadɨ, qoʃputlap tejletqanla vadɨ, ʁɨldɨlap, uvaʃtɨn buvaʃqa ʁɨltɛjlɨtɨ. (15)jɛ ujenʁa jɛ bujenʁa kɛtmɛj, uvaʃtɨn buvaʃqa ʁɨltɛjlɨp tʃɨχalajtɨ. (16)qara jaʁadʒ va jɛdɛ, qantʃɛ derɛχnɨŋ sajɨsɨ dʒɨq jɛdɛ qɨlɨ:tɨ. (17)ɛ bazaʁa kɨno qojsa jɨlɨŋajlaʁ tʃɨχɨtuq, teχɨ ma tʃokannɨ ma søɢɛt tʃokan tʃɨχamamdu dɛslapta, (18)tʃokan tʃɨχasa heleqɨnɨ sojap, mundu pupuk tʃɨχɨrɨp, tʃetʃmɨzʁa goja astuχ dɛp esvelɨp an bazatʃa tʃɨχɨtuq. (19)pɨrɛ vaʁlɨduq dɛp aʁrɨp qaʁan χotulaʁa pɨrɛ vaʁlajtɨ. unuŋʁa tuʁnɨ tʃørylyv ojnajtɨ. (20)burun dɨgɛnnɨ naʃtɨnɨ quɪlɨvla, ulaʁ-qaravosa oʰtnɨ bɨrɨvetɨvla pɨrɛ qoʁlɨʃɨp, mɛʃrɛp qoʁliʃip ojnajtuq. (21)irimma miʃɛdin kɛtmɛn tʃapsa ʃaŋgaŋ dɛjtmiz ʃɛgɛ digɛnni ɛʃugu bir tinim almaj kɛtmɛn tʃaviti. (22)jaqup mosi tymyr kala dɛp nam bɛgɛn. etisni qoʃ kɛtmɛn bolap tʃaviti øŋdørɛp, unda qoʃ hɛjdimɛj. (23)ʃuʁinisi mɛχtɛptɛ uχmaptikin, tyryk vommǝʁan bosa guɲʃiʁa pinsij puli jɛjti.

1.12.4 少妇麦西莱普

（1）如果家里有少妇的话，会举办仪式，会准备一锅饭。（2）如果条件好的话就做像样一点的饭，条件不好的话就做粥。客人会带着自己的心意（平时会用餐布裹起来）去，（3）吃完主人做的饭后，再回榆树林还要跳麦西莱普。（4）一天举办两三个少妇的少妇麦西莱普，有时候顾不上都参加，到了很晚（才回家）。（5）第二天会去有榆树的那里，我们把那儿叫作姑娘社区空地，（6）榆树下有一条小溪，有流水。（7）另一边是桑树，我们坐在树荫下，坐不下就坐在其他不太晒的地方。（8）我们坐着看麦西莱普，大家基本上都坐着看，不会站着看。（9）我们会跳起舞来，如果顾不上跳舞，就去给举办少妇麦西莱普家的女儿的秋千，（10）如果少妇们没有跳舞的话，他们的父母会给他们准备秋千。（11）有一个村叫乌恰村，村里的湖里有一颗大杨树，想在大杨树那里跳麦西莱普的就去那里，（12）不想跳麦西莱普的就看别人荡秋千。冬天的时候湖水不是要结冰吗？（13）这个时候整个沙滩的人都会来湖边，这个湖我们把它称作乌楚里湖。（14）有些人会在湖上滑冰，有的单腿滑，有的双腿滑，从湖的一边滑到另一边，一直滑。（15）滑的时候不会失衡，滑得很稳，从湖的一边滑到另一边。（16）一般安排在卡勒亚尕其树下，或者在树比较多的地方举办。（17）如果镇里放电影的话就赤着脚去看电影。（18）举办少妇礼的话，妇女们会在头上带着一种头饰然后出门上街。（19）会给生病的妇女裹上一种叫皮热的东西，在上面加上布。（20）以前吃完早饭，给家里的牛羊准备好草料后就会出去玩皮热，跳麦西莱普。（21）我的老公从这里开始用坎土镘挖地，一直挖到叫上港的地方，中间也不休息，特别能挖地。(22)所以人们叫他"雅科夫莫斯铁牛"。(23)他会用两个坎土镘挖地，这样就不用牛驴车挖地了。

1.12.5 kigiztʃi ailisi

(1)uni a:ʁan, qaʁan ma χamdaq, puʃuruqleni øzimiz jasɨvelduq. (2)kamil taʃ sordi: moni yzɛŋlɛ lajilɛp qʉldiŋlɛʔ) (3)juŋ atqanle:ni, bidɛmdɛ vaʁla bi tʃaŋgal juŋ sɛp bɛsɛm bolutu a:saŋlɛ.(4)baʃlammɛʔ mɛn bir miŋ tohquz jyz sɛxsɛn bɛʃintʃi jili joldɨʃɨmʁa jatlɨq vulap, (5)joldɨʃɨm kigiztʃilikni yginiptikɛn, jeŋ, ɛmdi bi pa:tʃi qujup bɛχiptikɛn, mɛn sɛmɛtkɛ jatlɨʁ voʁan vaχtɨmda.(6)an sɛmɛt vɛlɛn birliktɛ iʃ qʉusaq, jaχʃi ynym qazenɛtmiz dɛp, χɛχniŋ yjle: rgɛ berip, (7)duke:nmiz va, mʉnda qolda aˈtɛtqan dukan badi, duke:nmɨzda iʃ qilip, bi patʃi kigizni tøʰt kojdinmu qujduq, sɛhkɨṣ kojdinma qujduq, ombɛʃ kojdinma qujduq.(8)ɛʃindaʁ øsɛp ɦazɨr bir pa:ʃa tɛŋlɨmatnɨŋ iʃ ɦɛqqi aʰtmɨʃ bɛʃ kojgɛ iʃ ɦɛqqi aletmiz. (9)juŋni setvahsaq, iʲkki kojdin-iʲkki jerim kojdin setvaletmiz, saʰtsaq jyz jigimi koj, juz ɛllik kojʁitʃi satetmiz.(10)ɛm bu dʑɛrjanda ma gulʁa iʃlinitqan χamti dejtmiz buni najiti juŋnɨŋ bɨlinni, aq, kyzlɛm juŋni tallap turup nipiz qujup,(11)χamtisini bɨlɛn qʉlmasaq ma tʃapleʃɨʃtʃanliqi jaχʃi volmaj, guli tutlup ketitqən iʃ volotʊ. (12)buni nipiz qʉulip, gulni qojaʁ qojap, boz juŋler vosa arɛʁa elip, qara juŋlerni iʲk tɛrɛʰpkɛ tɛŋʃɛp selip, sypɛtliɣ, tʃirajlɨʁ tʃiqe:rɨʃ ytʃyn, qetmɨz. (13)buni qʉulip ki:lip, u qolemɨzda qʉlduq, azraq pul dʑajlap, zawut alajli, zawutta ehtip, qoləmɨzda tutup quje:li dɛp, zawut alduq. (14)zawutimɨzni elip qilʁandinkin iʃimɨz kyndin-kyngɛ jaχʃi volap, ɛvu χamdajtqan nemeni putta tevettuq baldi, uni tɨvɨʃni øzgɛʰrṭip, ɛgu χamdaqni jaˈsiduq. (15)dɛnχɛŋdʑi alduq, tʃekedʑiŋ ɛʃ nemeleni erɨʁ elip, øzimiz jasap, χamdap qolemɨzda puʃuduq. (16) puʃuʁandin kijin, ɛm bunuŋʁa puʃrʊtqanʁa, muʃ qolemɨzda dyɣlɛnɡɛndɛj aldi-kɛjniɡɛ døɡlɛˈtɨtqan ʧarɛ qɯsaqʧu dɛp, (17)mani øzimiz la:jilɛp, manda qɯɯsaq aldəʁa maŋɨtkɛn, manda qɯɯsaq kɛjniɡɛ maŋɨtkɛn, (18)i quduq kolaʁan maʃɛnlini kørɛp, ɦɛlqi mandaqqa ʧyʃyp, mujna bilɛktɛ:mu muʃna qe:tmɨz. (19)ɛʃnaʁ bolɨtkɛnʁu dɛp, mani jasiduq, maɡu puʃuruqni. (20)bu puʃuruqni jasap, muʃnɨŋda qujʁan kiɡiz muʃu, bu najiti dʑiq qijinʧiliqlə vɛlɛn muʃ ɦalɛtkɛ kiliʃimiz. (21)minɨŋki tøʰt balamba, yʧ qɨz, bir oʁlam, ɛʃ ballɛ:rim bɨz vɛlɛn qaj muqamda muʃni qiliʃi:p, birliktɛ maʃ aili kirimmɨzni jaχʃilajtmiz dɛp. (22)ballirimni ɦazir øjlyk-oʧaq qɯli:p, ɛɡɛ vɛrɛtqɛnni birip, oʁlamnɨŋki ballɛr vɛlɛn ɛr-χutun qalduq. (23)irimnɨŋki bɨr puti adʑiz voʁaʧqa balam bɛlɛn iʃkimiz kyʧɛvrɛk, irimni ajawraq, muʃ tidʑarɛt vɛlɛn øjɨmɨzni qamdap, turmuʃimiz kyndin-kynɡɛ jaχʃilnivɛtitu.

1.12.5 毛毡商一家人

（1）那个东西是买来的，其他所需的材料是我们自己制作的。（2）卡米力塔石（塔石：外号）问了一句："图案是你们自己设计的吗？"（3）如果你们想买毛绒的，我可以马上把它制作出来，在上面加一栓子毛就可以了。（4）可以开始了吗？我1985年嫁给了我的丈夫。（5）我丈夫学过毛毡制作，我刚嫁给赛买提的时候他制作过一块毛毡，（6）后来就觉得跟赛买提合作一起干活的话会更好一些，所以就挨家挨户的去别人的家里（7）推销我们制作的毛毡，有时候一块毛毡卖4元，有时候卖8元，有时候卖15元。（8）就这样，价格不断地在涨，现在制作一块毛毡卖65元。（9）买原料（毛）的话，价钱是2元到2.5元，卖毛毡价钱是120元到150元。（10）在这个过程中我们会选用最好的原料来做图案，这个原料叫哈木提（毛毡制作原料），选用白色的好毛来制作，做得很薄。（11）如果哈木提制作得不标准，毛毡的粘连性就不好，上面的图案也不够清晰。（12）要做得薄，图案的密度要高，要选灰色的毛夹杂到上面，把黑色的毛放到周围，做到质量达标，外观漂亮。（13）先是手工制作毛毡，后来商量买制作毛毯的机器，打算手工制作与机器加工相结合，就买了制作毛毡的机器。（14）使用机器制作毛毡以后生意越做越好，制作毛毡的机器原来是需要用腿启动，现在改进得更方便了。（15）（后来）买了电焊机、秤等东西，该买的都买了。自己（用哈木提）手工制作了毛毡。（16）完成制作以后为了前后转动机器，（17）我们自己设计了一套机器，可以让制毡机前后都能转动。（18）从挖井得到了灵感，用胳膊转动，机器就这样转动了。（19）于是我们自己做了这个原料。（20）我们用这个原料制作的毛毡在这里挂着呢。我们经历了很多艰难的过程才走到了今天。（21）我有四个孩子，三个女孩，一个男孩，希望孩子们和我们一起努力，改善生活。（22）现在孩子们该出嫁的出嫁了，该娶媳妇的也娶了媳妇，现在我们和儿子还有他的孩子一起住呢。（23）我丈夫腿不太好，所以主要是我和儿子干活，丈夫不怎么干活，就这样靠制作毛毡维持生活，现在生活条件越来越好了。

1.12.6 taʰpqan pajdiʁa tymy alduq

(1)ɛ zawutqa juŋ ehtip sɛp berɛjmuʔ oʰttiş kojlaq juŋ sa:saq, bizgɛ ɛ jɛtmiʃ-sɛxsɛn koj iʃ hɛqqi volap ʧiχe:tu. (2)bir kyndɛ ʧiŋ tusaq, yʃ paʧɛ tɛŋlimat ʧiχeritmiz, ɛtis ɛttigɛndɛ qopavla, iʃqa ʧyʃe:li bol dɛjtmiz, ɛʃ gyrridəla selivetip, (3)bi kilnim ba baller vele taməq etiperitu. (4)mɛn qowawla juŋni ate:tmɛ, irim qowawla juŋ vesiʃni vaʃlajtu. (5)ma vaχta kigizgɛ baza kɛm boʁan belɛ, kyz mɛli bas-bas alətu tɛŋlimatni. besip qojap turetmiz. (6)qiʃniŋ kynleri tɛŋlimat bamu disɛ janala tɛŋlimat tygɛp ketitu. (7)2009- jili kigiz vaze:ri ørlɛp ki:tip, jyz jigimɛ kojdɯn aʃu, iʃkindʒi gunʃi diki birige jyz jigimɛ kojdɯn tɛŋlimat øʰtkyzyp, (8)ɛʃ jilisi aʰłtijyz paʧi tɛŋlɯmatni ʧiqerip øʰtkizipoʁan. (9)pulni dʒiq taptuq, likin maʃ tymygɛ taʰpqan-pytke:nmiz, muʃna qalasamla eriʁ tymy voʁandikin, bu nɛsili eriʁ pulʁa kɛgɛndikin, u̠tturi.(10) juŋ ehtip berɛjmuʔ kyz juŋ, qareːsi jaχʃi volotu tɛŋlimatqa, muʃni kyz juŋ dɛjtmiz, ɛtigɛndɛ jamʁuda nɛmdɛp qojaptu. (11)kyz juŋ vele jaz juŋniŋ pɛrqi, køŕylmɛktɛ jazjuŋi mənda sozma tʃodʒalip turutu. (12)uni do̠kanda atsaq, mənda tʃanap tʃotta aʰtməsaq etilmajtu, ma zawutimizda etilʁan bɛlɛ, tutqanda piʃʃiʁ bolmajtu. (13)kyz juŋi uʃʃaq-uʃʃaq, pur-pur-pur, ɦelqi buʁdaj neːni ølɛp ajniʁandɛj, qonaq neni ajnɨməʁandɛj, kigiz obdan bolmajdu, kyz juŋniŋ bɛlɛn boloto̠.

1.12.6 用利润购买了铁

（1）需要我给厂子（机子）里放些羊毛弹一弹吗？放进30元的羊毛，我们就可以得到70-80元的加工费。（2）如果劳动强度大点的话，一天能完成三个花毡的制作。早晨一大早开始制作，一次性把羊毛都放在机子里，（3）儿媳妇和她的孩子们负责做饭。（4）我一起来就开始弹毛，丈夫一起来就开始放毛。（5）虽然现在花毡的市场需求不大，但到了秋天就会卖得很快，所以我们先制作好、保存好。（6）到了冬季，这些花毡卖得很快就断货了。（7）2009年的时候毛毡价格涨得厉害，当时我们曾以120元的价格卖给二村的一个人一块毛毡。（8）当年我们卖掉了600多块毛毡，（9）赚了很多钱，可是又用在了铁器（机器）上，我们用赚来的所有的钱买了这些铁（机器）。（10）需要我来给你弹毛吗？这是秋天的羊毛，黑色的羊毛很适合做花毡。这些都是秋天的羊毛，今天早晨被雨水弄湿了一下。（11）秋天的羊毛和夏天的羊毛的区别就是夏天的羊毛看起来容易被拉出来，（12）要把它放在机子里弹的话，如果不用坎子切成碎片，那弹起来就很难，就算在厂子里（机子里）可以弹，但也不太结实，达不到质量要求。（13）秋天的羊毛看起来是散的，容易散开，做出来的毛毡质量好，就像小麦面粉做出来的馕会鼓起来，而用玉米面粉做出来的馕鼓不起来一样，用秋季羊毛做的毛毡都比较好，夏季羊毛做的不太好。

1.12.7 kigiz qujuʃ maʃinisi

(1) magu χamdajtqan zavut, mɛjɛgɛ ʧiʁni taʃlajtmiz, ma ʧørølytu, ma dɛndoŋʤi velɛn bu χamdajtu. (2) ɛm buniŋdin elip ma ʤɛːnɛkni ʧiquɪrvətitmiz χamdajtqan vaχtinda, ʤɛːnɛkni ɛ qatqa qarip qojap turup, maniŋda χamdivelip, (3) an jɛnɛ ʤɛːnɛkni maniŋʁa ʧetip, puʃuruqqa saletmiz, maniŋda piʃip ʧiqeːtu, døgøletip maniŋda. (4) i dɛŋχɛŋʤi, ʧekeʤiŋ maʃ tymyleni kesetqan, ulajtqan nemelermɨz eriʁ ba. ɛʃniŋ iʧigɛ tiχeːtmiz. maʃ diɣenniŋki, muʃniŋ iʧigɛ tiχeːtmiz. (5) muʃniŋda yzi døgeletip ʧiqeridu. tikkɛ tiχeːtmiz, a mənda basturup qojtmiz, iʃtiɣ meŋip kɛssɛ iʲkki tɛrɛpkɛ taʃ ep qojtmiz, sɛl astaraq meŋ dɛp. (6) bɛk besvelip quɪsa ma rizingedɛ sozap qojtmiz, køtørɛp an iʃtiɣ maŋətu. (7) ma tiɣdekisi mɨnda kilidu, u qatqa barutu ɛgu dɛnzipɛn arqiliq, bu qatqa kelitu, u qatqa baratu ɛʃnaʁ ajlanətu. (8) tøpestikisi besperitu, tɛkʃilikni tutup turup, kigizni qaʧumaj. (9) uzun-qisqeliqni tɛŋʃep biritqan maʃu. buniŋʁa kɛskɛn tymy, ulaʁan digɛndɛj. (10) issɨʁni issɨʁ dimɛj, soʁaqni soʁaq dimɛj, ɛmdi buniŋ nenni. (11) məndaʁ bojaʁlermɨz va, ma bojaʁleda mənda qijetmiz, mənda χamta qilip qijip, ʧiʁ toʃqidɛj nipiz qujitmiz. (12) buni qijip atʃsaq joʁan bolutu, ʧiʁqqa gul vasetmiz, an a aʰtqan juŋni gulniŋ tøveskɛ saletmiz. (13) unuŋʁa varaqiʃtip turup ʧaj ikitmiz. ʧajni iˈketqan manda bi qapeːqmɨz va, ɛʃ kigizniŋ tøweskɛ ikipɛsɛm køreːsiz ɦazir. (14) biʃlem su ɛkilip køsititmɛ sizgi ɦazir. juŋniŋ tøweskɛ, ma juŋni maʃniŋ tøweskɛ qojtu, mɨnda tizip kelitu, (15) unɨŋ tøweskɛ atqan juŋni nemɛ quɪlip, ʧeʰʧip, mɨnda ʧaʧatu, ɛʃdɛ aridɛg ʧaʧatqan nimesva, rezɛndɛ, rezɛndidɛ mɨnda juŋni tɛkʃi jajitmiz. (16) juŋniŋ tøpeskɛ maniŋda iketmiz, muʃniŋda eriʁ iːkip an, ʧyʃendiŋizmuʔ an jøgɛp χamdajtqan nimenɨŋ tøweskɛ ʧiʁni aperip taʃlajtmiz. (17) unɨŋ tøwestɛ χamdap bɛgɛndin kijin, uni jana ehʧip, kigizni elip ma puʃruqqa saletmɨz, an piʃip ʧiχetu. (18) quɪrɨχ munut turutu, jigimɛ munutta mɨnda øryp qojtmɨz u veʃtin bu veʃqa øryp qojtmɨz, iʧ pɛʃ, taʃ

peʃ oχʃaʃ tʃiχsun dεp. (19) øryp qojsaq, iʃkile tεrip oχʃaʃ χamdəlitu. an maniŋʁa on munutla sasaq, u tʃapleʃip birgε biri, u gul velεn kigizni adʒretammiʁudej ɦalεtkε kip qalatu. (20) buni on munut selibla, jana ehtʃip, jana on munut saletmiz piʃip tʃiχetu. (21) ehtʃip qurutmajtmiz, etʃivla ʃuzamatla jøgεjtmiz. ma qatni aldɨda jøgegen bosaq, ma qatni εmdi jøgεp amlaʃturup saletmiz. (22) gul abeje eneŋʁa χamdevetipmiz, i kigizniŋ gulniŋ tøweskε qɯɯsaq bolmasma? (23) qelin-nepizlikidε, εʃ ombɨr kilo juŋni tʃiʁ toʃqitʃi muʃnaʁ ajlinip, tøt qata tøt qεvεt saletmiz, tøt qεvεt saʁanda bunuŋ jotʃiqi mumkin qalmajdu, tεkʃi tʃyʃy:tu. (24) qolda qɯɯlʁan vaχtɨmɨzda savaʁ dεp mantʃilik bi iʃki tal tajaqni tute:timmεn, ʃykynyp olteraw viq-viq savajtim. (25) juŋni jumʃe:tip məndaʁ køptørεp bere:tim. an irim ate:ti inda jεdε dukanda muʃti velεn piʒilde:tip. (26) etpoʁandin kijin tʃiʁqa juŋni sep bereti. an uni iʃk saεt putumda dεpsεp, putta tevettuq u vaχtɨnda. (27) ε keʃegε, tyn taŋʁa tʃiraʁda iʃlejtuq, ɦazɨr, bøgen beʃimizgε, mɨnda pul kerεk balla, εhtε-øgynniŋ itʃidε, bu pulni tapmεsaq bolmajtu, (28) bøgen nεdin bosa iʃkki jyz koj tep, εhtε a iʃqa qɯɯle:li disεk, tʃuqum tinimɨzla saχ vosa ʃuni qe:tmiz.

1.12.7 做毛毡的机子

（1）这是把羊毛卷成滚筒进行初次毡化的厂子（机子），在这儿放了席子，这东西会滚动的，用这电动机器只是做到初次毡化。（2）初次毡化的时候，得把这东西从这个肘形的地方去掉，把肘形部件放到一边，然后进行初次毡化。（3）再把肘形部件连接到这里进行彻底毡化，在这里用这个东西不停地滚动才能做成一条真正的毛毡。（4）那些是电焊机和切割机，像那样用于切割或连接铁块的工具我们都有，就放进在那些东西里面。（5）这东西通过自动滚动做出毡子，放在下面，这样扣在下面，如果转得快，两边放石头，以降低速度。（6）如果石头压得厉害就转不快，用这个人造的带状物拉伸一下，再弄得高一点，就会转得快些。（7）下面的东西这样过来，通过电子盘到那边后再回来，就这样来回滚动。（8）上面的那个东西起到压住并保持平衡的作用，这样毡子在制作过程中不会走偏。（9）调整长短的是这个，这是焊过后被切割的铁块，（10）我们经历风风雨雨（辛苦地做这东西），现在（获得了）它带来的利益。（11）我们有这样的染料，用这些染料，这样裁剪，剪完后在席子上铺满。（12）这样剪打开后变得很大，用这个在席子上印出花来，再把那些弹好的羊毛放在花的上面。（13）然后在上面洒茶水，有专用的洒水葫芦，等会儿我在毡子上洒水给你看。（14）我现在拿点水做这个动作给你看。羊毛上，把这些羊毛放在这个上面，这样整齐地铺。（15）就是把弹过的羊毛这样摊在它上面，还有长得像木锨的东西，叫作"热赞得"，用它来摊。（16）羊毛上面用这个洒水，洒完水后，明白了没有？然后与席子一起卷起来放在那个初步毡化的机子上面，（17）在机子上完成初步毡化后打开并把毡子拿出来放进这个毡化的机子里，这才变为真正的毛毡。（18）在这个机子里放上40分钟，到20分钟时，把两头的位置互换一下，为了争取里外都一样。（19）如果中间翻过来一次，两边都会一样毡化，只需在这里面放10分钟，花儿和毛毡就相互粘在一起，再也无法分开了。（20）这个呢，在初步毡化的机子里只放10分钟，然后打开再把它放到毡化的机子里10分钟就好了。（21）不是打开后晾晒干，而是打开后马上卷起来，如果上次从右头卷的，这次就从左头卷起来，然后放进（机子里）。（22）花呢，我们刚刚用完在那个毡子上。（23）至于厚度，把15公斤的羊毛，铺满整个席子，这个得铺四五层，因为铺四层后就不会有任何缝隙，厚薄都一样了。（24）过去手工做的时候，我拿着这么大的两条棍子，跪着不停地打。（25）用棍子把羊毛打软后，我丈夫在那边用木槌嘭嘭地弹。（26）他把弹好的羊毛铺在席子上，然后我再踩两小时左右，那时用脚踢（的方式滚动并实现毡化）。（27）在灯光下一直做到半夜甚至天亮，现在呢，如果我们今天急需要钱，想在明后天挣上这笔钱，

(28)或者如果想今天无论怎样整个200元，第二天一定要解决某件事，只要身体条件允许，我们就一定能做到。

1.12.8 qoʃuq jasaʃ

(1)ma jaʁadʒniŋ moχijti vakin,(2)unda qɯmma ɦøj, unyky. (3)buniŋʁa paldi, tʃot, atalʁa, kaʃkat, qol ɦerisi ketitu. tʃoŋ ɦaramba minda bi ʁulatʃ, jaʁatʃ kestqan. (4)ɛlgɛk, øtkɛmɛ, ɛtkɛndɛ søgɛt, terɛkniŋ jaʁidʒini tevip, (5)uni ma jaʁatʃtʃiləʁa tildurɛtmiz, ɛlgɛkniŋ birɛ santi qelinliqta, ɛm buni uzunliqini bir metir, qiriq, oʰttiʂ santa kɪsɛtmiz jaʁadʒleni. (6)ɛm muʃu dukan ba ot qa:lap ɛ:gijdiʁan, ot vɛlɛn ɛ:gilitu. (7)pɛvaz tʃiqerɛtmiz, pɛvaz, ɦelqi tʃø'resni tutup turutqanʁa.

1.12.8 做木勺

（1）这木头有点问题，（2）（对孩子喊道）喂，别那么做，哎呀。（3）做这个需要斧头、砍刀、圆刀、锉刀、手锯。我有个一庹长的大锯，用来锯木头。（4）还要面粉筛、麦糠振动筛，做木勺时找来柳树或杨树的木头，（5）然后拿去让木匠锯成比面粉筛厚一厘米的板子，然后按长度一米、宽三四十厘米的标准锯开。（6）有个做木勺的机架，是用于烤木头的，用火把那些锯好的木头烤弯。（7）然后在勺边做个边缘带，用来固定周边。

1.13 在盖孜力克（gɛzlik）村录取的语料

1.13.1 su

(1)kɛlpinniŋ syji quɯsil dɛp bi jɛdin tʃiqɯdutʃu, (2)bujɛgɛ qijan kip kɛtkɛn vaχtida, ma tɛrivima bi tøt kynlyk jɛniŋ qijini, ma tɛrivima tøt kynlyk jɛniŋ qijini, (3)muj quɯsilniŋ aʁzidin tʃiχmaj amal joq, su iniɣja vɛlɛn kirip ketidikɛn. (4)jajdi digɛn gɛp dʒaŋgalliqqa kigɛndikin jejilip ketidu su, ʃuŋa jajdi didimiki dɛjtmɛ. (5)manda dowuluq, muʃu otan, julʁun tʃiŋʁa tʃiqip kɛtkɛn jɛ, hazir kɛskili qojmajtu.

1.13.1 水

（1）柯坪县的水从一个叫作"克斯勒"的地方流出来。（2）这里发生洪灾时，那边的洪水四天后才能流到这个地方，那边也是，（3）这些洪水一定是从"克斯勒"那里过来，然后沿着大峡谷流走。（4）我想"亚义地"的意思就是洪水到了沼泽地变得很宽到处都流，就像铺开似的，因此用这个"亚义地"名。（5）那里到处是土堆，长满红柳，现在不让砍伐了。

1.13.2 ʃiʃ toχuʃ

(1)ajalla tʃaχəda ʃipni igirdu, mɛn dʒan saχləmaq yʃyn maralvɛʃqa ɛp kirip paχta ɛptʃiqɯɯp, (2)bir kilo paχtini igirip bɛgɛn χutunləʁa bi koj vɛsɛk igirip beriti. (3)buni andin mawu, astinda sɛkkiz, mənda qomuʃva, tɛɣva dɛp binemeva, uni qojap, (4)tamʁa mənda jugurup øzimiz, ɛʃu bijɛdɛ girɛva, girɛgɛ salitmizdɛ, bu jɛdin ojʁa ʧyʃtmiz. (5)ɛn girɛgɛ ʧiqip, jejitmiz tamʁa, jejpoʁandin kijin, bu øzimizniŋ pɨlanida atmiʃ, (6)onalti ʃɨpni birʃɨp dɛp ɦesawlap, atmiʃ ʃɨptɛɣ boʁanda, andin bu ʃana, toqujtqan tuʁ, (7)qumuʃtin jasajtqan neme tuʁ dɛp qojtmiz, uni andin jiʁip elip qazanʁa selip qajnititmiz. (8)buʁdajnɨŋ uni, qonaqnɨŋ uni velɛn qajnitip taza obdan puʃurup, øzimizge maslap turup, qajnatqandin kijin syzyp, (9)an qurutup jana, andin kallɛklɛp, gerɛwa ɛmɛsma, gerɛni gula dɛp binemba, (10)ʃip bilɛn jasaʁan, ɛʃgɛ ɛpkilip bulaŋdibi ʃanaʁa ulajtmiz, ulap andi toχusa, (11)guladigini iʃkki paʧa bolidu, ma bi putimizda, iʃkki putimizda iʃkki tɛpkɛva jaʁaʧ, (12)bini tɛpsɛk biri astin ʧiqip , biri ystyn ʧ iqitu. (13)mu gulni ma qatqa alitmiz, mani dɛpsisɛk, jana biri ystyn ʧiqitu. (14)an ma qatqa alitmiz, a:saq øzi øtidu moki, iŋɛk dɛp binim bati. (15)e jumʁaqni apirip ʧalma asməsaq maqat kilwammamtu, ʧalmini asqandin kiji ta:tip turitu, biz ma qatqa tatijmiz, u uqatqa tatijtu.

1.13.2 织土布

（1）女人们用纺线车纺线，我去巴楚买来棉花，（2）纺一公斤棉花的线，就给一块钱。(3）然后把这个，下面有八个这样的芦苇，有个叫"泰格瓦"的东西，把它放在下面。(4）然后墙上有个合页，从那个合页穿过，然后到下面的凹处，（5）然后又上到合页那儿，在墙上铺开，铺完后根据自己的计划，（6）以十六根纱线为一组线，差不多有60组线，这是织布用的木楔（相当于梭子）和刃具，（7）是用芦苇做的东西，我们把它叫刃具。（8）然后与面粉一起好好地煮熟，根据自己的需要，煮好后捞上来，（9）重新晾干，然后弄成一团，不是有合页吗？还有个叫"古拉"的东西，（10）是用线做的东西，拉到那里接到角落里的木楔上，（11）那个古拉有两块，两个脚有两个木制脚踏板。（12）踏一下其中一个就会下来，另一个会上去。(13)然后把这个"古拉"拿到那边去,踩一下这个另一个就会上来。(14)然后拿到这边来,这时梭子自己会穿过。(15)还有个叫做"下巴"的东西,不把那个玩意拿来挂个土块,不都到这边来吗?挂上土块后,它会拉紧这个,我们拉到这边,它拉到那边。

1.14 在帕松(pasun)村录取的语料

tʃilandiki tuqqanla

(1)tʃilanda bi tuqqanliri vadi, ʃu vɛdɛ mal vɛχip mɛn. (2)elliɣ altindʒi jilliri sɛl bojimiz joʁinap qaptiкɛn, gugut keniʁa iʧʧi voldum. (3)gugut keni vɛjran boldi andin kilip, kamənnaʁa iʃlɛp, qɯsilda iʃlɛp, (4)ɛʃniŋ vɛlɛn ma sijaʃɛt kɛŋrip. (5)iʃlɛp bi χotun aldim. bi qɯz tuʁdi. qizimni ɛgɛ vɛduq. (6)aʃna qɯlip dʒan bɛχip ketbaretmiz qalaŋ. (7)χotunal dɛjtu, øzemniŋ dʒenini vaqamməsam. (8)χotun jɛjdu, kejitu, mɛndɛ bi qotu eʃɛk bolməsa. (9)atam ølɛp kitiptikɛn, apam maŋa qaləmaj ɛgɛ tɛɣdi. (10)mɛn χarliq-zarliqta tʃoŋ voʁanɛdɛm. (11) iʃlɛv jyrvatitmɛ, mɛllidiki jɛligɛ øzɛm iʃlɛjtmɛ, øzɛm qətmɛ. (12)iʃ kisɛkni øzɛm qujdum. muʃ tamlini eriʁ øzɛm qujup qovaʁan tamla. (13)bir neʧʃɛ miŋ kesɛkni χəqqɛ setvattim, obdan qujsam χɛχ taliʃip ɛp ketidu. (14)mɛndɛ qɯma joq, oʁuluq, kɛjip sapa iʃ joq, aʁrijtqan jɛmu joq. (15)χiʃtin øj samməsaqmu iʃ øjlɛ boldi, oʁlam joq, oʁlam bosa oʁlam oʰltəra disɛm. (16)tam salətqan kuʧummu joq, pulummu joq dɛp turitmiz qalaŋ. (17)ɦøkømɛt sɛp bɛsɛ oʰlteritmiz, boməsa iʃ tam boldi.

在齐兰村的亲戚

（1）在齐兰村有几个亲戚，我在那儿放过羊。（2）到了1956年，因为我的个儿长得高，去当了硫矿的工人。（3）后来硫矿破产了，就在公社劳动，再后来在克斯勒劳动，（4）后来政策变得更好。（5）我努力干活赚了点钱娶了个媳妇，媳妇生了个女孩儿，现在把她嫁出去了。（6）我们就这样过着日子。（7）（老伴已去世，大家）都劝我娶个媳妇，（可我觉得）我连自己都养不好，（8）这媳妇得吃、得穿，我家现在连一头懒驴都没有，（9）我爸在我小时候就去世了，我妈遗弃我，嫁给了别人。（10）我是受苦受气长大的。（11）我这年纪还在干活呢，在我村里的地里，只有我自己还干活。（12）这些土坯是我自己打的，这房子所有的墙也是我自己砌的。（13）我已把上千块土坯卖给别人，只要我打得好，人家就会抢着买。（14）我不赌博、不偷东西、不喝酒、不做缺德的事情，我身上也没病。（15）我想我这个情况不盖砖房也应该可以，有这房子就够了，我没有儿子，如果有儿子，我也许会再盖一套让他住。（16）现在就我一个人，没有盖房子的力气和钱，（17）所以，如果大队（出人力和财力）帮我盖的话，我当然会高兴地住进去，帮不了也没关系，我有这房子就够了。

1.15 在卡拉库特（qarakyt）村录取的语料

1.15.1 ʙoro

(1)taʃtin qorʁanʁa elip, taʃ tizip ulaʁ-qara kirɛlmɛjdɯʁan qilip, (2)jamʁu jaʁsa ʧøplik ot volap ketitʋ, ɛdɛm buji, ɛdɛmniŋ kindikidɛ ot volap ketitʋ, jamʁu jaʁməsa ʧøp ʧiqmajdu. (3)taʃ vɛlɛn tizip ʧɛlgɛ qɨlip, tøpisni taza ot-χɛs selip jep, (4)tøpigɛ topa qujup, ɛʃɛgɛ qiʃniŋ kyni qojni solajtmɨz, toŋmajdu. (5)kɛʧɛ-ɛtidɛ boran-ʧapqun, jeʁin bosa mal-paran toŋməʁidɛk qɨlip, ʁoro diginimɨz ʃu.

1.15.1 牛羊圈

（1）（这牛羊圈）的围墙是用石块砌的，砌得牛羊进不来，也出不去。（2）下雨时草原上的草会长得很高，或可以长到人的肚脐那里，不下雨就不长草。（3）用石头砌好后，用各种草料做个屋檐，（4）然后上面再铺上土，就这样做。到了冬天把羊群关在这里面，羊不会受寒。（5）关在这里的羊群，不管是白天还是晚上、刮风还是下雨，都不会受寒的，这就是我们叫"果络"的牛羊圈。

1.15.2 taʁdiki otlar vɛ byri

(1)taʁda ʃivaq, birsilim(qoj jejdɯʁan ot), qijaq ot, kø:dɛ, aʃna otla va. (2) degene digɛn jɛniŋ astinda, kɛlpin tɛrividɛ, bi aq jɛni terip, ʧørisni qotanʁa e:lip, su qojap, bedɛ ʧaʃqan. (3)ɦɛr jilliqi birɛ miŋ vaʁ bedɛ alitti, bi jil obdan jeʁipɛdi, bedi ynmidi dejtu. (4)qijaq otlar ʧiqti dejtu, qumuʃ, bedɛ øzi jiltizi qurup kɛtkɛn oχʃajdu dejtu. (5)byri dɛpbi nɛsɛ vɛjdi, minda aldimɨzdin qoχap øtiti. (6)joʁan ɛdɛmlɛ malni jigyzmɛjtmɨz, tovolap ɦajt disɛk qoχutu u, (7)lekin ottin qoχotu, bɛk qoχutu. (8)onjaʃ, oniʃki jaʃtiki balla, kømɛgɛn nemɛlɛ ɦajt dɛmmɛjdu qoχap. (9)syriva nemɛkɛn u, byri jamandi. (10)jajlaʁda jalaŋaʧmɛs paχtiliq kijim bilɛn tumisaq tuʁili vomajtu, ʃundaʁbi igiz jɛ u, kødɛ ʧiqidu digɛn jɛ, qelin. (11)kødɛ digɛn kuʃluʁ ot u, ɛʃnida bɛk sɛmrujtu mal, goʃi naji tatluʁ teχi. (12)kødɛ digɛn ijɛdɛ baʁʧɛ qɨlduq dɛp qɨlvɛptiʁu, ɛʃniŋʁa oχʃajtu, ɛʃna qojaʁ ʧikititu.

1.15.2 山上的草和狼

（1）山上有野草、比叶尔思力木（羊吃的一种软野草）、克亚克、阔德等草。（2）在那个叫"德哥讷"的地块，就是在柯坪这边，我围了一块空地，浇了水种过苜蓿。（3）以前每年能收一千来捆苜蓿，那里的人说今年雨下得少，苜蓿没长出来，（4）可是克亚克草、芦苇等都长出来了，看来苜蓿的根都枯了。（5）有个叫狼的家伙，从我们前面走过的时候总是战战兢兢的。（6）我们大人不会让它来吃掉牲畜，喊一下它就吓得跑掉了。（7）不过它怕火，特别怕。（8）10岁12岁的孩子呢，没见过它，吓得不敢喊。（9）狼这家伙有威力，很厉害。（10）那草原上别说不穿衣服，穿棉衣也受不了，海拔很高（很冷），就是那个长阔德草的地块。（11）阔德草营养非常丰富，牲畜吃它很快长肥，肉也好吃。（12）那里的阔德草长得很茂盛，就像花园里的花草一样。

1.15.3 taʁda kijtqan kijimlirmɨz

(1)putqa kijtqan χɛj munda nɛsilɛ nimiʃ qɯtu. (2)ʧoqaj dɛjtqan bi nimba, øtukniŋki qonʧi vaʁu, qonʧini ʧoqaj qutqan usta vadi, baʃ kigyzyp unuŋʁa. (3)ɛʃini kijituq, unuŋʁa kaliniŋ ʧɛmini, kɛlpindimu usta bɛjdi. (4)ɛʃni bigiz jasatturup tymyʧigɛ, yzimiz, dʒɛrɛnniŋ tirisni, ɛʧkiniŋ tirisni, køk dɛjtmiz, (5)tykni piʧaq vɛlɛn ʧyʃyryp, ʧyʃygɛndikin køk dɛjtmiz uni, an ɛʃini mənda jamap, ot nimiʃ qɯtu. (6)kyndyzi malni vaqɨtmɨz, aχʃimi aq øjimizva, oʰtirisqa ot qalajtmɨz, ɛʃ otniŋ joroqida ajalla ot qalajtu. (7)fielqi ajaʁ taʃliqta pajlimaj, ʧɛmni kisip piʧaq vɛlɛn, ɛʃni jamajtmɨz. (8)køk vɛlɛn bigiz vosa bɨzniŋ jariʁimiz ʃu. (9)bigiz vɛlɛn ʧoqajni jamajtmɨz, χudaniŋ kyndɛ jamajtmɨz, kigizdin pajtmaq jasajtuq. (10)qalpaqba, miniŋmu ɦazir bi qalpiqim ba, oʰtqa ʧiqqanda kijitmɛ, (11)kɛlpinlikniŋ maʃinʧila jasaʁan qalpiʁiva. oma-tɛmidɛ, issuʁ vaχta kijitu dwχanla.

1.15.3 我们在山上穿的衣物

（1）脚上穿的鞋那种东西当时还没有呢。（2）有个叫球鞋的东西，知道靴子的筒吧，当时有专门用那个筒做鞋（球鞋）的师傅，给它套个头。（3）就穿那个，给它弄上牛皮，柯坪也有专门的师傅。（4）让铁匠做个锥子，我们自己用鹿皮、山羊皮，我们叫它库克（蓝色的意思），（5）用刀把毛剃掉的皮革就叫作库克，然后把它这样缝上，（6）白天放牧，晚上在毡房中间生火。在那火光中，女人们烧火，（7）因为鞋子在戈壁滩特别不耐穿，所以用刀把鞋底切掉，缝上这些皮革。（8）我们的东西就是库克和锥子。（9）用锥子缝补球鞋，每天都缝，另外用毡子做毡筒，（10）还有毡帽，我现在也有一顶，去割草时戴上。（11）柯坪人有这么大的毡帽，农民在收割的时节、炎热的时候戴。

参考文献

一、中文（包括维吾尔文文献）

（一）专著

1. 陈宗振. 西部裕固语研究[M]. 北京：中国民族摄影艺术出版社，2004.
2. 戴维·克里斯特尔. 现代语言学词典[M]. 北京：商务印书馆，2007.
3. 哈杜默德·布斯曼. 语言学词典[Z]. 北京：商务印书馆，2007.
4. 傅懋勣、阿西木. 维吾尔语罗布话研究[M]. 北京：中央民族大学出版社，1997.
5. 高士杰. 维吾尔语方言与方言调查[M]. 北京：中央民族大学出版社，1994.
6. 哈米提·铁木尔. 现代维吾尔语语法（维吾尔文）[M]. 北京：民族出版社，1987.
7. 柯坪县志编纂委员会. 柯坪县志[Z]. 乌鲁木齐：新疆大学出版社，1992.
8. 米尔苏里唐·吾斯满. 现代维吾尔语的罗布方言（维吾尔文）[M]. 乌鲁木齐：新疆人民出版社，2006.
9. 米尔苏里唐·吾斯满. 现代维吾尔语方言学（维吾尔文）[M]. 乌鲁木齐：新疆人民出版社，1989.
10. 米尔苏里唐·吾斯满. 现代维吾尔语和田方言（维吾尔文）[M]. 乌鲁

木齐：新疆人民出版社，2004.
11. 米海力.维吾尔语喀什话研究[M].北京：中央民族大学出版社，1997.
12. 米娜瓦尔·艾比不拉.维吾尔语方言和语言调查[M].北京：民族出版社，2004.
13. 木哈拜提·哈斯木.维吾尔语方言词汇研究[M].乌鲁木齐：新疆人民出版社，2006.
14. 王远新.语言理论与语言学方法论[M].北京：教育科学出版社，2006.
15. 王远新.中国民族语言学：理论与实践[M].北京：民族出版社，2002.
16. 吾拉木·吾甫尔.简明维吾尔语方言词典（维吾尔文）[Z].北京：民族出版社，1986.
17. 新疆维吾尔自治区社会科学院语言研究所.现代维吾尔语方言话词典[Z]（维吾尔文）.北京：民族出版社，2007.
18. 新疆维吾尔自治区语言文字工作委员会.维汉大辞典[Z].北京：民族出版社，2006.
19. 易坤琇、高世杰.维吾尔语语法[M].北京：中央民族大学出版社，1998.
20. 游汝杰、邹嘉彦.社会语言学教程[M].上海：复旦大学出版社，2004.

（二）期刊论文

1. 陈宗振.论西部裕固语的带擦元音[J].民族语文，1986（2）.
2. 陈宗振.维吾尔语方言研究的回顾和展望[J].语言与翻译，2004（4）.
3. 李经纬.试论现代维吾尔语方言词的类型及其对划分方言的意义[J].语言与翻译，1986（3）.
4. 李森.维吾尔语中心方言的主要特点[J].中国民族语文论文集，1986.
5. 木哈拜提·哈斯木.现代维吾尔语个别方言话中元音替换现象[J].新疆师范大学学报（维吾尔文），2009（3）.

6. 买买提·艾沙. 柯坪话中的指示代词[J]. 语言与翻译（维吾尔文），1999（4）.
7. 牛汝极. 现代维吾尔语方言土与的划分与历史人文地理[J]. 语言与翻译，1997（2）.
8. 相立波. 柯坪维语研究[J]. 民族语文，1998（1）.
9. 易斌. 现代维吾尔语元音的实验分析[J]. 语言与翻译，2008（1）.
10. 朱志宁. 维吾尔语概况[J]. 中国语文，1964（2）.

二、外文文献

1. Abdurishid Yakup. Research on the Uyghur dialects in China[J]. Turkic Languages, 2004.
2. Abdurishid Yakup. The Turfan Dialect of Uyghur[M]. Berlin:Göttingin, 2005.
3. Eckman ,J. Chaghatay mannual[J]. The Hague,1966.
4. Erdal,M. A Grammer of Old Turkic. (Handbook of Oriental Studies. Section8 Uralic&Central Asian Studies3). Boston :Leiden, 2004.
5. Erdal, M. Old Turkic Word Formation 1–11. Turcologica 7[J]. Wiesbaden: Harrassowitz, 1991.
6. Erdal, M. Old Turkic. In Johanson &Csato[M]. 1998.
7. David Odden. Introducing Phonology[M]. Beijing:Foreign Language Teacheng and research press, 2008.
8. Peter Ladefoged. A Course in Phonetics[M]. Beijing:Foreign Language Teacheng and research press, 2008.
9. Arienne M. Dwyer. Salar:A Study in Inner Asian Language Contact Processes[M]. Wiesbaden, 2007.
10. Roos,Marti. Preasperation in Western Yugur. In Lars Johanson et al., eds.

The mains meeting: Proceedings of the VII international conference on Turkish Linguistcs. Wiesbadan: Harrassowitz, 1998.

11. J.K.Chambers and Peter Trudgill. Dialectology [M]. Beijing:peking university press, 2002.

12. Lars Johanson and Eva A.Csato. The Turkic Languages[M]. London and NewYork:Routledge,1998.

13. Matthew Kelly Gordon. Syllable Weight. Phonetics, Phonology, Typology[M]. London and NewYork:Routledge,2006.

14. Talat Tekin. A Grammar of Orkhon Turkic[M]. Bloomington: Indiana University, 1968.

15. Noam Chomisky, Morris Hally. The Sound Pattern of Engilish[M]. New York: Harper and Row, 1968.

附录1　柯坪话中前送气和非前送气对立词声波图（以 oʰt 和 ot 为例）

1. oʰt（草）

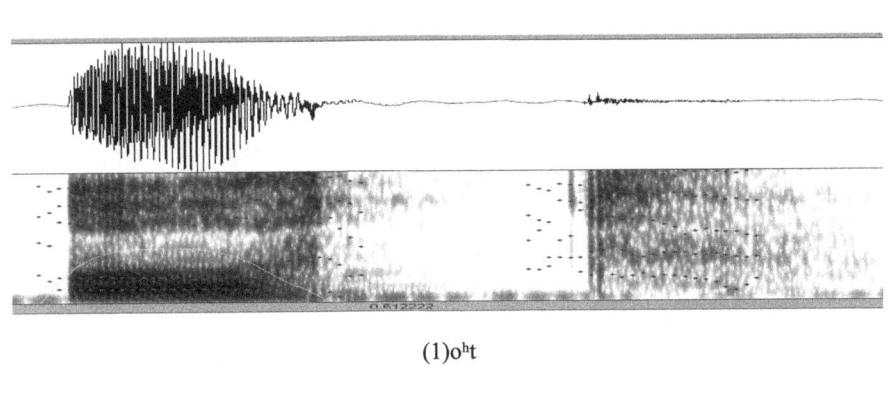

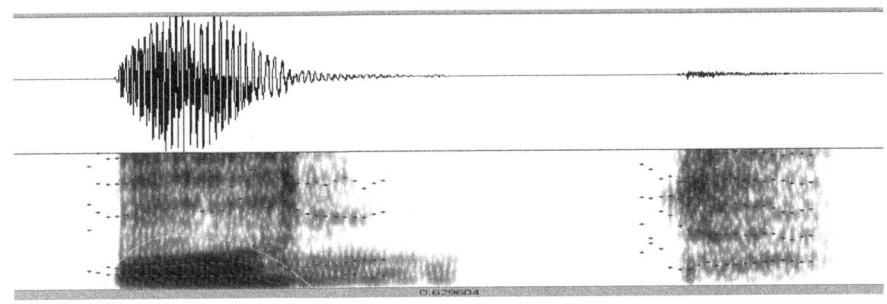

(1)oʰt

(2)oʰt

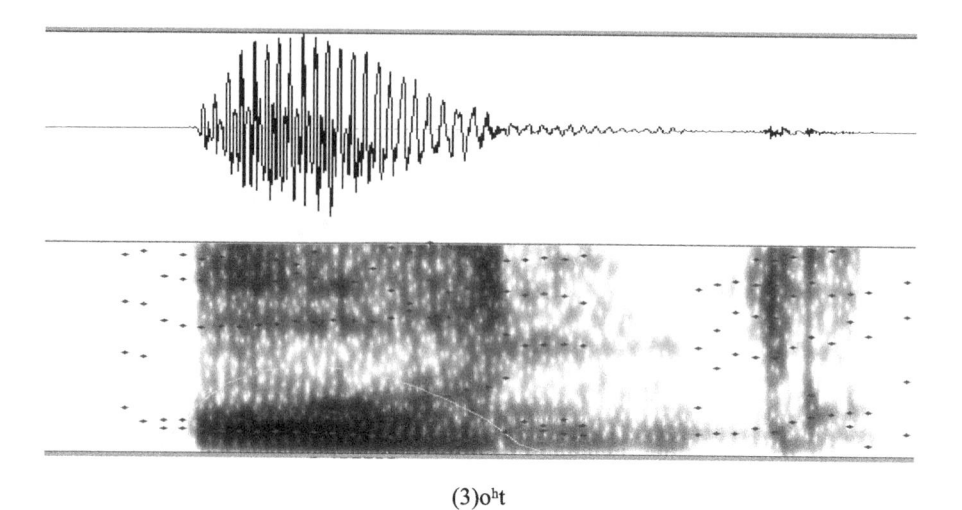

316　新疆维吾尔语方言柯坪话研究

(3)oʰt

2. ot（火）

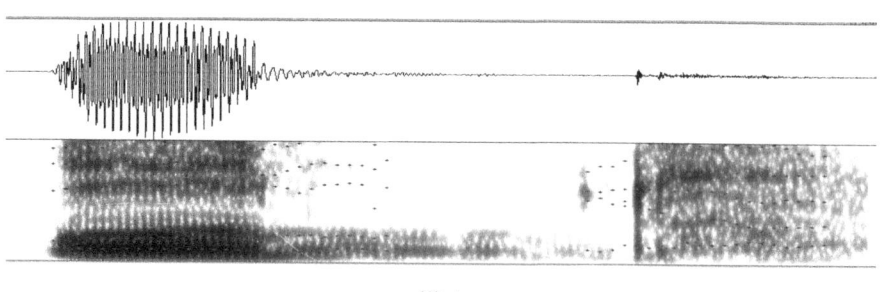

(1)ot

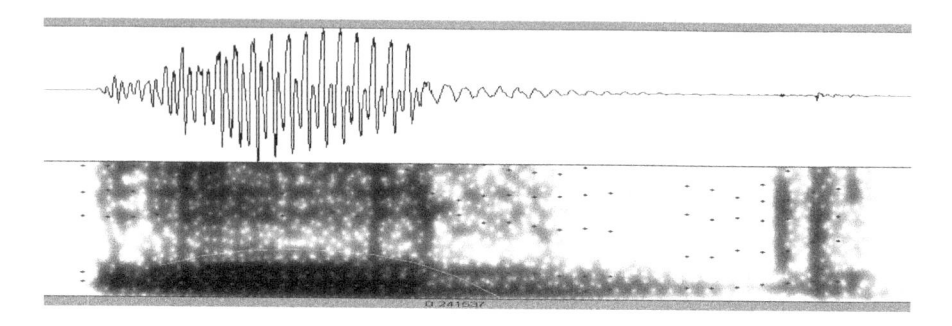

附录1 柯坪话中前送气和非前送气对立词声波图（以 oʰt 和 ot 为例）

(2)ot

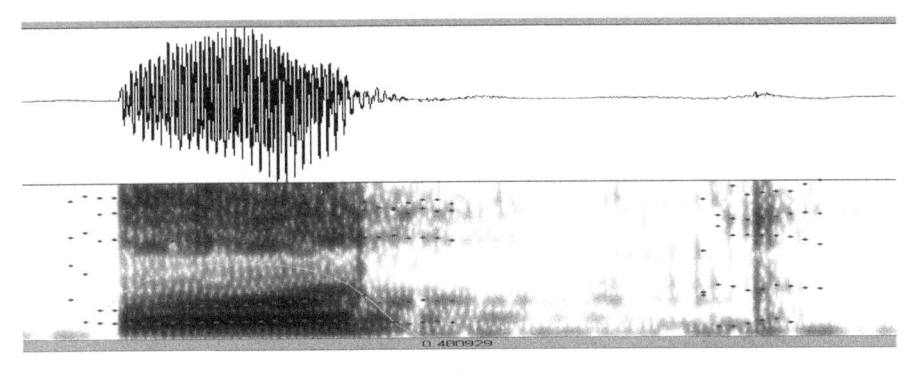

(3)ot

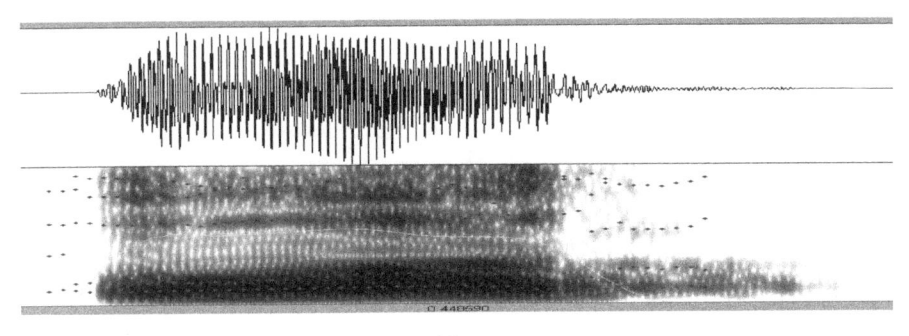

(4)ot

附录2　柯坪话前送气出现情况调查问卷

一、基本信息

1.姓名：

2.性别：1）男　　2）女

3.年龄：

4.地址：

5.教育水平：1）没上学　　2）小学　　3）初中、高中
　　　　　　4）大学（包括中专）

6.职别：1）农民　　2）固定工作者（教师、机关人员）
　　　　3）商人　　4）学生（小学，初中，高中，大学）

二、请回答（1）

调查者以口头形式问以下简单口算题，让被试说出来相应的词语，并判断有无前送气，在相应的选项上画圈。

1	2+2=	（1）tøʰt	（2）tøt
2	3+3=	（1）aʰltɛ	（2）altɛ
3	4+4=	（1）sɛʰkis	（2）sɛkkis
4	7+2=	（1）toʰqus	（2）toqqus

续表

5	15+15=	（1）oʰtis	（2）ottis
6	30+30=	（1）aʰtmiʃ	（2）atmiʃ

三、请回答（2）

7	马	（1）aʰt	（2）at
8	扔掉了	（1）aʰtti ~ aʰltɛ	（2）atti
9	躺下了	（1）taʰti	（2）tapti
10	找到了	（1）jaʰtti	（2）jatti
11	金子	（1）aʰtun	（2）altun
12	明天	（1）ɛʰtɛ	（2）ɛtɛ
13	果实	（1）ɛʰt	（2）ɛt
14	田地	（1）ehti	（2）etiz
15	草	（1）oʰt	（2）ot
16	中间	（1）ohtira	（2）ottira ~ orta
17	坐了	（1）oʰltadi	（2）oltadi
18	过了	（1）øʰtti	（2）øtti
19	（肚子）胀了	（1）køʰpti	（2）køpti
20	去年	（1）buʰɫtu ~ buɫtu	（2）bultu

附录3　柯坪话常用5对词中前送气使用情况调查问卷

一、基本信息

1. 姓名：

2. 性别：1）男　　2）女

3. 年龄：

4. 地址：

5. 教育水平：1）没上学　　2）小学　　3）初中、高中
　　　　　　4）大学（包括中专）

6. 职别：1）农民　　2）教师、机关人员　　3）商人
　　　　4）学生（小学，初中，高中，大学）

二、请回答

1	马	（1）aʰt	（2）at	名字	（1）aʰt	（2）at
2	草	（1）oʰt	（2）ot	火	（1）oʰt	（2）ot
3	过	（1）øʰt	（2）øt	胆囊	（1）øʰt	（2）øt
4	躺下	（1）jaʰt	（2）jat	陌生的	（1）jaʰt	（2）jat
5	找到	（1）taʰp	（2）tap～ta:p	尸体	（1）taʰp	（2）tap～ta:p

后 记

我首先向尊敬的导师王远新教授表示真诚的谢意。他教给我的,不仅是精深的语言学思想、渊博的学识、严谨的治学态度,还有学术上刻苦钻研、不懈努力的精神。他一丝不苟的工作作风,精益求精的治学精神,不仅为我树立了学习的榜样,也深深地感染和激励着我。在此谨向王老师致以诚挚的谢意。

我要感谢我的忘年朋友、柯坪县一中语文老师卡米力江·塔西,玉尔其乡政府干部毛拉·托乎提,理想的发音合作人和调查帮手吐尔逊·提力瓦尔地。在柯坪县的几次调查过程中,他们给我提供了多方面的帮助,没有他们的帮助和支持,我无法顺利进行田野调查。我还要感谢柯坪县一中塔里埃提等学生,他们帮我做了几次的问卷调查。我同时还要感谢玉尔其、盖孜力克、尤库热斯、阿拉阿姨马克、库木鲁克、托玛艾日克、巴格勒克等地方的所有发音合作人。

感谢语言学家米尔苏里唐·乌斯满先生、阿不都热西提·牙库甫教授、力提甫·托乎提教授等对我论文的点拨和提出宝贵意见。他们从论文题目确定到最终完成,都给我提出了不少的宝贵意见。我同时感谢中国社会科学院民族研究所的龙从军、王海波等同志,他们在我解决相关的声学参数问题给予重要的帮助。

我还要感谢我的同学和朋友姚春林、同事和朋友徐江以及其他师弟、师妹们。三年当中,他们多次从百忙中抽出时间,帮我修改论文,一丝不苟地修正文中出现的错字错句和表述上的问题,帮我提高普通话表达水平。

最后，我要专门向我爱人、父母和孩子们表达深深的谢意。多年来，他们在物质和精神方面给了我巨大的帮助，没有他们的帮助和支持，我不可能完成学业。尤其是我爱人阿西古丽，十多年来一直是我生活和精神上的靠山，始终支持我的学业和工作。她独自承担家务，照顾两个孩子，还要忙着攻读硕士学位。最后我要感谢含辛茹苦培养我长大的父母亲和所有关心我的朋友们。